111 GRÜNDE, DEN KARLSRUHER SC ZU LIEBEN

Sandra Walzer

111 GRÜNDE, DEN KARLSRUHER SC ZU LIEBEN

Eine Liebeserklärung an den großartigsten Fußballverein der Welt

SCHWARZKOPF & SCHWARZKOPF

VORWORT **8**
Weil der KSC-Stadionsprecher immer das erste Wort hat

0. KAPITEL: VALENCIA
Das Wunder vom Wildpark, das Jahrhundertspiel, das 7:0 .... **11**
Weil Valencia immer genannt wird

1. KAPITEL: AUF DEN RÄNGEN
Im Wildparkstadion, in Baden, in der Presse **17**
Weil dieser Verein die drei geilsten Buchstaben hat – Weil hier die schönsten Stadiondurchsagen entstehen – Weil's arg schee isch – Weil's badische und unsymbadische gibt – Weil in Karlsruh' die Residenz ist – Weil der Fußweg zum Stadion ein markgräflicher ist – Weil die Busse zwar hin, aber nicht zurück fahren und man so in den Genuss eines Schlossgartenspaziergangs kommt – Weil kein Treffpunkt so sexy ist wie der nackte Mann – Weil es im Wildpark noch echtes Holztribünengefühl und eingeschlafene Hintern gibt – Weil ein Wildschwein den Fuchs erledigt hat – Weil es schmeckt – Weil sich der Verein um gesunde Ernährung und den Kalziumhaushalt sorgt – Weil der Sport-Club Mut zur Lücke beweist, Teil I – Weil der Haupttribüne kein Zacken aus der Krone bricht – Weil Calli Stadionverbot hatte – Weil es die Elefantenallee gibt

2. KAPITEL: AUF DEM RASEN
Kuriose Spiele, berühmte Spieler, hitzige Derbys **41**
Weil der KSC gefühlt die meisten Derbys hat – Weil blau-weiß auch mal neongrün ist – Weil hier die Sinne vernebelt werden – Weil Ausländer hier besonders beliebt sind – Weil Hakan Erfinder der Auswechselehrenrunde ist – Weil wahre Experten aus Karlsruhe stammen – Weil der Joker sticht

3. KAPITEL: IN DER JUGEND
Nachwuchskicker, entdeckte Talente, kuriose Kabinen **51**
Weil kleine Kicker eine große Rolle spielen – Weil der Nachwuchs hier extrem gut gedeiht – Weil ein Euro der Jugend guttut – Weil ein Armbruch kein Beinbruch ist – Weil die Rundbaurentner Bescheid wissen

4. KAPITEL: IN DEN FÜSSEN
Furiose Freistöße, tolle Tore, Applaus Applaus! 59
Weil wir Beinahenationalspieler besonders gut können – Weil der Titan hier zwischen die Aluminiumpfosten kam – Weil nur der KSC »Mein lieber Scholli« sagen darf – Weil Weltmeister im Wildpark weilten – Weil Jay-Jay alle an der Nase herumführte – Weil Porcello den Hafer gab – Weil Sebastian Langkamp aus 45 Metern ins Tor klärte – Weil auch ein Dach über dem Kopf zählt

5. KAPITEL: IM KOPF
Trainer und was sie nach Karlsruhe trieb 73
Weil Winnie mit dem Bonbon schneller war – Weil Winnie die Jacke auszog – Weil Winnie schlauer war als die UEFA – Weil Jogi in Karlsruhe scheiterte und später trotzdem zum Weltmeistertrainer wurde – Weil der KSC Trainern auch für eine Woche eine Chance gibt – Weil dreimal Interimstrainer einmal Trainer ergibt – Weil doppelt besser hält

6. KAPITEL: IM LOGO
**Eine Pyramide, keine Pyramide,
eine runde Sache und viel Blau-weiß** 89
Weil »KSC« ziemlich viele Bedeutungen hat und der Fußballverein an erster Stelle steht – Weil ein Bestattungsunternehmen die Friedhofsstimmung vertrieb – Weil die Pyramide in die Stadt, aber nicht ins Logo gehört – Weil der Phönix aus der Asche aufsteigt – Weil der KSC Musik in den Ohren ist, manchmal – Weil der Verein besser spielt als singt und spricht – Weil der Notpräsident Baskenmütze trug und mit dem Fahrrad kam – Weil ein anderer Präsident nicht singen konnte – Weil's mal wieder länger dauert – Weil's sehr viel länger dauert – Weil das hier filmreif ist – Weil sich über die Blau-Weißen nicht nur ein Buch schreiben lässt – Weil der KSC nicht nur Fußball kann

7. KAPITEL: IN DER VERGANGENHEIT
Früher alles besser, oder nicht? Ein paar Blicke zurück 123
Weil es den FC Baden München gab – Weil Dino 69 am liebsten mochte – Weil die Anzeigetafel von 1986 die modernste in Europa war – Weil der KSC ein Herz für

Erfolglose hat – Weil die Saisonvorbereitung ruhig abenteuerlich sein darf – Weil die Flutlichtanlage von 1957 eine der modernsten in Europa war, und 1978 fast noch mal – Weil das Wildparkstadion 1955 als eines der modernsten Stadien in Deutschland galt – Weil Oberligameister auch ein Titel ist. Oder drei – Weil der KSC Gründungsmitglied der Bundesliga ist – Weil 1974/75 die fast perfekte Saison war – Weil auf dem Engländerplatz der süddeutsche Fußball geboren wurde

8. KAPITEL: IM KALENDER
Markierte Meilensteine, Höhepunkte und Highlights, Zitate für die Ewigkeit 149

Weil von hier der älteste deutsche Fußballfilm stammt – Weil Sean Dundee auf jeden Fall wahrscheinlich beim KSC bleibt – Weil Tausende zum Training kamen – Weil Wontorra die Wette verlor – Weil ein Aufstiegsplatz so schön ist, dass man ihn ungern aufgibt

9. KAPITEL: IM SPIELBERICHTSBOGEN
Skandale, Karten, Aufreger und besondere Ereignisse 161

Weil der KSC Transferpolitik kann – Weil der Gegner auch mal in KSC-Trikots auflaufen wollte – Weil es zur Not auch ein Schiri von der Tribüne tut – Weil das Wetter schlecht wird, wenn Feuerzeuge fliegen – Weil das Wetter noch schlechter wird, wenn Kastanien fliegen – Weil es Arbeit ist, wo man leistet – Weil Iron Maik den Plastikstuhl kaputt trat – Weil man auch mal ein Arschloch sein muss – Weil wir alles können außer zählen – Weil gegen Dirk Schuster die Schutzschwalbe das Fliegen lernte – Weil viele Tore viel helfen. Meistens – Weil Christian Eichner einen Würgeschmerz hatte – Weil beim KSC Lebensretter arbeiten

10. KAPITEL: AM BODEN
Zutiefst betrübt, ganz unten, das tiefste Tief und der Zusammenhalt 189

Weil das Tor zusammenbrach und der Schiri das Spiel abbrach – Weil die Favoritenrolle nichts taugt – Weil im undichten Berliner Olympiastadion der Titeltraum ersoffen ist – Weil ein Schneetreiben im April erneute Titelträume platzen ließ – Weil Icke den Abstieg nicht verhindern konnte, es aber versuchte – Weil der Sport-Club Mut zur Lücke beweist, Teil II

11. KAPITEL: IM HIMMEL
Himmelhochjauchzend, ganz oben,
das höchste Hoch und das Wir-Gefühl **205**
Weil sie nach 3.277 Tagen wieder da waren – Weil Karlsruhe einen Fußballgodfried hatte – Weil Gottes Segen auf dem Wildpark liegt – Weil der DFB-Präsident persönlich zum Geburtstag gratuliert

12. KAPITEL: IM HERZEN
Fans, Emotionen, Engagement und erhöhter Puls **217**
Weil die Fans wissen, was echte Freundschaft ist – Weil die Fans wissen, was echte Feindschaft ist – Weil das Kunst ist und nicht weg kann – Weil der Hans vom Seppl gelernt hat – Weil 40 Grad manchmal zu heiß sind – Weil das Herz des Vereins nicht nur auf dem Rasen schlägt – Weil eine Spielerfrau unsere Hymne(n) singt – Weil zu kranken Kinder nicht der Weihnachtsmann, sondern der KSC kommt – Weil Kicker kochen können – Weil mit 1,94 Meter Karottenschnippeln eine Herausforderung ist – Weil's im Wildpark zieht wie Hechtsuppe – Weil es ein Leben nach dem Spiel gibt – Weil Exhelden zu Allstars werden – Weil es immer geradeaus geht – Weil Pantone 287 die schönste Farbe ist

ANHANG **249**
Weil es noch etwas zu sagen gibt: Dongschee, gell – Quellenangaben, Anmerkungen, Literatur und Webseiten – Die Autorin

**Weil der KSC-Stadionsprecher
immer das erste Wort hat**

Vorwort

111 Gründe, den KSC zu lieben? Nur 111? Wann beginnt die Liebe zu einem Fußballclub? Es ist wie immer in der Liebe, es muss Liebe auf den ersten Blick sein! Ohne langes Abwarten, Analysieren, Abwägen ... Da könnte die Liebe zum KSC leiden, wobei Leidenschaft zur Fußballclub-Liebe dazugehört. Also die Initialzündung, die Liebe auf den ersten Blick – wann hat sie mich beim KSC getroffen? Es war kein Glanz-und-Gloria-Spiel der vielgerühmten 90er-Jahre gegen die Topteams Europas. Es war ein mittelprächtiger Bundesligakick in den grauen 80ern, gegen Arminia Bielefeld. Höhepunkt war der stramme K.-o.-Schuss gegen den Schädel des Schiris, der »ausgewechselt« werden musste. Der KSC siegte und besiegte mich, es war um mich geschehen! Der Wildpark erschien mir unendlich groß, das Blau-Weiß unfassbar schön, die Atmosphäre unvergleichlich. Das war mein KSC. Seit diesem grauen Oktobertag 1980 habe ich nur drei Heimspiele verpasst, in keiner Liga, denn Liebe kennt keine Liga. Den Club habe ich als Fan im A4, als »Sitzplatzschwein« auf der Gegentribüne, als Radioreporter und seit geschlagenen 15 Jahren als Stadionstimme begleitet. 35 Jahre KSC, da fallen einem wirklich mehr als 111 Gründe ein, diesen Club zu lieben. Der wichtigste Grund bleibt für mich die Eigenschaft, die im Phönix als Bestandteil unserer Vereinshistorie auf ewig manifestiert bleibt: immer wieder aufstehen, immer weiter, die Gabe, die Leidenschaft, nach dunklen Stunden das »blau-weiße Licht« wieder

zu entfachen. Ich wünsche allen KSC-Mitverliebten viel Spaß beim Entdecken der weiteren 111 Gründe, die eine KSC-Verliebte erster Güte, Sandra Walzer, für uns aufgeschrieben hat – um »jeden Preis für Blau und Weiß«!

Martin Wacker

Martin Wacker ist seit 2000 Stadionsprecher des KSC. Die Liebe zum KSC wurde ihm in die Wiege gelegt. Großvater Gottfried war Gründungsmitglied des VfB Mühlburg und nach der Fusion mit Phönix zum KSC Ehrenspielausschussvorsitzender des Clubs. »Im richtigen Leben« ist Wacker Kabarettist und Geschäftsführer der Karlsruhe Event GmbH, die unter anderem das Musikfestival DAS FEST organisiert.

0. KAPITEL

VALENCIA

**DAS WUNDER VOM WILDPARK,
DAS JAHRHUNDERTSPIEL, DAS 7:0**

1. GRUND

Weil Valencia immer genannt wird

Nulltes Kapitel? Geht's noch? Ja, es geht. Es geht immer auch um Valencia, wenn es um den Karlsruher Sport-Club geht. Es ist in allen Köpfen, und es hat definitiv ein eigenes Kapitel verdient. Weil 7:0, weil Winnie-Wahnsinn, weil Euro-Eddy. UEFA-Cup (wie die Euro-League damals noch hieß), grandiose Auftritte auf europäischer Bühne. 2. November 1993, ein Dienstag, aber kein Tag wie jeder andere. Ein Tag, so wunderschön wie damals, der wird sicher nie vergehen im Herzen eines jeden KSC-Fans. Und übrigens auch nicht im Herzen von Jörg Dahlmann, seines Zeichens Fußballkommentator und damaliger Sprecher der TV-Liveübertragung. Auf mitreißende Art kommentierte er sich in die Herzen der KSC-Fans, mit denen er bis heute freundschaftlich verbunden ist. »Ich flippe aus, ich flipp aus hier. Das gibt's nicht«, fehlten ihm irgendwann die objektiven Worte. »Eine Sternstunde im Europapokal« sah er auf dem Karlsruher Rasen vor sich gehen. »Das ist nicht möglich, das ist unfassbar, unglaublich, ich raff's nicht. Ich werd wahnsinnig hier«, und mit ihm die 25.000 Zuschauer minus ein paar vorhandener Valencia-Anhänger. Fragt man ihn übrigens heute, ob es ihn denn nicht nerve, dass er immer und immer wieder darauf angesprochen wird, was die KSC-Anhänger auswendig können, antwortet er: »Es nervt nicht. Ich höre es ja nicht täglich, sondern nur gelegentlich. Mich freut es, wenn es andere freut!« Nun – das tut es. Damals wie heute treibt es nicht nur Karlsruhern die Tränen der Rührung und Freude in die Augen, wenn das Stichwort gegeben wird. »Valencia!« Schon sind sie da. Die Bilder, die Tore, der Jubel. Der Kantersieg, das Wunder vom Wildpark, Eviva España. Über Baden lachte die Sonne, über Valencia C. F. und deren damaligen Trainer Guus Hiddink die ganze Welt. Aber was um Himmels willen war denn überhaupt passiert? Warum brannte sich dieses Ergebnis in die KSC-Fan-Hirne ein? Wie kam es zu Euro-Eddy und dem Eintrag in die Geschichtsbücher der Fußballhistorie?

Mit dem Erreichen von Platz 6 in der Saison 1992/1993 profitierten die Karlsruher von Bayer 04 Leverkusen, deren fünftem Rang und DFB-Pokalsieg, was wiederum den KSC erstmals in der Vereinsgeschichte in den UEFA-Cup brachte. Was folgte, waren riesige Schlangen vor den Ticketschaltern, erste Runde PSV Eindhoven plus Sperre für Trainer Winfried »Winnie« Schäfer, aufgrund »seines Benehmens« im Rückspiel in den Niederlanden. Schiedsrichter der Begegnung: ein Spanier. Vielleicht ein Omen für die zweite Runde? Dort wartete, genau, ein spanischer Verein. Nämlich: Valencia C. F., zunächst auswärts, am 20. Oktober. 3:0 stand es bis zehn Minuten vor Abpfiff, gefühlt schon da das Ende. Bis Edgar Schmitt in der 80. Minute auf Vorlage von Manfred »Manni« Bender den Anschlusstreffer erzielte. Dieses eine so wichtige Auswärtstor, das Tor, das Hoffnung machte auf ein kleines Wunder. Zwei Wochen später also war es so weit. 2. November 1993, und ja, tatsächlich der 2. November. Auch wenn sich hartnäckig Gerüchte halten, es sei Mittwoch, der 3. November gewesen. An jenem Dienstagabend sorgte nicht nur der Herbstwind im Karlsruher Hardtwald für Gänsehaut. »Schon bei der Anfahrt im Stadion, als wir durch das Spalier erwartungsfroher Fans gefahren sind, haben wir gemerkt: Es liegt etwas in der Luft.«, erinnert sich Abwehrrecke Michael Wittwer.[1] Im Rückspiel gegen den damaligen Tabellenführer der spanischen Primera División ließ der Schiedsrichter der Begegnung, Zbigniew Przesmycki aus Polen, zunächst den Anstoß des Gegners wiederholen – schon vor deren erster Ballberührung waren drei übereifrige Karlsruher in die gegnerische Hälfte gestürmt. Was dann folgte, war erst einmal alles andere als ein blauweißer Sturmlauf. Im Gegenteil: Eine knappe halbe Stunde waren die Spanier überlegen. Mehr als einmal musste Torhüter Oliver Kahn eingreifen, verhinderte den Rückstand. Vielleicht auch, weil die Vorbereitung eindrücklich gewesen war. Sie bestand aus einer

Filmvorführung, gezeigt wurde: das Hinspiel. In Schwarz-Weiß, ohne Ton. Oliver Kahn: »Und gegen die sollen wir ausscheiden?« Sprachs, hielt den Kasten die erste halbe Stunde sauber – und dann kam Edgar Schmitt. Der bis dato eher unbekannte Bitburger, der erst mit 28 Jahren überhaupt den Sprung in den Profifußball geschafft hatte, traf in der 29. Minute, wiederum auf Vorlage von Manni Bender, zum 1:0. Dass die damalige Nummer 9 in Reihen des KSC überhaupt auf dem Feld stand, war im Nachhinein betrachtet gleich doppelt glückliche Fügung. Eine Woche zuvor war es, da überschlug sich Schmitt bei einem Autounfall mit seinem Wagen, blieb unverletzt. Viermal drehte es ihn, viermal traf er an diesem denkwürdigen Abend – ein Tor für jeden Looping. Unvergessen machte es ihn, einen Spitznamen brachte es ihm ein: »Euro-Eddy« war geboren und fortan einer der berühmtesten Akteure mit dem blau-weißen Logo auf der Brust. In der 34., 59. und 63. Minute markierte er das 2:0, 5:0 und 6:0, und spätestens da hieß es »Leinen los« im Wildpark. Unter Trainer Schäfers Konterfei wurde »Winnie-Wahnsinn« auf der Anzeigetafel eingeblendet, neben dem jubelnden Euro-Eddy und dem für alle Ewigkeit aufleuchtenden 7:0-Endergebnis wohl eines der am meisten gezeigten Bilder, das heute noch ausgeschnitten an Wänden hängt und in den Schatzkästchen der Sammler ruht.

Überhaupt Schäfer. Der rotblonde Trainerfuchs, der so viele Jahre an der Karlsruher Seitenlinie ausflippte, war für die Begegnung also noch gesperrt, weil er im Hinspiel gewohnt engagiert zu Werke ging und auf die Tribüne geschickt worden sowie auch für die zweite Runde verbannt worden war. Vor Spielbeginn führte er die UEFA-Beobachter an der Nase herum, schlich sich verbotenerweise in die Kabine. »Da kommt jemand von der UEFA!«, gab es kurzzeitig (falschen) Alarm, und Schäfer? Zog sich eine Decke über den Kopf, versteckte sich hinter der Tür und versuchte ansonsten, sein Team auf den Gegner einzustellen. Hätte vielleicht auch funktioniert, hätte ihm jemand zugehört. Die Spieler aber waren schon längst im viel zitierten »Tunnel« und heiß auf das Match. Sehr heiß, ist man geneigt zu sagen ... Wie steht es also? 2:0 nach 34 Minuten. Dann, nur drei Minuten später, das 3:0. Dafür zeichnete Rainer Schütterle in der 37. verantwortlich, und auch für das kollektive Ausflippen auf den Tribünen und in den Blöcken. Zum 4:0 traf Valerij Schmarow gleich nach der Pause in der 46. Minute – und sorgte für das Gefühl, Mensch, das kann wirklich klappen, hier, heute Abend. Das Wunder vom Wildpark. Dann eben noch zweimal Schmitt zum 5:0 und 6:0. Den Schlusspunkt zum 7:0 setzte schließlich Slaven Bilić kurz vor Abpfiff in der 90., ehe der Wildpark im tosenden Jubel unterging und die Nacht durchgefeiert wurde. Von allen? Nein, nicht von allen. Da war Oliver Kahn, der spätere Titan, der Übertorwart, der unvergleichliche Antreiber. »Denkt an Samstag, an den MSV Duisburg!«, war sein lapidarer Kommentar. Der wirkte, und wie. Seine Kameraden nahmen den Schwung aus dem Europapokal mit, gewannen 5:0 gegen den Ligakonkurrenten.

Anekdote am Rande: Am 14. Juli 2013, also fast genau 20 Jahre danach, spielte der KSC erneut gegen Valencia. Im freundschaftlichen Aufeinandertreffen zum Jubiläum gewann wiederum Karlsruhe, diesmal allerdings nicht ganz so spektakulär – 2:1 hieß das Ergebnis.

1. KAPITEL

AUF DEN RÄNGEN

IM WILDPARKSTADION, IN BADEN, IN DER PRESSE

2. GRUND

Weil dieser Verein die drei geilsten Buchstaben hat

Behauptet zumindest der Stadionsprecher. Martin Wacker brüllt das schon traditionell seit vielen Jahren ins Mikrofon, 2015 sind es genau 15 dieser Jahre. Am 28. Juli anno 2000 erhob er die Stimme zum ersten Mal im Wildpark, und »Stimme« wird dem imposanten Organ nicht ganz gerecht. Volltönend, beim eingängigen »Kaaaaaaaaaaaaarlsruuuuuuuuhe« kurz vor Spielbeginn zu eintausendachthundertundvierundneunzig Prozent mitreißend. Mitreißend, das ist überhaupt sein ganzes Wesen, denn dieser Stadionsprecher ist ein Unikum. Immer freundlich, nicht immer gelassen, aber immer präsent, aufmerksam, sympathisch. »Ins kalte Wasser wurde ich geworfen«, so beginnt er seine Erinnerung an das erste Spiel zu beschreiben, damals, gegen die Sportfreunde Siegen, Regionalliga Süd. »Das Gute: Es gab kein Konzept, also konnte ich meinen eigenen Stil entwickeln und alles so angehen, wie ich es aus Sicht der Fans für gut gehalten habe.« Kein Konzept, dafür aber Richtlinien – die gibt es vom Verband. Neutralität wird vom DFB vorgeschrieben, ja, tatsächlich. Neutralität vom eigenen Stadionsprecher.

»Du spürst eine gewaltige Verantwortung in diesem Job.« Da wird er dann ernst, der in seinem zweiten, dritten, vierten und fünften Leben als Kabarettist, Schauspieler, Moderator und Journalist aktive Wacker, der in und um Karlsruhe zu den bekanntesten Persönlichkeiten gehört. Stadionsprecher, das ist mehr als Aufstellung vorlesen, Tore bejubeln, Torschützen verkünden. Viel mehr. »Manchmal wird dir ganz schön viel abverlangt«, erinnert sich der Mann, der beim Spiel des KSC gegen den 1. FC Köln im August 2008 plötzlich ganz weit weg vom Fußball war. »Da ging es nicht mehr um Spielstände. Da ging es um Leben und Tod.« Und was für ein befreiendes Gefühl es war, erzählt er, als er den knapp 30.000 im mucksmäuschenstillen Stadionrund verkünden durfte: Er lebt, er ist ansprechbar. Er, das war Ümit Özat, und die Situation war eine bedrückende. Der Kölner Spieler war in der 27. Minute plötzlich zusammengebrochen. Mehrere Minuten bewusstlos, erst im Kabinengang kam er wieder zu sich. Ein Schock für alle im Stadion, am meisten für den FC. Am Ende lief es glimpflich ab, Köln gewann 2:0, doch das war dann irgendwie nebensächlich. Dieses »Er lebt«, das war »ein magischer Moment« für Wacker. Und wohl einer der emotionalsten in seiner Laufbahn.

Großvater Gottfried Wacker übrigens war Gründungsmitglied und Spielausschussvorsitzender des Vorgängervereins VfB Mühlburg; Enkel Martin feuert den Verein seit 1980 live im Stadion an. Als Stadionsprecher ist er öffentliche Person. Aber wenn der Aufstieg gefeiert wird, dann, ja, dann trinkt er auch mal mit Bruno Labbadia Champagner aus dessen Kickschuh. Was er nicht sein will: »Ermahnonkel.« Was er stattdessen sein will: »Vorbild, und der, der eben dazugehört wie der Flutlichtmast.« Tut er.

3. GRUND

Weil hier die schönsten Stadiondurchsagen entstehen

Nicht nur »Er lebt!«, nein, längst nicht nur das. Sehr viel mehr Schönes, Kurioses, Spektakuläres, Lustiges hat Stadionsprecher Martin Wacker schon durchs Wildparkrund verkünden dürfen. Klassiker wie Autos, an denen alle vier Fensterscheiben offen sind und/oder das Licht angeschaltet ist, abwechselnd mit besonderen Kopfschüttlern. Neugeborene Kinder – nein, der Vater wollte trotz dieses einschneidenden Lebensereignisses nicht auf den Heimspielbesuch verzichten, Heiratsanträge – ja, wurden angenommen, Falschparker – auf den Gleisen der Schlossparkbahn, die zwar nicht sonderlich groß ist und auch nicht oft fährt, aber trotzdem nicht weiterkommt, wenn jemand seinen Wagen mitten auf den Schienen abstellt. Zweimal ist das bisher passiert, während der letzten 15 Jahre.

Fehler? Ja, macht der Stadionsprecher auch. Da gehörte das Kfz-Kennzeichen GG plötzlich dem nahen Gaggenau (statt korrekterweise Groß Gerau), da wurde Timo Staffeldt, KSC-Urgestein, mit Marco Terrazzino verwechselt (»Die hatten da aber auch wirklich eine sehr ähnliche Frisur«, war seine Entschuldigung dazu. Hm. Nun ja. Entschuldigung ausnahmsweise angenommen.). Einen falschen Torschützen hat er auch schon mal genannt, und die Sponsoren verwechselt. Und falls er wirklich mal nicht weiterweiß, dann gibt es das *Handbuch für Stadionsprecher & Platzansager*, herausgegeben vom DFB, gespickt mit Mustertexten, wenn Gedränge vor den Eingängen herrscht, wenn der Anpfiff sich verspätet, falls der Strom ausfällt (wie dann die Durchsage funktioniert, sei mal dahingestellt), sogar, wenn es zu Geruchsbelästigung kommt. Und natürlich auch beim Einsatz von Pyrotechnik & Co. Standardsätze, falls es brenzlig wird. Wobei das sicher ein historischer Augenblick sein wird, der Moment, in dem Martin Wacker die Worte fehlen.

4. GRUND

Weil's arg schee isch

In Nordbaden liegt sie, die zweitgrößte Stadt Baden-Württembergs, einst Haupt- und Residenzstadt des Landes Baden. Und sie ist in vielfacher Hinsicht arg schee, sehr schön. »Arg« sollten Sie sich merken, wird oft verwendet, meist als Synonym zu »sehr«. Jedenfalls, hier im arg scheene Kallsruh alias Karlsruhe ist der Karlsruher Sport-Club zu Hause. De Kaa Ess Ceeh. In Karlsruhe wurde das Automobil erfunden, von Carl Benz, der Benz Patent-Motorwagen Nummer 1. Hier wurde Stadtgründer Karl III. Wilhelm, Markgraf von Baden-Durlach, ein Grabmal in Pyramidenform errichtet. Hier wird eine eigene Sprache gesprochen, »Karlsruher Mundart« oder »Brigandedeutsch«. Manche nennen es Badisch, tatsächlich ist es eher eine Mischung aus den Dialekten der umliegenden Regionen. Auf jeden Fall ist es ... speziell. Baden-Württemberg behauptet(e) von sich, alles zu können außer Hochdeutsch. Da Baden nun unangenehmerweise (für manche) (na gut, für viele) Teil ebenjenes südwestlichen Bundeslandes ist, gilt das durchaus auch für diesen sonnigen Landstrich. Badisch ist, was auch der Bundesjogi spricht, und Badisch lässt sich durch das »sch« erkennen. Proscht! (übersetzt: zum Wohl), woisch (weißt du?), höggschde Disziplin als Aufforderung oder im ganzen Satz: »S' isch Heimspiel in Kallsruh.« Unbedingt zu beachten dabei das fehlende e am Ortsnamen sowie das Doppel-l in der Mitte. Apropos Kallsruh. Wer wirklich und wahrhaftig Karlsruher sein will, muss einen Satz auf Karlsruherisch sagen können. DEN Satz. Diesen hier: »Zwoi woiche Oier en oinere Roi.« Und bitte!

Klappt nicht? Weiter üben. Sind schon ganz andere dran gescheitert, an diesem Schibboleth, diesem typischen Satz aus der Fächerstadt. Übersetzt heißt das, für die Auswärtigen, »zwei weiche Eier in einer Reihe«. Warum diese da sein sollten, tut nichts zur Sache, bringt mich aber auf Oliver Kahn und die Eier Schrägstrich Oier... Die wiederum hat er gefordert, als er bereits bei den Bayern war, deshalb lassen wir das fürs Erste so stehen, einfach (oifach!) nur, weil die Oier und Oliver so gut zusammenpassen.

Badisch also. Baden also. Markgrafschaft im 12. Jahrhundert, 1803 zum Kurfürstentum ernannt, schließlich Großherzogtum von 1806 bis 1918 und am Ende Republik Baden. Etwa 400 Kilometer lang ist Baden, das im Weinbau immer noch getrennt von Württemberg aufgeführt wird. Winzerinnen und Winzer sind eben kluge Leute ... Jede Menge Weinberge, idyllische Landschaften, Obstwiesen und Sonne prägen das badische Bild. Sonne können wir sowieso ganz besonders gut. Mit gerne auch mal bis zu 2.000 Sonnenstunden pro Jahr ganz echt, mit einem Lied im übertragenen

Sinn. »Über Baden lacht die Sonne, über Valencia die ganze Welt«, hieß es damals, 1993, nach dem 7:0 gegen die Mannschaft aus dem sonnigen Spanien. Siehe auch Kapitel 0, Grund 1. Das nur als Randnotiz, geschrieben jedoch mit einem strahlenden Lächeln. (Jahaa, Valencia wird eben immer genannt. S' isch oifach immer no so arg schee![2]) Für Fortgeschrittene: Fluchen auf Badisch. Wird beim KSC leider des Öfteren benötigt, daher sollten Sie sich, so Sie mit diesem wunderbaren Verein sympathisieren, damit anfreunden. Für den Anfang reicht »Dunnerladdich nochemol, här!«. Übersetzung unmöglich, und den Fokus bitte auf »här«. Här ist wichtig in Baden. Här zeichnet den Kenner aus. Här kommt gleich nach »Heb mol!«, Universalaufforderung zum Festhalten von Gegenständen und oder zum Hochheben von Dingen. Und wer wirklich, wirklich dazugehören will in Baden, der wünscht zur Verabschiedung: Schöner Tag noch.

5. GRUND

Weil's badische und unsymbadische gibt

Der geneigte Leser mag, je näher er dem nördlichen Teil Deutschlands rückt, seine Schwierigkeiten bei der Unterscheidung zwischen »badisch« und »schwäbisch« haben. Das sei ihm oder ihr verziehen, auch wenn es schmerzt. Sehr. Aber wir wollen mal nicht so sein. Stattdessen wollen wir die Unterschiede im Ländle kurz erläutern. Baden: der westliche Teil des Bundeslandes, Schwaben: der östliche. Badisch: viel mit o und i (»Zwoi woiche Oier ... siehe Grund 4), Schwäbisch: viel, sehr viel mit breitem aaaa. Und dann gibt es da das Derby. Einer der Gründe, den KSC zu lieben – weil es diese Begegnung gibt. KSC gegen VfB. Blau-Weiß gegen Weiß-Rot. Keiler gegen Krokodil alias Willi Wildpark gegen Fritzle. Kein Pillepalle, kein Geplänkel, Derby. Baden gegen Schwaben, mit Feuer im Gefühl und Wumms auf dem Rasen, Derby. Das Ländle fühlt geteilt, und da geht es längst nicht nur um Fußball. Es geht um tief verwurzeltes Ungerechtigkeitsempfinden, um den Erzrivalen, der Landeshauptstadt sein darf. Alte Herren reden sich in Rage, wie viel mehr Geld vom Land doch die »Stadt ohne Namen«, wie Stuttgart im badischen Volksmund auch heißt, angeblich bekommt; junge Nachwuchsfans erben die Antipathie von älteren Geschwistern, Kinder bekommen sie in die Wiege gelegt. Die Gründung des Bundeslandes Baden-Württemberg 1952, sie geschah gegen den Willen der Badener. Hätte in der Abstimmung von 1951 das Ergebnis in Gesamtbaden gezählt, es hätte sich eine Mehrheit für das separate Land Baden entschieden. Diese Niederlage sitzt wohl noch tief, und ebenso tief sitzt die Abneigung gegen den benachbarten Verein für Bewegungsspiele. Zum ersten Mal gab es diese geschichtsträchtige Begegnung 1912, damals zwischen dem frisch fusionierten VfB und dem FC Mühlburg, wie der VfB Mühlburg zu Beginn hieß. Damals gewann Stuttgart und qualifizierte sich so für die erste deutsche Spielklasse. Badisch-schwäbisch oder umgekehrt waren für die Vereine unter anderem unterwegs: Peter Reichert, Kurt Niedermayer, Michael Spies, Reiner Maurer, Marco Grimm, Marc Kienle, Adrian Knup, Radoslaw Giłewicz, Guido Buchwald, Rainer Schütterle, Sean Dundee, Danny Schwarz, Kai Oswald, Bradley Carnell, Thomas Kies, Michael Mutzel, Markus Miller und Winfried Schäfer. Und keiner von ihnen hat aufgrund der Doppeltätigkeit Sympathiepunkte verloren, auch wenn die Erfolge sich recht unterschiedlich gestalteten.

Scheint, als verschwimmen die Grenzen ... Da kam die Neugestaltung eines besonderen Ausweichtrikots für den KSC gerade recht; so dachte man zumindest. Ein Baden-Trikot wurde gestaltet, gelb-rot wie das badische Wappen. Zum ersten Mal in der Saison 1996/97, danach noch mehrmals versucht, jedoch nie so richtig erfolgreich bei den Fans. Vor allem nicht so erfolgreich wie das Jubiläumstrikot zum 120. Geburtstag 2014, das dazugehörige schwarz-rot-gelbe Ausweichtrikot, das lediglich badische Akzente trug, sowie das einmalige Retrotrikot mit Schnürung und aus Baumwolle als Hommage an die Gründung 1894 respektive die Meisterschaft 1909. KSC und Blau-Weiß stehen bei den Anhängern augenscheinlich sehr viel weiter oben in der Rangliste als Baden – zumindest, was die Bekleidung angeht. Ganz anders sieht der Lokalpatriotismus bei den traditionellen Klängen kurz vor Heimspielbeginn aus. Dann erklingt die badische Hymne aus Tausenden Kehlen: das *Badnerlied*.

6. GRUND

Weil in Karlsruh' die Residenz ist

»Das schönste Land in Deutschlands Gau'n, das ist mein Badnerland. Es ist so herrlich anzuschau'n und ruht« (ja! ruht! Egal, wie oft die Version vom Band noch »liegt« singt) »in Gottes Hand. Drum grüß ich dich, mein Badner Land, du edle Perl' im deutschen Land, deutschen Land. Frisch auf, frisch auf; frisch auf, frisch auf; frisch auf, frisch a-hauf mein Ba-hander Land! In Karlsruh' ist die Residenz, in Mannheim die Fabrik, in Rastatt ist die Fe-hestung, und das ist Badens Glück. Drum grüß ich dich, mein Badner Land ...« So wird es gesungen, das *Badnerlied*, seit jeher und zuallererst im Fußball beim KSC. Da mögen der SC Freiburg und die TSG 1899 Hoffenheim noch so lange höherklassig spielen – hier ist die Tradition zu Hause. Im Herzen der blau-weißen Fans zumindest auf jeden Fall; notariell beurkundet ist das leider nirgendwo. Auch nicht, wann es ursprünglich entstanden ist. Ungefähr datiert wird es auf 1865, kurz vor Beginn des 19. Jahrhunderts wurde es erstmals gedruckt. Unzählige Strophen gibt es, viele davon inoffiziell und um des lieben Friedens willen besser zensiert. Den ersten Teil jedoch, den mit der Residenz, den singt das Stadion mit Ausnahme der Gästefans – so sie nicht aus Freiburg oder Sinsheim stammen – voller Inbrunst, und natürlich im Stehen. Den Abschluss bildet das Schlusstrio des Marsches *Hoch Badnerland* von Emil Dörle aus den 1930er-Jahren. Kleine Anleitung für alle, die mitmachen wollen: Erst mitsingen, dann Schal im Kreis schwenken. Wer die Hand zum Herzen führen will, dem seien keine Steine in den Weg gelegt, auch wenn das selbstverständlich völlig freiwillig und jedem selbst überlassen ist.

Nicht ganz freiwillig trug sich dagegen eine Episode in München zu. Es begab sich zu einer Zeit, als der KSC in der ersten Fußball-Bundesliga noch zum festen Inventar gehörte, da stand ein Auswärtsspiel in der bayerischen Hauptstadt auf dem Programm. Die Partie beim FC Bayern wurde im Mai 1995 mit 1:0 gewonnen, und im Hofbräuhaus am Platzl wurde die Kapelle genötigt und überredet, das *Badnerlied* anzustimmen. Man munkelt, der eine oder andere Karlsruher und die eine oder andere Karlsruherin standen auf den Tischen … Aber das gehört wohl eher in ein anderes Buch.

7. GRUND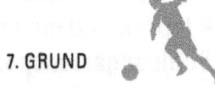

Weil der Fußweg zum Stadion ein markgräflicher ist

Wer ins Karlsruher Wildparkstadion will, hat etwas vor. Denn so idyllisch, wie es liegt, da im Schlosspark mitten im Karlsruher Hardtwald, so unbequem ist es zu erreichen. Mit dem Auto über den Adenauerring – ja, geht, macht aber nicht so viel Spaß, vor allem nicht in der nach wie vor angespannten Baustellensituation. Mit der Straßenbahn – geht deutlich besser, nur bitte auf die Streckenführung achten, die kann sich (die Baustellen, genau) spontan ändern. Allerdings fährt die Bahn nicht bis vors Stadion, da kommt noch ein gar nicht so kleiner, aber sehr feiner etwa 20- bis 25-minütiger Fußmarsch dazu. Der entschädigt für vieles, ist es doch eine wahrhaft markgräflich royale Strecke durch den Schlossgarten. Im 18. Jahrhundert angelegt, erst französischer Barock, dann englischer Landschaftsgarten und zur Entspannung für Markgraf Karl Wilhelm, lohnt sich vor dem Heimspiel eine frühe Anreise und der Genuss dieser Anlage. Gut, wenn es regnet, kann das ungemütlich werden, aber nun. Gut, abhängig von der Abpfiffzeit könnte der nächtliche Spaziergang zu einer Klettertour werden, schließt doch der Schlosspark je nach Jahreszeit zwischen 17 und 22 Uhr. Aber die Zeiten, als Anhänger des KSC nächtens durch die dunkle Parkanlage schlichen, um sich spätestens im Morgengrauen für UEFA-Cup-Karten anzustellen, sind lange vorbei; im Normalfall also bleibt der Rückweg nach Liga- oder Pokalauftritten im Bereich des Machbaren für Groß und Klein, Jung und Alt.

8. GRUND

Weil die Busse zwar hin, aber nicht zurück fahren und man so in den Genuss eines Schlossgartenspaziergangs kommt

Vor dem Spiel ist es einfach(er), zum Stadion zu kommen. Wie in Grund 7 erwähnt, bietet sich vor allem die Anreise mit der Straßenbahn oder dem Fahrrad an, auch per Auto ist sie möglich. Sogar mit dem Bus fährt es sich bequem bis vor das Tor am Haupteingang. Einstieg an der Haltestelle Mühlburger Tor, ab zwei Stunden vor Spielbeginn. Wer im Besitz einer gültigen Eintrittskarte ist, kann den Pendelbusverkehr kostenlos nutzen. Feine Sache, diese Sonderbusse am Spieltag. Denn vor allem die Parkplätze für Pkw sind eher knapp bemessen, der Birkenparkplatz gegenüber dem Stadion zwar nah und praktisch, jedoch recht schnell voll.

Dass die Pendelbusse nach dem Spiel allerdings nicht mehr zurück in die Innenstadt fahren, ist ein kleines Detail, das dann doch nicht unerwähnt bleiben sollte. Grund ist das geballte Verkehrsaufkommen nach Spielschluss, seit Jahrzehnten erlebt und erprobt, heute wie damals eine Katastrophe. Ob nun 13.000 oder 30.000 Besucher zugegen waren, macht da gefühlt keinen großen Unterschied mehr. Es bleibt also nur der Rückweg per Pedes, durch den zugegebenermaßen hübschen Schlosspark, siehe auch Grund 7.

Aber hey, Pendelbusverkehr ab zwei Stunden vor Spielbeginn! Das ist doch einen halben bis ganzen Grund wert. Nehmen wir es einfach als verschrobene, fast schon liebenswerte Eigenheit des altertümlichen Stadions im Nordosten der Stadt.

9. GRUND

Weil kein Treffpunkt so sexy ist wie der nackte Mann

Halb eins am nackten Mann? Alles klar, ich komme. Ja, das ist ernst gemeint. Nein, das ist nichts Sexuelles. Ja, das versteht man in Karlsruhe. Ist Usus hier. Ob es dagegen praktisch ist, sei mal dahingestellt. Schließlich kommen auf diese Idee an jedem Heimspieltag Hunderte, wenn nicht Tausende von Menschen. Seit über 50 Jahren ist das so, und deshalb wird es reichlich kuschelig am nackten Mann. Der hat nichts dagegen, thront er doch mit seinen drei Metern Astralkörpergröße recht unbeteiligt über dem Ganzen. Gut gehalten hat er sich, »Der Sportler«, wie er eigentlich heißt. Bauchmuskeln deluxe, ein Sixpack, wie es im Buche steht, stramme Oberschenkel ... und, nebenbei bemerkt, nicht unbedingt das glorifizierte Abbild eines Fußballers. Das war auch nicht im Sinne des Künstlers; der nämlich verzichtete bewusst auf die Einschränkung »Fußball«. Professor Emil Sutor, 1888 im badischen Offenburg geboren, konzipierte übrigens die Original-Bambi-Filmstatue. Studium an der Großherzoglich Badischen Akademie der

Bildenden Künste Karlsruhe, kein Wunder also, dass eines seiner berühmtesten Werke im Schlosspark zu Karlsruhe weilt. 1959 schuf er die Figur aus Stein, und warum? Weil er KSC-Fan war. Und langjähriges Mitglied, und Auswärtsfahrer noch dazu. Im Frühjahr 1960 eröffnete er Erich Fehlberg, KSC-Geschäftsführer von 1953 bis 1973 und in dieser Zeit auch mit der Verwaltung betraut, dass er dem KSC eine überlebensgroße Figur schenken würde, »wenn der Verein wiederum die Süddeutsche Meisterschaft erringen sollte«.[3] Fehlberg schrieb dazu in den *Vereinsnachrichten* am 2. September 1960: »Nun, diese Erwartung ist, wie Sie wissen, eingetroffen, und zurzeit arbeitet Prof. Sutor an dem Modell. Wenn Sie also eines Tages am Haupteingang West eine 3 ½ m hohe Figur sehen, dann ist das das Geschenk des Bildhauers Prof. Sutor, auf das wir uns heute schon freuen.«[4]

Da steht er nun, der Sportler, der recht bald den Spitznamen »Schlotter-Beck« erbte, wohl in Erinnerung an den recht schlaksig daherkommenden Heinz Beck. Oberliga-Torschützenkönig wurde der 1957, nebenbei bemerkt. Schmeichelnder Vergleich also für die Statue, die im Lauf der Jahre dann aber doch nur noch der »nackte Mann« genannt wurde, sogar schon die Hauptrolle auf einer Vereins-Weihnachtskarte ergatterte und Oliver Kreuzer, einst Sportdirektor im Wildpark, noch einster Spieler in den Reihen des KSC, beeindruckte. Der verwirrte mit seiner Aussage, er kenne den nackten Mann noch aus seiner aktiven Zeit beim KSC, die Presse – die vorsichtshalber »Steinbüste, Anmerkung der Redaktion« ergänzte. Warum überhaupt eine solche Figur? Sutors Antwort: »Meine Absicht war, dem KSC, dem ich sehr anhänge, eine Figur zu schaffen, die alles ausdrücken sollte, was das Wesen eines Sportlers ausmacht. (…) Mein Ziel war nicht, einen anatomisch naturalistischen Muskelmann zu bilden, sondern ich wollte mit meinem Jüngling die geistig seelische Haltung zum Ausdruck bringen, die der Sport und die damit verbundenen erzieherischen Momente dem jungen Menschen gibt.«[5]

10. GRUND

Weil es im Wildpark noch echtes Holztribünengefühl und eingeschlafene Hintern gibt

Kommen Sie näher, kommen Sie ran! Hier gibt es Nostalgisches zu sehen! Hier gibt es noch das wahre Stadiongefühl zu erleben! Nix da mit Synthetikarena und Kommerztribünen, kein modernes Hightech-Erlebnis. Hier wird Fußball pur geboten, live, echt, in Farbe und aus Holz. Jedenfalls denjenigen, die eine Eintrittskarte für die Gegentribüne ergattert haben und auf der Empore in einem der Blöcke C1 bis C10 sitzen. Hier ist tatsächlich noch die alte Holztribüne zu bestaunen, Relikt aus alten Zeiten, nie wirklich modernisiert. Überhaupt, das Wildparkstadion. Am Adenauerring, im Schlosspark mitten im Hardtwald gelegen. 1955 mit dem Spiel gegen Rot-Weiss Essen am 7. August eröffnet, und zwar an der Stelle, wo vorher der alte FC-Phönix-Sportplatz von 1921 zu Hause war. Mittlerweile verfügt das Stadion über eine Kapazität von 28.762 Plätzen auf einem Areal von 7,5 Hektar. Dreh- und Angelpunkt: der Naturrasenplatz mit 100 mal 70 Metern.

Die einstige Tartanbahn und damit der »Leichtathletik-Look« wurde 2007 größtenteils entfernt und das Spielfeld im Zuge des Einbaus der nötigen Rasenheizung näher Richtung Haupttribüne gelegt. Hier mal ein paar neue Wellenbrecher, da mal ein neuer Zaun ... Ausbesserungen, Flickwerk. Ein neues Stadion? Gewünscht seit Jahrzehnten, gebraucht ungefähr ebenso lange, gebaut: noch nicht. Vielleicht bald, man wird sehen und die unendliche Geschichte weiter in der örtlichen Tageszeitung verfolgen. Eine Farce, die bisher kein Ende nahm. Das Gute daran: Kaum irgendwo in Deutschland gibt es echteren Bundesligafußball zu sehen und zu spüren. Wer einmal 90 Minuten plus Nachspielzeit auf der alten Holztribüne verbracht hat, weiß, was das bedeutet. (Tipp: Sitzkissen mitnehmen! Oder besser zwei. Oder Stehplatzkarten kaufen.)

11. GRUND

Weil ein Wildschwein den Fuchs erledigt hat

Winnie S. ... S-Winnie ... Swinny. So kam der Fuchs in den 1990ern zu seinem Namen, erstes echtes Maskottchen beim KSC, dazu die roten Haare – die Ähnlichkeit zum einstigen KSC-Trainer war dann doch reichlich offensichtlich –, und hatte 2006 ausgedient. Swinny wurde ausgewechselt, eine neue Figur gesucht. Was passt zum Wildpark? Zur Mannschaft? Nach Karlsruhe? Immerhin geht es hier einerseits markgräflich zu, nachdem Karl Wilhelm 1711 einen Fasanengarten hatte anlegen lassen. Zwischen 1787 und 1790 entstand unter Karl Friedrich ein Tierpark mit Rehen, Hirschen und Biberpark; die baumumsäumten Senken, die heute noch stellenweise zu finden sind, waren damals Wildschweinsuhlen und Biberburgen. Nach der Tulla'schen Rheinkorrektur trockneten sie aus, die Wildschweine aber sind bis heute heimisch im Karlsruher Hardtwald. Wildschweine ... hm. Wildschweine!

So kam also 2006 der Keiler und erledigte den Fuchs – in monatelanger akribischer Arbeit von Verein und Maskottchenprofis entwickelt, mit viel Liebe zum Detail lebendig geworden. Aber mal ehrlich: Kann ein Keiler Sympathieträger sein? Kann er. Respekt einflößende Hauer, stolzgeschwellte Brust, eben eine Kämpfernatur, die nicht aufgibt. Passt gut zum KSC, wo es mehr ums Durchkämpfen denn um edle Technik auf vorderen Tabellenplätzen geht, wenn wir mal ehrlich sind. Eine Sauarbeit ist das immer, und das war es auch seinerzeit in Sachen Maskottchen. Erst gezeichnet, dann koloriert, in verschiedene Szenarien gepackt und irgendwann, als alles gepasst hat, zum Leben erweckt. Umgesetzt als Schnittmuster, gebastelt aus Stoff und Styropor, angepasst und feingeschliffen, bis schließlich die fertige Figur vorlag. Saß. Stand. Wie auch immer, auf jeden Fall ließ sich der neue Typ an der Seitenlinie den großen Auftritt nicht nehmen: Einflug per Fallschirm am 20. November

2006, kurz nach 20 Uhr. Mit eleganter Landung und langem Drift auf dem Wildparkrasen (der arme Rasen), erst am Schluss setzte er sich dann dank eines Transparents doch noch auf den zum Glück gut gepolsterten Hosenboden. Noch namenlos allerdings, denn den gab's per Fanabstimmung erst danach. »Willi Wildpark« setzte sich da gegen »Karle Keiler« durch, und so ist es geblieben. Willi trägt die 94 auf dem Rücken, nach dem Vereinsgründungsjahr 1894, nimmt an jeder Hand ein Einlaufkind mit ins Stadioninnere, sorgt für ordentlich Stimmung und bejubelt KSC-Treffer aus nächster Nähe hinter dem gegnerischen Tor. Eigene Seite im sozialen Netzwerk, eigene Autogrammkarten, eigenes Temperaturempfinden: Maskottchen ist ein knochenharter Job. Egal, wie heiß oder kalt es draußen ist – die Keiler-Innerei ist heißer. Aber letzten Endes geht es ja ums Heißmachen. Passt also.

12. GRUND

Weil es schmeckt

Wildschwein gibt es aus nachvollziehbaren Gründen nicht im gastronomischen Angebot des Wildparkstadions. Was es stattdessen gibt, ist die obligatorische Stadionwurst (Schadionworschd auf gut Badisch) – dazu zählen Bratwurst, Feuerwurst, Currywurst und reine Rindswurst für alle, die aus welchen Beweggründen auch immer kein Schweinefleisch essen. Außerdem Schnitzel und Fleischkäse, Pommes frites & Co.; sogar echte KSC-Pasta steht auf der Speisekarte, in zwei Varianten für Vegetarier bzw. Fleischesser. Mobile Stände bieten immer mal wieder Langosch bzw. Lángos, die ungarische in Fett ausgebackene Spezialität, und sogar die Idee, vegane Muffins anzubieten, stand schon im Raum. Bisher wurde das noch nicht realisiert; liebe Muffinbäckerinnen und -bäcker, wenn Sie das hier lesen: In mir hätten Sie einen treuen Abnehmer, versprochen. Überhaupt, wer Leckereien auf der Karte hat, die weit weg sind von Worschd und Ähnlichem – trauen Sie sich. Ich bin sicher, Ihr Angebot würde dankend angenommen werden. Für Subunternehmer besteht die Möglichkeit, zusätzlich zum Angebot des offiziellen Catering-Partners diverse eigene Speisen zu verkaufen. Und wer den Marsch durch den Schlosspark hinter sich gebracht hat oder mit dem Fahrrad kam, der bringt Hunger mit. Garantiert. Außerdem klingen Anstoßzeiten wie Freitagabend 18.30 Uhr oder Sonntagmittag 13.30 Uhr doch geradezu verlockend, das Abendessen oder das süße Stückle im Wildparkstadion einzunehmen. Und selbst Samstagnachmittag so gegen halb vier verspüren sicher genügend Menschen Appetit. Also, wie wär's? Zuckerbäcker und Kochtopfhelden vor! Ein Besuch im Clubhaus bei Saki lohnt sich auch immer; wer mehr Zeit und noch mehr Hunger mitbringt, sitzt dort gemütlich und bekommt nicht nur am Heimspieltag griechische und andere Gerichte serviert. Kleiner Tipp für alle Verfrorenen: Besser etwas wärmer anziehen; es sei denn, draußen hat es > 30°C. Im Clubhaus ist es immer etwas kühl.

Die Tierrechtsorganisation PETA Deutschland e. V. ermittelt seit 2005 das Veggie-freundlichste Stadion der 1. und 2. Fußball-Bundesliga und veröffentlicht das Ranking zu Beginn der Saison. Dabei wird der KSC seinem Ruf als Fahrstuhlmannschaft gerecht; insgesamt ist das aber durchaus ordentlich, was für die Nicht-Fleischesser angeboten wird. Sogar Veganer werden mittlerweile berücksichtigt; vegetarische Speisen ergattern einen Punkt, vegane Gerichte werden mit drei Punkten bewertet. Daraus ergibt sich der finale Punktestand und damit die entsprechende Platzierung in der Tabelle. Für die Karlsruher hieß das zuletzt im Mai 2014: Platz 7 und damit »gesichertes Mittelfeld«.[6] 2008 konnte sogar der zweite Rang erreicht werden – mit Schlemmerzungen, Reis- und Nudelpfannen direkt hinter dem Veggie-Meister FC Bayern München und vor Bayer Leverkusen.[7] 2012 gab es Platz 8; in der 3. Liga wurde der Wildpark nicht bewertet. Dafür aber 2006, und zwar bei einer ganz anderen Herausforderung. Da nämlich kamen die Tester von *www.stadionwurst.net* in die Fächerstadt, besuchten am 20. November das Heimspiel des Karlsruher SC gegen Hansa Rostock und sahen immerhin acht Tore beim denkwürdigen 4:4. An jenem Montagabend war es, dass der KSC bereits mit 3:0 und 4:1 führte, ehe die Hansa-Kogge Fahrt aufnahm und schließlich die Partie in der 87. Minute noch ausglich. »47 Minuten vor dem Tor des Jahres von M. Porcello« kaufte Tester »Wetze« eine rote Riesen-Wurst, wartete 45 Sekunden darauf, bezahlte zwei Euro und bewertete das Gesamtwursterlebnis mit der Note 1,57 und dem Fazit, man hätte sich »die Wurst nicht vom Brot ziehen lassen«.[8] Oder eher vom Brötchen. Wer es neben blau-weiß außerdem grün mag, dem sei der Vitaminteller im Clubhaus ans Herz gelegt, das aber nur nebenbei und weil just in diesem Augenblick der Autorinnenmagen hörbar knurrt.

13. GRUND

Weil sich der Verein um gesunde Ernährung und den Kalziumhaushalt sorgt

Die Vegetarier und Veganer sind also versorgt, zumindest halbwegs; die Fleischesser sowieso. Es gab allerdings tatsächlich Zeiten im Wildpark, da standen ganz andere Speisen auf dem Plan und dem Trikot. 1991 bis 1998 zierte Ehrmann als Hauptsponsor die Spielkleidung und Banden. Der deutsche Milchverarbeitungskonzern aus Oberschwaben war es dann auch, der im Mai 1998 eine besondere Form der Verpflegung auf der Auswärtsfahrt nach Rostock stellte. Im Sonderzug fuhr mit den KSC-Fans palettenweise Joghurt mit, den die Anhänger auf der Rückreise frustriert in sich hineinlöffelten – mit einer 2:4-Niederlage und dem Abstieg aus der 1. Bundesliga im Gepäck. Das Engagement des Konzerns endete im selben Jahr; mit der Joghurtsache hat das wohl nichts zu tun.

14. GRUND

Weil der Sport-Club Mut zur Lücke beweist, Teil I

Wer mit dem Auto zu einem Heimspiel der Blau-Weißen in den Karlsruher Nordosten kommen will, der hat wie eingangs erwähnt die Parkplatzherausforderung zu bewältigen. Nun bedeutet Herausforderung nicht nur, dass er oder sie einen freien Platz finden muss. Es bedeutet vor allem, mit allen Widrigkeiten zu rechnen. Denn wir befinden uns im Hardtwald, in dem der Name Wald steckt, und ja, das ist ein wichtiges Detail. Wer den benachbarten Birkenparkplatz anpeilt, muss einkalkulieren, dass dieser wegen eventueller Baumschäden gesperrt sein könnte – die Standsicherheit konnte schon hin und wieder nach starken Gewitterstürmen nicht gewährleistet werden. Also, die für die Bäume. Was die für die Autos in Gefahr gebracht hätte, was wiederum die Sperrung nötig machte.

Überhaupt diese Sache mit dem Sturm. Der auf dem Spielfeld wird gern gesehen, der drum herum weniger. Xynthia hieß die Übeltäterin, die 2010 wütete. In Karlsruhe riss das Orkantief an jenem 28. Februar einige Lücken: Neun Bäume wurden rund um den Wildpark entwurzelt und 14 Fahrzeuge erheblich beschädigt – eine Bilanz, die sich mehr als glimpflich liest. Denn im Wildparkstadion lief das Derby KSC gegen den 1. FC Kaiserslautern, das Stadion mit 28.800 Zuschauern pickepackevoll, das Wetter zunächst bestens. So hatte der Nachmittag schon von Natur aus eine stürmische Bedeutung, aber »von Natur aus« wurde plötzlich zu einer bedrohlichen Situation. Stadionsprecher Martin Wacker sagte einmal über diesen Tag: »Ich habe damals viele einsame Entscheidungen getroffen.« Denn für das Verhalten im Stadion, wenn das Wetter solche Kapriolen schlägt, gibt es keine Anweisungen vom Verband. Also entschied der Sprecher, die Zuschauer eindringlich zu bitten, im Stadion zu bleiben – auch in der Halbzeitpause. Wichtig war das, und gut, und richtig. Die Stimme des Wildparks gab vielen Tausend Menschen einen Halt, als dieser dringend nötig war. Niemand konnte beurteilen, wie sich die Lage tatsächlich gestaltete; der Stadionsprecher hatte aus seiner Kabine noch die beste Sicht. Zu sehen waren von den Tribünen aus nur heftig flatternd-knatternde Fahnen, Werbebanden, die kurz davor waren, sich loszureißen, eine Kamera, die auf ihrem windigen Platz hoch droben bedrohlich schwankte. Ein düsteres Szenario, es bestand Lebensgefahr. Die Menschen vertrauten der Einschätzung des Stadionsprechers; gut also, dass es jemanden gibt, auf den auch in Extremsituationen Verlass ist. Am Ende des Tages gab es nur Blechschäden, die sich zum Glück meist beheben lassen; es ging also alles gut aus. Fast alles. Das Spiel selbst wurde 1:3 verloren.

15. GRUND

Weil der Haupttribüne kein Zacken aus der Krone bricht

Sie sind schon imposant, diese Krallen, Zacken, was auch immer da von der Haupttribüne in die Luft ragt, in der Signalfarbe Rot. Doch auch sie sind in die Jahre gekommen; die Zeiten, in denen der Dinosaurier-Science-Fiction-Abenteuerfilm von Steven Spielberg Pate stand für den WILD PARK, sie sind vorbei. Es bröckelt überall, der Lack ist ab, das ganze Rund versprüht einen fast schon morbiden Charme. (Hier Horrorfilm-Atmosphäre und schaurige Musik dazudenken.) Die alte Arena, sie hat Patina angesetzt. 1921 wurde »das Gelände im Wildpark abgesteckt und dem FC Phönix pachtweise auf 50 Jahre überlassen«⁹ – der Grundstein für das Wildparkstadion. 1955 feierte man Einweihung, doch schon kurz darauf musste nachgebessert werden. 1978 wurde mit dem Bau der Gegentribüne begonnen, 1989 beschloss der Karlsruher Gemeinderat den Bau einer neuen Haupttribüne, 1991 ging es dann wirklich los. Zweieinhalb Jahre dauerte es, dann wurde die horizontale

Kragarmkonstruktion (Tatsächlich Kragarm, extra nachgeschaut; ein einseitiger waagrechter Balken, an dem eine Last hängt und der nur einen Auflager hat. Weißte Bescheid.) aus 1.200 Tonnen formvollendetem Stahl für den exorbitant in die Höhe geschnellten Preis von 45 Millionen Mark ihrer Bestimmung übergeben. Den damaligen Oberbürgermeister Gerhard Seiler freute es: »Der Karlsruher Fußball besitzt jetzt eine moderne, komfortable Anlage, die architektonisch und funktional über dem Durchschnitt der Bundesliga liegt.«[10] Da allerdings lag sie nicht allzu lange. Es ist nicht mehr zu leugnen: Es wird alt, das Wildparkstadion. Neubaupläne gab es zuhauf, Umbauideen genauso ... Entwürfe und endlose Diskussionen – aber keine Entscheidungen. Weder das komplett überdachte Stadion wie 1995 ersonnen noch die futuristische Vision einer Dachkonstruktion von Luigi Colani, der Wohnsitz und Designstudio in Karlsruhe hat, wurden realisiert. Noch heute prägen die markanten Spitzen das Bild, das beim Begriff »Wildparkstadion« sofort vor dem inneren Auge Gestalt annimmt.

Auf der Wallkrone der Haupttribüne ist es auch, wo sich die Spieler präsentieren, wenn es etwas zu feiern gibt. Nichtabstiege in letzter Sekunde und an letzten Spieltagen, mehrfach, Aufstiege ebenfalls mehrfach: Hier oben in luftiger Höhe stehen sie, unter ihnen die Fans, zu gemeinsamen Jubelstürmen bereit. Hier oben wird (oft falsch) gesungen, hier wird die Welle losgeschickt. Hier oben finden auch die beliebten Autogrammstunden im Rahmen des traditionellen Familientags statt, bei denen sich schier endlose Schlangen an den schreibwütigen Spielern vorbeidrängen. Sie hat schon viel erlebt, diese Wallkrone, und noch viel mehr die Haupttribüne. Sogar die WM 2014 wurde hier im Rahmen eines »Public Viewing« auf großer Leinwand gezeigt. Tausende Menschen verfolgten die Spiele von Schweini & Co. auf ebenjener Haupttribüne, von Partie zu Partie wurden es mehr. Bis schließlich im kollektiven Freudentaumel der große Traum vom Titel wahr wurde. Ein Stück WM im Wildpark: Auch das ist die Haupttribüne.

16. GRUND

Weil Calli Stadionverbot hatte

Manches Schicksal macht auch vor Prominenten nicht halt. Reiner Calmund beispielsweise kann davon ein Liedlein singen und weiß, wie sich so mancher Fan/Ultra/Hooligan/was auch immer fühlt, der aus dem eigenen Zweitwohnzimmer geworfen wird. Denn egal, wie alt und gebrechlich sich das Wildparkstadion auch zeigen mag – es öffnet seine Tore nicht für jeden.

Wir schreiben den 6. November 1989, noch vor Bau der neuen Haupttribüne und sehr kurz vor dem Fall der Berliner Mauer werden anderswo neue Mauern errichtet, sinnbildlich. Um 13.58 Uhr vermeldet der Sport-Informations-Dienst SID via ARD-Videotext: »KSC erteilt Calmund Stadionverbot«.[11] Und warum das? Nun, dem damaligen Manager von Bayer Leverkusen wurden »unseriöse Praktiken« vorgeworfen. Des Öfteren weilte er in Karlsruhe, hatte ein Auge auf einen 19-jährigen Nachwuchskicker geworfen und wollte den talentierten Spieler Richtung Pharmazie-Metropole locken. »Hinter der Vereinsführung« soll er sich angeblich an ihn herangemacht haben, an den jungen Vertragsamateur namens Mehmet Scholl. Das wollte man sich in Karlsruhe nicht länger gefallen lassen, wo es angeblich nicht das erste Mal gewesen war ... Per Post bekam Calmund also das Stadionverbot mitgeteilt und durfte mit sofortiger Wirkung das Wildparkstadion nicht mehr betreten. Mittlerweile ist das Verbot übrigens aufgehoben; »Calli« ist in unregelmäßigen Abständen ein durchaus gern gesehener Gast, der den Verein, die Fans und – man höre und staune – auch die Vereinsführung (die heute natürlich eine andere ist) in höchsten Tönen lobt. Sogar Schirmherr der Benefiz-Aktion »Das Spiel eures Lebens« war er 2012 und 2013, in deren Rahmen jeweils ein Spiel einer Amateur- bzw. Hobbymannschaft gegen die Profis verlost wurde. Während einer Pressekonferenz dazu brachte Calmund die versammelte Journaille mit einem seiner markigen Sprüche zum Lachen, als ausgerechnet während seiner flammenden Rede sein Mobiltelefon klingelte. »Scheiße, mein Ding bimmelt!«, war seine Reaktion, und auch, wenn's deutliche Worte waren – ein Stadionverbot drohte diesmal nicht.

17. GRUND

Weil es die Elefantenallee gibt

Der KSC ist am Adenauerring zu Hause, Nummer 17, und die Anreise zu Fuß ist über viele Wege möglich, über Stutenseer und Friedrichstaler Allee, über Lärchenallee und Kanalweg, über Grabener und Linkenheimer und Theodor-Heuss-Allee. Zur Erinnerung: Fächerstadt. Die Karlsruher Straßen, fächerförmig um das Schloss angeordnet, das unweit des Stadions beheimatet ist. Der Adenauerring aber hat als Einziger einen besonderen Spitznamen geerbt, wohl auch, weil den die meisten nach Abpfiff als schnellste Verbindung nach Hause nutzen. Vor allem nach Niederlagen soll es schließlich flott gehen, da möchte niemand mehr länger da sein als nötig. Schnell aus den Augen, schnell weg von der Schmach, schnell vergessen, was passiert ist. Die »ewige Tabelle« der Fußball-Bundesliga gibt Einblicke: In über 800 Spielen wurden die meisten verloren, weit über 300 nämlich. Unter 1.000 Punkte wurden gesammelt, dazu eine negative Tordifferenz von über 300 Treffern … Gut, Top 18 bedeutet das derzeit, also gar nicht mal so übel, aber eben hinter den Landesrivalen aus Stuttgart, hinter den Pfälzern aus Kaiserslautern, und natürlich erst recht hinter der einstigen KSC-Zweigstelle FC Bayern München. Kein Wunder also, dass der Adenauerring, passend zu all den Alleen ringsherum, auch »Elefantenallee« heißt. Warum? Nun, der badische Quotenvater, der seinen Nachwuchs (nämlich zum Beispiel die Autorin) mit ins Stadion bringt und seit

Jahrzehnten den Blau-Weißen anhängt, erklärt es wie folgt: »Hajo, des isch glaar. Weil do alle de Rüssl hänge lasse.« Soll heißen: Weil man hier allzu oft Trauer trägt, den Kopf respektive die Nase, also: den Rüssel hängen lässt.

2. KAPITEL

AUF DEM RASEN

KURIOSE SPIELE, BERÜHMTE SPIELER, HITZIGE DERBYS

18. GRUND

Weil der KSC gefühlt die meisten Derbys hat

SC Freiburg, 1. FC Kaiserslautern, Waldhof Mannheim, 1899 Hoffenheim, VfB Stuttgart. Nein, nicht etwa Lieblingsvereine oder andere Nettigkeiten – ganz im Gegenteil. Die Partien gegen diese Mannschaften sind das Salz in der Suppe, die Highlights im grauen Liga-Alltag und das, was gemeinhin als Derby bezeichnet wird. Der KSC hat in der Tat einige davon, was in der hohen Dichte halbwegs qualitativ hochwertig kickender Vereine in nächster Nachbarschaft begründet liegt. Kurz gesagt: SC Freiburg, Baden. Waldhof Mannheim, Baden. 1899 Hoffenheim, Sinsheim, Baden. Dazu der FCK, Pfalz, und allen voran der VfB Stuttgart, Württemberg, ungeliebtes Anhängsel des Ländles und ganz oben auf der Liste der Derbygegner, die die inbrünstigsten Antipathien aus der Fächerstadt gesandt bekommen.

KSC vs. FCK, 54 Begegnungen insgesamt, 13 Siege für die Karlsruher, 21 Unentschieden, 20 Niederlagen. Erstes Aufeinandertreffen: Oberliga Endrunde 1955/56, Endergebnis 1:0 für den KSC bei den Roten Teufeln. Dazwischen 1. Bundesliga, DFB-Pokal (unter anderem 1996, Finale, egal, Themawechsel), 2. Bundesliga. Funfact: 22 Partien hat Jens Nowotny in seiner aktiven Zeit insgesamt gegen Kaiserslautern bestritten. 20 davon in der Bundesliga – und keine einzige dieser Begegnungen hat er verloren. Dabei hätte er sicher eine eingetauscht, gegen die Pokalfinalniederlage 1996. Gegen den FCK war auch das erste Livespiel der Autorin (1988), und auswärts auf den Betzenberg ging es einmal, da fürchtete ich kurzzeitig, nicht anzukommen. Anreise mit Papa und dem Auto. Wir fuhren, vor uns und neben uns und hinter uns fuhren andere. Die hinter uns gestikulierten wie wild, blendeten auf, hupten. Wir dachten, oh Mann, was wollen die nur alle, Pfälzer eben (Entschuldigung). Bis wir die nicht mehr richtig funktionierenden Bremsen bemerkten, die angezogene Handbremse registrierten, mit der wir geschätzte 20 Kilometer gefahren waren. Bei der nächsten Kneipe bogen wir ab, um bei einem Getränk die Bremsen abkühlen zu lassen. Danke an die Hupenden, nachträglich. Ich nehme alles zurück. Wir schafften es gerade so zum Spiel und auch wieder nach Hause. Aber die Bremsbeläge, die waren hin.

KSC vs. SV Waldhof Mannheim, 30 Spiele, davon 13 Siege, zehn Unentschieden, sieben Niederlagen. Oberliga Süd, Regionalliga Süd, 2. Bundesliga Süd, Bundesliga, DFB-Pokal, 2. Liga. Verblasste Tradition, schade eigentlich.

KSC vs. 1899 Hoffenheim. Bisher drei Spiele, ein Unentschieden, zwei Niederlagen schlagen für den KSC zu Buche. Einmal DFB-Pokal (4:0 für die damals noch TSG betitelten Hoffenheimer, autsch), zweimal Bundesliga. Ausbaufähig.

KSC vs. SC Freiburg, 27 Spiele, davon 14 Siege, sieben Unentschieden, sechs Niederlagen, es wird besser! Von Gegner zu Gegner, Sie merken es vielleicht. 2. Bundesliga Süd, DFB-Pokal, 2. Liga, Bundesliga, oft gab es diese Partie noch nicht. Dafür ist es mehr als beeindruckend, wenn wirklich alle im Stadion wirklich laut das *Badnerlied* mitsingen, hüben wie drüben.

KSC vs. VfB Stuttgart, das echte Derby. Das mit dem meisten Feuer, das, welches den Namen wirklich verdient hat. Insgesamt 55 Partien, Rekord. 14 Siege, elf Unentschieden, (*flüsternd*) 30 Niederlagen … Eine der ganz frühen Begegnungen war eine mit Brisanz, im DFB-Pokal nämlich, Viertelfinale 1954/55, 2:5 aus Sicht der Schwaben. Hurra! Dann Oberliga Süd, Bundesliga, Ligapokal, alles dabei. Ein grandioses 4:2 im Mai 1998 zu Hause, trotzdem der Abstieg für die Blau-Weißen, ein Tiefpunkt. Aber: Ein Höhepunkt ist es immer, egal in welchem Wettbewerb, wenn es KSC–VfB heißt.

19. GRUND

Weil blau-weiß auch mal neongrün ist

Blau-Weiß gegen Rot-Weiß oder wahlweise auch Weiß-Rot, so gestalten sich die meisten Derbys mit Karlsruher Beteiligung. Zufall? Bewusste Konfrontation der Farben? Auf jeden Fall auffällig. Das ist das Stichwort – denn der KSC lässt nichts unversucht. Nicht, was die Verwirrung des Gegners angeht, nicht, was die Aktivitäten für die Fans betrifft und zu Lasten von deren Kleiderschränken geht. Blau-Weiß ist nämlich längst nicht alles, was der Sport-Club bereits am Körper trug.

Da gab es helles und dunkles Blau, gestreiftes Blau-Grün und gerautetes Blau mit Rot, es gab Gelb und Gelb-Rot badisch, es gab Grün, Schwarz, zuletzt Neonorange (als Sondertrikot im Pokal gegen Freiburg), Neongrün (als Ausweichtrikot), Schwarz mit Gold (als Spezialtrikot für die Pokalpartie gegen Schalke 04) und Schwarz-Rot-Gold. Farbenfroh gewinnt! Macht schließlich gute Laune, auch wenn es zeitweise in den Augen brennt.

20. GRUND

Weil hier die Sinne vernebelt werden

Karlsruhe liegt in der Rheinebene, mit einer Jahresmitteltemperatur von knapp 11°C eine der wärmsten Städte Deutschlands. Die geschützte Platzierung im Oberrheingraben ist gut für alle, die es warm mögen – aber schlecht für die Sichtverhältnisse, hin und wieder. Drückende Schwüle ist keine Seltenheit, im Herbst und Winter verschwindet die 1715 gegründete Stadt oft im Hochnebel. Der sinkt ab und zu dann auch mal tiefer, und auch mal ganz tief. Fast bis auf den Rasen nämlich, so geschehen am 7. November 2006 im heimischen Wildpark. 1860 München hieß der Gegner am Dienstagabend, sagt man. Zu erkennen war das für die 21.000 Besucher sehr bald nach Anpfiff um 17.30 Uhr nicht mehr, geschweige denn das gegenüberliegende Tor oder gar die Flutlichtmasten. Fünf Treffer fielen insgesamt, gesehen haben ziemlich viele der Zuschauer wohl nur wenige davon. »Wir woll'n die Mannschaft sehn, wir woll'n die Mannschaft sehn«, sangen die Zuschauer auf den Tribünen. 4:1 hieß es am Schluss für das Team von Edmund Becker, aber sich dessen sicher sein konnte man dann doch erst zu Hause vor dem Fernsehgerät, mit Spielbericht im Sportprogramm und von denen, die live dabei waren, unten auf dem Spielfeld. Feine Randnotiz auf Trainer Beckers Zettel war wohl, zumindest ist sie so vorstellbar: »Durchblick behalten. Elf Spiele unbesiegt.«

Dass das Spiel überhaupt zu Ende geführt wurde, hing am seidenen Faden. Den Regeln entsprechend konnte man aber – wird behauptet – von Tor zu Tor sehen, deshalb pfiff Schiedsrichter Babak Rafati an und nach 90 Minuten regulär auch wieder ab. Eugen Strigel, Schiedsrichter-Lehrwart des DFB, war ebenfalls im Stadion, aber eben als Tribünengast. Damit bestätigte er zwar die Regel, konnte deren korrekte Auslegung aber nicht nachprüfen. Protestiert hat bis dato niemand – das 4:1 hat also Bestand, am Ende einer Rekordsaison feierte der KSC den furiosen Aufstieg in die 1. Liga.

21. GRUND

Weil Ausländer hier besonders beliebt sind

Es liegt nicht an der Nationalität, es liegt am Talent. Oder vielleicht liegt es auch an der Nationalität, daran, dass einst ein Hauch von Welt durch die eigenen heiligen Hallen zog, wenn ein ausländischer »Star« verpflichtet werden konnte. Früher war das so, als Deutsche bevorzugt nach Italien wechselten, als plötzlich die Region nicht mehr genug war. Da fing es an, da kamen komplizierte Namen, und wer sie fehlerfrei aussprechen konnte, war der Held, oder zumindest ein geachteter und ernst genommener Fan. Sergej Kirjakow war so ein Name. Die Schreibweisen variieren bis heute, Kirijakow oder Kirjakov oder andere Abenteuerlichkeiten, schlussendlich blieb einfach »Kiki«. Auf T-Shirts mit seiner Karikatur, in aller Munde, im Herzen. Mit vollständigem Namen übrigens Sergej Wjatscheslawowitsch Kirjakow, Russe, Dribbelkönig, fiel leicht, wuselte noch leichter durch die gegnerischen Abwehrreihen. Trug das KSC-Logo von 1992 bis 1998 auf der Brust und avancierte mindestens so rasend schnell zum Publikumsliebling, wie er auf dem Rasen rannte. Und traf! Nicht besonders groß (1,74 Meter) und damit prädestiniert für Übersteiger, Hacke, Spitze, eins zwei drei.

Oder Sean Dundee. Crocodile, Torkrokodil, in Anlehnung an Crocodile Dundee und den »Biss«, den er vor dem Tor zeigte. Der Südafrikaner kam aus Ditzingen zum KSC, entwickelte sich zum Top-Torjäger, hätte es, frisch eingebürgert, fast zum Nationalspieler geschafft. Diesen Karriereschritt wiederum brachte Igli Tare erfolgreich hinter sich, allerdings für Albanien. Beim KSC zunächst in der zweiten Mannschaft aktiv, später im Profikader, noch später 1. FCK und irgendwann Teammanager von Lazio Rom. Kein großer Star, damals Ende der 90er, aber liebenswert und bei mindestens einem treuen Fan, der mit seiner Riesentrommel bekannt geworden ist, ganz oben auf der Lieblingsspielerliste.

Bei sehr vielen Anhängern gehörte ein anderer nach ganz oben, der »Fußballgodfried« Aduobe. Goddie trug die Nummer 4, und er trug über viele Jahre dazu bei, dass die gegnerischen Abwehrspieler verzweifelten. Godfried Aduobe, einer, den alle Blau-Weißen nur schweren Herzens gehen ließen und der in Karlsruhe seine aktive Fußballerkarriere beendete. Und da waren (natürlich) auch Srećko Bogdan, Valerij Schmarow, Slaven Bilić, da waren Adrian Knup und Marc Keller und Alex Nyarko, David Régis, Rafael Martín Vázquez, Radosław Giłewicz, Gunther Schepens, Rolf-Christel Guié-Mien,

David Zitelli und Thijs Waterink, Ioannis Masmanidis, Giovanni Federico, Edmond Kapllani, da waren der einstige Kapitän Mario Eggimann und Sanibal Orahovac, Bradley Carnell und Aleksandre Iaschwili, Massimilian Porcello und Bakary Soumaré und viele, viele mehr. Erst Anfang der 90er ging das so richtig los, und bis heute haben die »Nichtdeutschen« beim KSC immer eine gute Chance auf den besonderen Platz in den Fanherzen – auch über das KSC-Trikot hinaus.

Jüngstes Beispiel: Hakan Çalhanoğlu. In Mannheim geborener Deutsch-Türke aus der eigenen Jugend, über den HSV bei Bayer Leverkusen gelandet. Sein Bruder Muhammed spielt nach wie vor für das KSC-Talentteam, Hakan selbst ist immer noch gern gesehen in der Fächerstadt, und seine Freistöße sind noch bestens und lebhaft in Erinnerung.

22. GRUND

Weil Hakan Erfinder der Auswechselehrenrunde ist

Ob nun »Tschalhanohlu« oder »Kalhanoglu«, letztlich war es sowieso Hakan, über den in Karlsruhe alle sprachen, 2012 und 13 und 14. Es war der Auftakt nach der Winterpause, die Rückrunde hatte bereits vor Weihnachten begonnen. Das junge Talent hatte sich erst in der Pause so richtig in den Profikader trainiert, man war gespannt. Erstes Spiel also im neuen Jahr 2012, am 5. Februar gegen Erzgebirge Aue. Neu in der Startformation: Hakan Çalhanoğlu, zuvor Jugend, bei den Profis mittrainiert, auf dem Schirm, aber nicht in der ersten Elf. Bei diesem ersten Auftritt legt er zweimal vor, unterschreibt im März den neuen Vertrag bis 2016, dann verdichten sich aber doch die Gerüchte. HSV. Der Wechsel, die Ausleihe für ein weiteres Jahr nach Karlsruhe, dann das letzte Spiel. Der KSC in der 3. Liga, der direkte Wiederaufstieg nach einer Serie von 20 ungeschlagenen Spielen unter Dach und Fach, letzter Auftritt der Saison auswärts bei Wehen Wiesbaden.

18. Mai 2013, 8.947 Zuschauer, SV Wehen Wiesbaden – KSC, Endergebnis 2:4. In der 58. Minute wird Timo Kern eingewechselt. Für ihn geht Hakan vom Platz, beim Stand von 3:0 aus Sicht des KSC. Deutliche Führung, normaler Ablauf, raus mit Hakan, ab auf die Bank, die letzte halbe Stunde von der Seite aus miterleben. Ab auf die Bank? Nicht so Hakan. Die Nummer 10 biegt schnurstracks ab und läuft Richtung Fans. Richtig, er geht auf »Auswechselehrenrunde«[12] und ja, das hat er sich verdient, der feine Techniker mit dem unbeschreiblichen Fußgefühl für den ruhenden Ball. Ehrenrunde mitten im Spiel – eine Geste, die die gegenseitige Wertschätzung mehr zum Ausdruck bringt als alles andere, alle gesprochenen oder geschriebenen Worte, alle 17 Tore des Freistoßexperten.

23. GRUND

Weil wahre Experten aus Karlsruhe stammen

Apropos Experten. Die kommen bekanntlich nun mal aus Karlsruhe, da lässt sich nichts drehen, wenden oder rütteln. Beispiele gefällig? Bitte, gern. Fußball-Weltmeisterschaft 2014 in Brasilien. Die TV-Experten: Oliver Kahn und Mehmet Scholl, ZDF und ARD, beide in Karlsruhe geboren, beide einst Karlsruher Sport-Club und ja, na gut, auch FC Bayern München. Aber vor allem KSC! Da wurden die beiden schließlich, wie sie heute jeder kennt – Überfußballer, internationale Stars, Typen. Vor allem Letzteres. Diese Typen standen also in Brasilien, kommentierten um die Wette und die Gunst des Publikums und gewannen: Herzen und Sympathien nämlich.

Scholl präsentierte sich und den Fußball wie gewohnt mit Augenzwinkern und losem Mundwerk, Kahn etwas ernster, analysenbegeisterter und auch kritischer. Der dunkelhaarige Scholl stand

Matthias Opdenhövel zur Seite, brillierte mit Wortschöpfungen wie »Gäsenhautentzündung«, sorgte für Lacher und nahm auch bei Fehlern auf und neben dem Spielfeld kein Blatt vor den Mund. Opdi/Scholl avancierten zum kongenialen Duo, überzeugten aber durchaus auch mit Fachwissen. Blondschopf Kahn assistierte Oliver Welke, und hier kam das alte Sprichwort wieder zum Einsatz: Gegensätze ziehen sich an. Plötzlich ließ der sonst eher trockene Kahn Sprüche los wie »Ich bin froh, dass wir am Meer stehen und nicht im Meer«, als er die Dachterrasse von Rio mit der einstigen EM-Bühne in der Ostsee vor Usedom verglich.[13] Und schimpfte auch mal über Neuers neue Libero-Taktik.

Für den chinesischen Sender Now Sports in Sachen WM 2014 aktiv war Jens Nowotny. In Malsch bei Karlsruhe geboren, 2006 beim »Sommermärchen« Ersatznationalspieler und 1992 bis 1996 in 103 Spielen KSC-Profi, übernahm er den Kommentatorenjob von Arne Friedrich, der die ersten zwei Wochen des Turniers am Mikrofon war.[14]

24. GRUND

Weil der Joker sticht

Statistiken, Rekorde, das ist, was viele Fußballfanherzen höher schlagen lässt. Damals, das 2:0 in der 73. Minute, weißt du noch? Jaja, der war erst sechs Minuten auf dem Platz, hatte aber schon soundsoviel Ballkontakte, ja, das war ein Guter, achtundweißichnichtmehr Einsätze ... kein Wunder, dass der Torschützenkönig wurde ... So klingt es oft, wenn sie beieinandersitzen, die Statistiker und Zahlenjongleure. Ist aber auch beeindruckend, was da zu Tage kommt. Die Liste der meisten Joker-Tore zum Beispiel, zusammengesammelt 2013 zum 50-jährigen Bestehen der Bundesliga. Da schaffte es der gebürtige Karlsruher Mehmet Scholl immerhin auf Platz 2, gemeinsam mit Hans-Jörg Criens, der auch 14-mal getroffen hatte, hinter Alexander Zickler mit 18 Jokertreffern.[15]

Überhaupt, Joker. Wer kam eigentlich auf die Idee, diesen Begriff so zu verwenden? Für Spieler, die einigermaßen übellaunig auf der Bank blieben (auch wenn sie das niemals offen zugeben würden, klar, nein, Dienst der Mannschaft! Alle sind wichtig!), während die Kollegen den Applaus oder die Prügel einstecken? Und die dort der Dinge harren, die da kommen? Denn das wollen und das werden sie, so sie zum Joker werden wollen: Einwechslung, Tafel hoch, für die Nummer X kommt die Nummer Y, olé, olé. Der Joker ist das große Los im Spiel, die Karte, die nicht für den konkreten Einsatz steht, sondern für alles oder nichts, für den freien Raum, für neue Möglichkeiten, für die große Chance, wenn es mal nicht weitergeht. Joker sind Offensivkräfte, Joker ziehen zum Tor, Joker stechen – mitten ins Herz des Gegners.

In der deutschen Fußballnationalmannschaft der Herren führt die Liste Oliver Bierhoff an.[16] Der wiederum wurde, wie Scholl auch, in Karlsruhe geboren, spielte nur nie für den KSC. Traf aber 12-mal nach Einwechslung – allein dreimal zum lupenreinen Hattrick beim 3:1-Sieg gegen Nordirland 1997. Unvergessen auch die beiden Jokertreffer im EM-Finale 1996, eins davon das legendäre Golden Goal zum Titel. Edel-Joker par excellence, die Steigerung des Ganzen ins Unermessliche.

3. KAPITEL

IN DER JUGEND

NACHWUCHSKICKER, ENTDECKTE TALENTE, KURIOSE KABINEN

25. GRUND

Weil kleine Kicker eine große Rolle spielen

Von der Sonne verwöhnt sind wir in Baden ja sowieso, das ist bekannt, besungen und bereits hinreichend erwähnt worden. Regentage gibt es pro Monat durchschnittlich etwa zehn,[17] und das alles sorgt nicht im Geringsten dafür, dass in Karlsruhe gute Fußballer heranwachsen. Aber indirekt dann doch irgendwie schon, denn die Fächerstadt und die ganze Region locken mit feiner Lebensart. Es scheint tatsächlich etwas dran zu sein, oder es machen einfach ziemlich viele Leute einen ziemlich guten Job, denn der KSC darf sich zu Recht Talentschmiede nennen. Schon früher funktionierte das, und es floriert heute besser denn je. Das zeigen Namen, denen nicht viel mehr hinzuzufügen ist.

Nein, zu Kurt Niedermayer (geboren 1955 in Reilingen; unter anderem KSC, FC Bayern München, VfB Stuttgart, Deutschland), Michael Harforth (geboren 1959; KSC schon mit sieben Jahren, Freiburger FC, Hannover 96 und mehr), Michael Sternkopf (geboren 1970 in Karlsruhe; KSC, FC Bayern München, Deutschland U 21, Olympia-Auswahl), Oliver Kreuzer (geboren 1965 in Mannheim; KSC, FC Bayern München, Deutschland U 21, Olympia), Mehmet Scholl (geboren 1970 in Karlsruhe; KSC, FC Bayern München, Deutschland U 21, Deutschland A-Nationalteam), Oliver Kahn (geboren 1969 in Karlsruhe; KSC, FC Bayern München, Deutschland), Jens Nowotny (geboren 1974 in Malsch; KSC, Bayer Leverkusen, Dinamo Zagreb, Deutschland), Lars Stindl (geboren 1988 in Speyer; KSC, Hannover 96, Deutschland U 21) und Hakan Çalhanoğlu (geboren 1994 in Mannheim; KSC, HSV, Bayer Leverkusen, Türkei) muss man wohl nichts mehr sagen. Außer: Wow.

26. GRUND

Weil der Nachwuchs hier extrem gut gedeiht

Wow sagen, das will Edmund »Ede« Becker auch gern, je öfter, desto besser. Er leitet das KSC-eigene Nachwuchsleistungszentrum, der Ede Becker, der das blau-weiße Team 2007 als Trainer zurück in die 1. Bundesliga führte, genau. Und der von 1990 bis 2005 als Jugend- und Co-Trainer ebenfalls im Wildpark aktiv war. Der 2010 wieder in den Nachwuchsbereich zurückkehrte und dort jede Saison daran arbeitet und darauf hofft, kleine große Stars zu entdecken. Das tut er zusammen mit einem ganzen Ensemble voller Menschen, die sich die Nachwuchsförderung auf die Fahne geschrieben haben. Neben dem am 1. Juli 2011 eröffneten Nachwuchs-Leistungszentrum, das vom DFB und von der DFL mit der Höchstzahl von drei Sternen, also der höchsten Auszeichnungsstufe zertifiziert wurde, wird noch mehr getan in Sachen Nachwuchs. Da gibt es die Fußball-Eliteschule zur optimalen schulischen wie sportlichen Betreuung, da gibt es seit 2004 regelmäßig ausgetragene Talentsichtungstage, während derer die jungen Kicker zeigen können, was sie draufhaben am Ball. »KSC macht Schule« nennt sich das Konzept, bei dem KSC-Spieler nahezu aller Altersklassen als Lernhelfer im Einsatz sind und Schülerinnen und Schüler an Förderschulen, Schulen für sprachbehinderte und hörgeschädigte Kinder sowie für Kinder mit Lernbehinderung trainieren. Die KSC-Fußballschule wiederum bietet fußballverrückten Kindern die Chance, in den Ferien Fußballcamps sowie während der Schulzeit Fördertraining zu besuchen – für alle, die es nicht ins Talentteam des Vereins schaffen. Es passiert richtig viel für die kleinen Kicker im Wildpark, und dass sich das auszahlt – nun, siehe voriges Kapitel: Das ist hinlänglich bewiesen.

27. GRUND

Weil ein Euro der Jugend guttut

DIN A4, vierfarbig gedruckt, früher *KSC Magazin* oder einfach *Stadionmagazin*, noch früher *Wildpark Magazin*, *Wildpark aktuell*. Heute: *Wildpark live*, das Programmheft zum aktuellen Heimspiel, »Heftle«, wie wir Badener sagen. Darin zum Beispiel die »Elf Entscheidungen«, die den Spielern einiges abverlangen (»Helene Fischer oder Calvin Harris?«, »Warmduscher oder T-Shirt-Träger?«, »Nutella oder Käse?«), oder auch die Wahl zur Traumelf, bei der so mancher Profi die halbe Familie aufstellt. Die Titelgeschichten immer ein bisschen anders, immer abseits vom Spielfeld und immer mit besonderem Blick auf Ball, bunte Trikots, beherztes Engagement oder bilderbuchreife Spielertalente weit weg vom runden Leder. Liebesbriefe oder Erdkundestunden gab es da schon zu lesen, Einblicke ins Trainerbüro und Telefonate mit Jörg Dahlmann (7:0, Valencia, Sie haben vielleicht davon gehört oder gelesen), Kochkursbesuche und Fotoshootings, absichtliche Floskelsammlungen mit Direktüberweisung ans Phrasenschwein, im Stil von Holmes und Watson oder als Liedtext formulierte Geschichten und Geschichtchen, Anekdoten und Anekdötchen für alle, die nicht nur über sture pure Ergebnisse lesen wollen. Achtstündige Mitgliederversammlungen werden thematisiert und in lesbares Format gebracht, zeichnenden Spielern wird über die Schulter geblickt, Karl May und die Medizinmänner werden zitiert, Erste-Hilfe-Kurse besucht. Blättern lohnt sich, lesen noch mehr, und kaufen am allermeisten – der Preis fürs Heftle ist kein hoher, und der Erlös kommt der Jugend zugute. So haben alle was davon.

28. GRUND

Weil ein Armbruch kein Beinbruch ist

Fußball ist doch so einfach. 22 Spieler, ein Ball, zwei Tore, wenn's gut läuft, Rasen. Kein Vergleich zu »Räuber und Gendarm« oder »Ochs vorm Berg«. Spiele, die man als Kind schon richtig beherrschen musste, um als Sieger nach Hause zu gehen. »Blinde Kuh« oder »Der Fuchs geht um«, »Auerhahn« und Schnitzeljagd – gar nicht so leicht, das perfekte Versteck oder den nächsten Pfeil im Unterholz zu finden, mit zusammengebundenen Füßen oder einem Kartoffelsack vorwärts zu hopsen und dabei nicht hin- oder umzufallen. Oder auf einem Bein in korrekter Reihenfolge durch Zahlenkästchen zu hüpfen! Wirklich nicht einfach. Fußball dagegen, also, Fußball ist doch ein Kinderspiel. Für Abseits gibt es Schiedsrichter, theoretisch. Aber wie sieht's in der Praxis aus? Das wollen in den Sommerferien regelmäßig jede Menge kleine Kicker wissen. 50 an der Zahl haben Glück, mehr Plätze gibt es nicht für eine ganz besondere Trainingseinheit: mit den Trainern und Profis des KSC nämlich.

Diese Einheit steht schon seit Jahren fest auf dem Plan beim KSC, organisiert für die Teilnehmer der FerienSpaß-Aktion des Stadtjugendausschusses e. V., also für die, die einen Platz ergattern konnten. Das Kindertraining ist ein echtes Highlight im Ferienprogramm und hat auch in der bald 40. Auflage nichts von seinem Glanz verloren. Das bestätigt zum Beispiel die Mama, die als Mädchen selbst mitgekickt hat und jetzt den Nachwuchs in den Wildpark bringt. Und das zeigen auch die Profis, für die das eine willkommene Abwechslung vom Liga-Alltag ist. »Toll, den Jungs und Mädchen etwas beibringen zu können. Als Kind wäre das mein Traum gewesen«, hat Massimilian Porcello beispielsweise schon 2008 geschwärmt. Fußball spielen wörtlich genommen, das macht sogar beim Zuschauen Spaß. Und wenn's mal wehtut wie 2010, als sich der kleine Marvin nach einem Hechtsprung im Tor den Arm brach, dann kümmert sich das Team besonders intensiv. Ein Paar Torwarthandschuhe gab's zum Trost geschenkt, und ein Gute-Besserung-Trikot. Da heilt der Arm doch bestimmt doppelt so schnell.

29. GRUND

Weil die Rundbaurentner Bescheid wissen

Vom Kindertraining zu den Rundbaurentnern in unter 50 Metern, kein Problem auf dem Gelände des KSC. Laut wird bzw. wurde es auf beiden Seiten. Wie, was, warum? Nun. Bruddeln, das ist badisch, und es ist typisch für Badner. Vor allem, wenn's um Fußball geht, und wenn die geballte Weisheit als geballte Weißheit, sprich: in hohem Alter, beisammensitzt. Dann wird »de Kaesceeh« auseinandergenommen, da werden Spielzüge kommentiert (»Ha noooi! Dänn hätter mache müsse, was machter denn doo?«[18]) und Spieler verkauft (»Wegg midemm!«[19]). Also, wurden. Das ging prima, als es den altehrwürdigen Rundbau noch gab. Der gehörte zum einstigen KSC-Jugendheim, das 2009 abgerissen wurde, und dieser – wie der Name schon sagt – runde Bau wiederum war ebenfalls alles andere als eine runde Sache. Beide, Jugendheim und Rundbau, waren über die Jahre heruntergekommen, es gab massive Probleme bei der Hygiene und für die Gesundheit. Neue Talente hierher locken? Unvorstellbar.

Ein Blick zurück. Das Jugendheim selbst existierte seit Mitte der 50er-Jahre. Nach Abriss der alten Phönix-Tribüne wurde ein Gebäude zur Aufrechterhaltung des Trainings- und Spielbetriebs gebraucht, zum Umziehen zum Beispiel. Die in einem Eisenbahnwaggon untergebrachten Umkleiden (kein Scherz) wurden so mit einem Sitzungszimmer, einer Wohnung und einer Kantine ergänzt. Als dann 1964 das KSC-Clubhaus die Verpflegungsfunktion übernahm, wurde das Gebäude zum Aufenthaltsraum für Jugendspieler sowie zum Partykeller für diverse Veranstaltungen umfunktioniert. Anfang der 80er genoss es noch einmal Umbau- und Modernisierungsmaßnahmen, aber irgendwann stand es einfach nur noch da, das Jugendheim, wurde genutzt, wie es eben war, und verkam. Bis 2010. Dann mussten die alten Herren, die sich dort vor dem Jugendheim regelmäßig für ihre Diskussionsrunden trafen, weichen. Im Sommer 2010 wurde es abgerissen, das gute alte Heim. An seiner Stelle entstand das neue Nachwuchsleistungszentrum, zweistöckig, mit zehn Kabinen, Kraftraum, Besprechungsraum, Lounge mit Tischkicker und Platz für viele und vieles mehr. Nach dessen Eröffnung folgte dann auch der Abriss des Rundbaus – ein Stück Geschichte wurde dem Erdboden gleichgemacht. Im Juli 2012 eröffnete im Rahmen des traditionellen KSC-Familientags an seiner Stelle der neue Fanshop mit integrierter Ticketverkaufsstelle.

Ein Blick hinein. Wer das Nachwuchsleistungszentrum direkt neben dem Fanshop betritt, dem fallen die großformatigen Fotografien von KSC-Eigengewächsen auf; ein Gruß aus der Vergangenheit, ein Versprechen für die Zukunft: »Du kannst es schaffen, wenn du nur willst und hart dafür arbeitest.« Oliver Kahn ist so einer, der dort hängt und der den Rundbau noch gut kennt.

4. KAPITEL

IN DEN FÜSSEN

FURIOSE FREISTÖSSE, TOLLE TORE, APPLAUS APPLAUS!

30. GRUND

Weil wir Beinahenationalspieler besonders gut können

Zur Saison 1995/96 sind zwei Neuerungen erwähnenswert. Die eine: Ab jetzt gibt's drei Punkte pro Sieg. Sehr ungewohnt noch, keiner wusste, welche Auswirkungen das auf den Saisonverlauf, auf die Meisterschaft, auf den Abstieg haben sollte. Was heute gar nicht mehr anders vorstellbar ist, es war damals revolutionär. Die zweite Neuerung: Sean Dundee kam. Aus der Regionalliga, von den Turn- und Sportfreunden Ditzingen 1893 e. V., für 250.000 Mark. Umstellung? Umgewöhnung? Kein Bedarf. Der Südafrikaner traf nach Belieben, entwickelte sich zum Shootingstar, wurde zum »Crocodile Dundee«. Und weckte Begehrlichkeiten an höherer Stelle. Mitte der 90er herrschte Flaute im deutschen Nationalmannschaftsfußball, der WM-Titel 1990 staubte langsam ein. Dann ein Anruf, die Berufung. Nach Südafrika, in deren Nationalteam, im Dezember 1995, gegen Deutschland. Eine große Ehre – und eine Entscheidung. Dundee weiß, läuft er tatsächlich auf, ist die Karriere im Deutschlanddress nicht mehr möglich. Also nimmt er eine Verletzung zum Anlass, nicht für die Bafana Bafana anzutreten. Stattdessen trifft auch der DFB eine Entscheidung: Erstmals in der Verbandsgeschichte wird von höchster Stelle eine Einbürgerung im Eilverfahren abgehandelt. Das Torkrokodil soll auch im Nationalteam beißen. Innenminister Manfred Kanther machte die Einbürgerung innerhalb von sechs Monaten möglich, im Februar 1997 will Berti Vogts den Nachwuchsstar gegen Israel einsetzen. Nur ein Freundschaftsspiel, und trotzdem – Dundee freut sich auf sein Debüt. Dann verletzt er sich wenige Tage vor dem Spiel, fällt aus. Wird erneut nominiert, verletzt sich, fällt aus. Wird nominiert ... und spielt doch nie mit dem Adler auf der Brust. Dreimal steht er im Kader, nur ein einziges Mal schafft er es zumindest auf die Ersatzbank, auf dem Rasen steht er nie.

Gleich nach der Einbürgerung eine ganz andere Pflicht als Deutscher: die Bundeswehr. Ein Jahr Sportfördergruppe, Grundausbildung, früh am Morgen. Dundee nimmt es auf sich, und schafft den ganz großen Durchbruch nach der ersten erfolgreichen Zeit nie wieder. Fast-Nationalspieler, Fast-Torschützenkönig (der Titel noch abgejagt von Fredi Bobic 1996), Fast-Pokalsieger (der Titel geholt vom FCK gegen den KSC, 1996), mit »fast« hat er sich angefreundet. Fast hätte ihn der Fußball zu Fall gebracht, aber das ließ er nie zu, versucht immer, noch etwas Positives zu sehen. Auch am Spielfeldrand. Ein bisschen naiv, etwas leichtgläubig, zu viel Vertrauen in zu viele Menschen, dazu private Dinge, die nicht eben zu einem ausgeglichenen Befinden beitrugen … Und trotzdem. Sean Dundee ist und bleibt einer derjenigen, die immer, wirklich immer freundlich blieben. Noch heute übrigens, wenn er die alten Bekannten im Wildpark besucht. Ein zweites Mal wurde er von den Verantwortlichen als Aktiver engagiert, von 2004 bis 2006, 14 Tore macht er da noch mal. 36 waren es von 1995 bis 1998, 50 also insgesamt. Eine runde Zahl, und irgendwie doch eine runde Sache, trotz aller Rückschläge, die Zeit des Krokodils in Karlsruhe.

31. GRUND

Weil der Titan hier zwischen die Aluminiumpfosten kam

Auswärts beim 1. FC Köln, Endergebnis 4:0. 1987 war es, da gab ein Neuling mit zarten 18 Jahren sein Debüt im KSC-Tor. Oliver Kahn. Der Gegner: unter anderem mit Thomas Häßler und Pierre Littbarski am Start, am 27. November, am Freitagabend. Viermal musste er hinter sich greifen, der »große Blonde mit den starken Nerven«, wie Trainer Schäfer ihn schon damals charakterisierte,[20] viermal autsch. Kahn, in Karlsruhe geboren, war noch Schüler damals, steckte die Treffer trotzdem weg. Obwohl sogar ein selbst verschuldeter Elfer in der 90. dazukam. Wieder November, drei Jahre später. Er wird Stammtorwart beim KSC, hält überragend und feiert mit den KSC-Kollegen unter anderem den famosen Sieg im, wann auch sonst, November 1993 (7:0 gegen Valencia, falls Sie das noch nicht wussten). Der Rest? Ist Geschichte.

Eine in Zahlen: 1969 geboren, mit sechs Jahren als Feldspieler beim KSC, bevor er im Tor stand. 1994 der Wechsel zu den Bayern nach München – teuerster Torwart-Transfer der damaligen Bundesligageschichte, von der Autorin übrigens bibbernd und bangend im Urlaub per Zeitung verfolgt. Damals noch ohne Smartphone und vor allem ohne zuverlässige Informationen. 864 bestrittene Pflichtspiele, 554 Bundesligaspiele, acht Meisterschaften, sechs DFB-Pokalsiege, sechs DFB-Ligapokalsiege, drei Welttorhüter-des-Jahres-Auszeichnungen, einen UEFA-Pokal-Sieg, einen Weltpokal-Sieg und einen Champions-League-Titel später beendet Oliver Kahn 2008, im 22. Jahr seiner Profilaufbahn und nein, nicht im November, seine Karriere. Als bester Spieler sowie bester Torhüter der WM 2002 in Japan, als einzigartiger Torwart-Titan in Karlsruhe.

Eine in Büchern: Drei Stück hat er bisher veröffentlicht, gibt Erfolgs-Tipps, die man genau genommen schon von ihm kennt. »Weiter, immer weiter« ist wohl sein bekanntester Spruch, der ihn schon immer geprägt hat.

Eine in Bildern: Unvergessen die Glanzparaden, die Anfeuerung, die Bananen, der unbändige Wille.

32. GRUND

Weil nur der KSC »Mein lieber Scholli« sagen darf

Auswärts beim 1. FC Köln, kurz nach dem 0:4 ... Moment. Déjà-vu. Hatten wir das nicht eben erst? Köln, KSC, vier Tore? So ähnlich, ja, aber schauen Sie Grund 31 noch mal genauer an. 4:0 ging der

KSC da bei Köln unter, und es war 1987. Jetzt befinden wir uns drei Jahre später im Kalender, und ein junger Spieler mit der 14 auf dem Rücken absolviert seine ersten Bundesligaminuten im Trikot des KSC. Saison 1989/90 war das, Kölns Trainer Christoph Daum war bedient, Kapitän Pierre Littbarski ebenso. 0:5 endete der Karlsruher Kantersieg in Köln, beim Stand von 4:0 durfte Michael Harforth in der 78. Minute runter, hatte alle vier Tore vorbereitet. Für ihn kam Mehmet Scholl. Der schoss, ausgerechnet, das 5:0, da hatte er gerade mal neun Minuten gespielt. »Das erinnert mich an Michael Sternkopf, der hat nur sechs Minuten gespielt und hat dann sein erstes Bundesligator geschossen«, sagt er danach in einem bemerkenswerten Interview, geführt übrigens von Jörg Dahlmann. Sie erinnern sich? 7:0, Valencia, ich liebe Leute, die Heber machen! Reporter Dahlmann also befragt Scholl zu Sternkopf: »Hoffen Sie auch auf so eine Karriere?« – »Ja klar«, antwortet der mit spitzbübischem Lächeln, »mach ich auch!« – »Ja?« – »Ja.«[21] Sprach's, zuckte mit den Schultern und ließ den Worten Taten folgen.

33. GRUND

Weil Weltmeister im Wildpark weilten

So viele Berühmtheiten, so große Fußballer, so besondere Persönlichkeiten waren im Wildpark, und sie befinden sich in bester Gesellschaft. Eine illustre Runde ist das, wenn man allein die Weltmeister nimmt. Thomas »Icke« Häßler, Guido »Diego« Buchwald, Joachim »Jogi« Löw ... die Spitznamen waren kein Kriterium, um beim KSC einen Vertrag zu bekommen. Fußballerische Klasse war's, die man sich in den Hardtwald holen wollte. Weltklasse, um es zu präzisieren. Und so fand zunächst Thomas Häßler den Weg in den Wildpark, 1994, für sieben Millionen (damals noch Mark) vom AS Rom. Auch dieser Transfer übrigens höchst nervös beäugt von der Autorin, wieder im Urlaub wie einst bei Kahns Abgang, wieder mindestens so ungeduldig, diesmal aber mit einem guten Ende. Oder Anfang, je nach Blickwinkel. Bis 1998 blieb der Welt- und Europameister, traf im bedeutungsschweren letzten Saisonspiel in Rostock nach einer halben Stunde noch zum 1:0 für seinen Club, musste dann aber gebeugten Hauptes am Ende geschlagen den Abstieg hinnehmen. Häßlers jüngerer Bruder Sascha, einst auch beim 1. FC Köln aktiv, war lange Zeit als Spieler und Trainer beim FV Malsch – ganz in der Nähe von Karlsruhe. So schließt sich auch dieser Kreis.

Guido Buchwald kam 1998 zum Ende der Saison, gab sich mit Häßler fast die Klinke in die Hand und sollte helfen, den Abstieg zu verhindern. Das gelang ihm nicht, trotzdem blieb er in Karlsruhe, beendete dort seine aktive Karriere und übernahm den Posten des Sportdirektors, ehe der Weltmeister von 1990 den Verein 2001 verließ. Der Weltmeistertrainer Jogi Löw wiederum trug sogar zweimal das KSC-Emblem auf der Brust. Als Spieler konnte der gebürtige Badener von 1984 bis 1985 in 24 Spielen allerdings nur zweimal treffen, kehrte anschließend zum SC Freiburg in die 2. Liga zurück. 2. Liga, die sollte er als Trainer in Karlsruhe eigentlich schnell vergessen machen und wieder in die 1. Bundesliga aufsteigen. Mit diesem Ziel übernahm er im Oktober 1999 das Traineramt von Rainer Ulrich, hatte aber auch beim zweiten Anlauf in der Fächerstadt keinen Erfolg. Nach nur einem Sieg in 18 Spielen wurde er noch vor Saisonende entlassen, der KSC musste schließlich sogar den bitteren Gang in die Drittklassigkeit antreten. So gesehen brachten die Weltmeister eigentlich kein Glück ... nachlesbar auch noch einmal in Grund 41, nur umgekehrt. Trotzdem haben sie Spaß gemacht, Icke allen voran.

34. GRUND

Weil Jay-Jay alle an der Nase herumführte

Ein Tor der schöneren Sorte. Wie man es gern sieht. Wenn man Fan der gegnerischen Mannschaft ist. Insgeheim auch, wenn man Fan der eigenen Mannschaft ist, gegen die dieses Tor fiel, damals 1993. Zugegeben: Da hat er schon ordentlich einen rausgehauen, der Jay-Jay Okocha. Man sollte an dieser Stelle das Feld ganz dem Kommentator überlassen, und das war Jörg Dahlmann, wieder einmal. »So, liebe Zuschauer. Und jetzt, damit Sie keinen Herzkasper bekommen, stehen Sie in Ruhe auf. Drehen Sie den Ton des Fernsehers lauter, kommen Sie nahe an den Monitor heran und genießen Sie. Es folgt ein Top-Highlight!« Was folgte, war Augustine »Jay-Jay« Okocha, Nigerianer, 75 Länderspiele, vier WM-Teilnahmen, 1993 in Diensten der Eintracht aus Frankfurt und zum Zeitpunkt des besagten Tores 20 Jahre alt.

Im Frankfurter Waldstadion steht es 2:1, Uwe Bein bedient Okocha in der 81. Minute mustergültig, obwohl er selbst schon hätte abschließen können. Ach, wird schon nichts passieren, denken sich die mitgereisten KSC-Anhänger da wohl noch so oder so ähnlich. Im Tor steht schließlich Oliver Kahn, 24-jährig, und weiß an diesem 31. August noch nicht, was im November passieren wird. (Aber Sie wissen es, jawohl, Valencia, 7:0, das wissen Sie, nicht wahr?) Und in diesem einen Augenblick und dem darauffolgenden weiß er es vermutlich auch nicht, was da passiert, er hat keine Ahnung, wie ihm da geschieht. An der Seitenlinie brüllt Eintracht-Trainer Klaus Toppmöller: »Schieß doch endlich!«, acht oder neun Mal, genau wie die Hessen um ihn herum auf den Tribünen. Aber Okocha schießt nicht. Er umspielt Kahn, schlägt einen Haken nach dem anderen, »Immer noch Jay-Jay Okochaaa!«, kommentiert sich Dahlmann um Leib und Leben. Torwart Kahn, dazu Burkhard Reich, Slaven Bilić und schließlich auch noch Lars Schmidt versuchen, den Frankfurter zu stoppen. Das war jedoch nicht sonderlich von Erfolg gekrönt. Krönen konnte überhaupt nur einer in dieser Szene irgendetwas, und das war Okocha höchstselbst. Irgendwann stellte sich ihm niemand mehr entgegen, und da schoss er dann doch noch, der Nigerianer. Mit links trifft er zum 3:1-Endstand, und nie wurde »mit links« passender und doppeldeutiger verwendet als hier. Okochas Traumtor, und das muss man ihm neidlos zugestehen, auch als beklagenswerter KSC-Fan, schafft es völlig verdient zum Tor des Monats und wird schließlich auch zum Tor des Jahres 1993 gewählt.[22]

Eintracht Frankfurt wird Herbstmeister, just in jener Saison, in der neben Okocha und Bein auch Maurizio Gaudino, Anthony Yeboah, Manni Binz und Uli Stein zum Eintracht-Kader gehören. »Das ist das Beste, was der Fußball bieten kann«, schwelgt Dahlmann nach dem Tor, schwärmt und schwebt auf Fußballwolke siebenkommafünf, mindestens. Sogar seinen Job riskiert er, der emotionale Kommentator. »Liebe Zuschauer, die Zeit für meinen Bericht ist zwar abgelaufen, aber egal, sollen sie mich rausschmeißen, ich zeige Ihnen die Szene bis zum Umfallen.«[23] Was er dann auch tat. Er zeigte und zeigte, und behielt seine Stelle.

Oliver Kahn übrigens tat mit diesem Tor, was er immer tut: Er machte weiter, immer weiter. Er zog seine Lehren daraus. »Jay-Jays Tor war genial. Außerdem ist mir durch diese Szene erstmal aufgefallen, wie beweglich ich war. Hoch, runter, wieder hoch, wieder runter! Ich war verdammt schnell … Das habe ich jedenfalls aus diesem Tor rausgezogen.«[24]

35. GRUND
Weil Porcello den Hafer gab

Der wird doch nicht? Der wird doch nicht? Doch. Massimilian Porcello legt sich im heimischen Wildpark den Ball zurecht, knappe 45

Meter vor dem gegnerischen Tor. Nimmt einige Schritte Anlauf, drischt mit rechts auf den Ball und kann zwischenzeitlich schon mal ein Kaltgetränk bestellen gehen, bis der Ball mit unglaublicher Flugkurve schließlich links oben einfährt. Das 2:0, eines der Tore, die in den Geschichtsbüchern stehen bleiben, die in jedem Rückblick gezeigt werden, die in Herz und Hirn der Anhänger ihren Ehrenplatz bekommen. Und die vor allem der Schütze niemals vergisst. Massimilian Porcello, vergessen Sie diesen Treffer gegen Hansa Rostock in der Aufstiegssaison jemals? »Die Menschen dort erinnern sich alle an die glorreichen Spiele im UEFA-Cup. Ich weiß gar nicht, wie oft ich die Geschichte vom 7:0 über Valencia gehört habe.«[25] (Ehrlich, diesmal kann ich nichts dafür. Diesmal hat Massi das erwähnt.) Aber an jenem Montagabend sorgte der sympathische Deutsche mit italienischem Pass und der Nummer 10 auf dem Rücken dafür, dass auch sein Tor noch Jahre später erzählt werden wird. »Ich bin heute noch sehr stolz auf dieses Tor. Es war ein großartiger Schuss!«, sagt er selbst, und das sieht auch Uwe Morawe so, der das Spiel für den TV-Bericht kommentiert. »Porcello hat einen unglaublich guten Weitschuss«, weiß er. Und dann: »Der gibt den Hafer! Und wie, und wie, und wie! (...) Das nächste Mal probiert er es mit einem eigenen Abstoß ... das ist ja unglaublich!«[26] Mehrere Möglichkeiten hatte er damals, am 20. November (oh, schon wieder November, Sie wissen ja, Valencia, das 7:0 war auch im November) 2006, sagt der damalige Neuzugang von Arminia Bielefeld selbst. »Ein langes Ding, einfach hoch nach vorne, oder einen Querpass, um das Spiel neu aufzubauen.« Als kleiner Junge schon trainierte er den Kick am ruhenden Ball. Freistöße, wieder und wieder und wieder und wieder. Aus allen Lagen, einfach draufhalten. Ede Becker vertraute ihm: »Du kannst Freistöße schießen, dann versuch es auch! Wenn der Ball in die Wolken geht, probierst du es halt beim nächsten Mal wieder.«[27] Bis heute trainiert er das, exzessiv, schaut sich Freistoßspezialisten und ihre Techniken per Video im Internet an. Auch die eigenen, so viel Zeit muss sein.

Das 45-Meter-Tor zum 2:0 war gleichzeitig das vierte Saisontor für Porcello, doch zum Sieg reichte es nicht. Der Wildpark stöhnt ob des Ausgleichs in der 87. Minute, die mitgereisten Fans aus dem Nordosten jubeln. Am Schluss teilen sich KSC und HRO nicht nur die Punkte und jeweils die Hälfte der unglaublichen acht Tore, sondern außerdem auch die Gelben Karten (je vier pro Team) und die Einsicht, dass Schluss eben doch erst ist, wenn der Schiedsrichter pfeift.

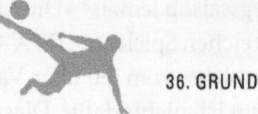

36. GRUND

Weil Sebastian Langkamp aus 45 Metern ins Tor klärte

45 Meter, hatte das nicht eben erst Massimilian Porcello geschafft, per Freistoß? Er hatte. Das wollte Sebastian Langkamp wohl nicht auf sich sitzen lassen. Also ließ er sein erstes Bundesliga-Tor folgen, gegen Bayer Leverkusen, Ende April 2009. Es war allerdings überhaupt kein Torschuss, was er da abfeuerte, es war eher eine gegrätschte Abwehraktion, eine Rettungstat Richtung Tribüne, ein unterbundener Konter. Was ganz genau es war, weiß der Langkamp-Bruder wohl selbst nicht (mehr) so genau, aber dass es sogar sechsundvierzigeinhalb Meter waren, das weiß er. Weil es ganz genau nachgemessen wurde, danach, weil jeder Fernsehbericht und jedes Interview darauf abzielten. Gegen Bayers Renato Augusto ging Langkamp im Mittelkreis in den Zweikampf, wollte klären. Er dreht sich ab, puh, gut, gerettet. Kein Angriff für die Leverkusener, aber warum wird es plötzlich so laut im Stadion? Torwart René Adler im Leverkusen-Kasten stand in dieser 72. Minute weit vor selbigem, wurde überrascht und überlopt. Verdutzt musste er mit ansehen, wie Langkamps kurioser Rettungsgrätschenball über ihn hinweg ins linke Eck einschlug. Und ebenso sprachlos war wohl die gesamte Mannschaft von Leverkusen, die nach dem Einzug

ins DFB-Pokalfinale etwas langsam in die Gänge kam und diesem Rückstand bis zum Schlusspfiff hinterherlief.

Die Badener in Gelb-Rot freuten sich über S. Langkamps spektakuläres Tor (der Zusatz musste, stand doch Sebastians vier Jahre älterer Bruder M. für Matthias ebenfalls unter Vertrag in Karlsruhe), das schließlich auch den Siegtreffer über die Werkself markierte, war es doch der erste Sieg seit dem 19. Spieltag. Randbemerkung: zwar auswärts bei Bayer Leverkusen, aber nicht bei Bayer Leverkusen. Die nämlich gastierten zu jener Zeit in Düsseldorf, während die eigene Spielstätte umgebaut wurde. So kamen die Karlsruher zum Erfolg in der doppelt fremden Fremde. Randbemerkung, Teil zwei: Sein erstes Bundesligaspiel bestritt der Rheinland-Pfälzer Langkamp am 1. März 2009 im Trikot des KSC im badischen Karlsruhe gegen den schwäbischen Nachbarn VfB Stuttgart vor knapp 30.000 Zuschauern.

Randbemerkung, Teil drei: Leverkusens Trainer bei Langkamps Kuriositätentor war Bruno Labbadia. Jener Labbadia, der den KSC von 2001 bis 2003 als Spieler vor dem Abstieg gerettet hatte; den Abstieg aus der 1. Liga, den konnte auch der 46,5-Meter-Treffer diesmal allerdings nicht verhindern. Drei Randbemerkungen ergeben eben noch keinen Klassenerhalt. Schade eigentlich.

37. GRUND

Weil auch ein Dach über dem Kopf zählt

KSC und Leverkusen, da lässt sich anknüpfen. Denn auch 1995 gab es da ein Aufeinandertreffen der hervorhebenswerten Art: beim Finale des DFB-Hallenpokals der Herren nämlich, auch Hallen-Masters genannt. Ausgetragen wurde der Wettbewerb 1988 bis 2001, hochoffiziell unter der Regie des DFB und zur Überbrückung der Winterpause. Wobei die Überbrückung eher für die Zuschauer galt, die die fußballfreie Zeit so gar nicht vertragen konnten. Den Vereinen wäre eine Pause zum Durchatmen wohl durchaus lieb gewesen, und ein Hallenkick geht noch mal mehr auf die Knochen, birgt Verletzungsrisiken und will organisiert werden. Kurz: Ja, okay, na gut, man machte eben mit in der Halle, und grade die Techniker hatten da dann doch auch ihren Spaß. Dribbeln, Bande, Schuss, Ball noch im Spiel, es ging schnell und oft hochtorig aus. Zum Hallenpokal wurden Qualifikationsturniere ausgespielt, anschließend ging's zum eigentlichen Masters mit zwölf Mannschaften nach München oder Dortmund. 1995 stand die bayerische Landeshauptstadt auf dem Programm, und der KSC reiste als Außenseiter an, obwohl die Badener in der Halle zuletzt durchaus eine gute Figur gemacht hatten. Als der fliegende Torhüter noch erlaubt war, bevor sie ihn schließlich in München beim Hallenmasters verboten, da lief vor allem Michael »Tanne« Tarnat zu großer Form auf. Zwischen den Pfosten sicherer, teils spektakulär und auf jeden Fall sehenswert agierender Rückhalt, dann im fliegenden Wechsel nach vorne und auch vor dem gegnerischen Tor eiskalt – so traf er ein ums andere Mal für die Blau-Weißen, oft genug im gelben Torwarttrikot.

In der Gruppenphase des 95er Hallenmasters jedenfalls besiegten die Badener, dann jedoch ohne fliegenden Torwart, zunächst Bayer Leverkusen mit 2:1, spielten dann 1:1 gegen Werder Bremen und behielten schließlich – mit Derbyfeeling – gegen den VfB Stuttgart mit 2:1 die Oberhand. Als Tabellenerster mit sieben Punkten und 5:3 Toren wurde mit Spannung der nächste Gegner erwartet. In Gruppe B kämpften der FC Schalke 04, Bayern München, Borussia Mönchengladbach und der 1. FC Köln um die Platzierungen, Gladbach wurde schließlich hinter Schalke Zweiter und traf damit im ersten Halbfinale auf den KSC. 5:3 nach Neunmeterschießen endete die denkbar knappe Partie, während ebenfalls mit 3:5 in der regulären Spielzeit Leverkusen das Team aus Gelsenkirchen besiegte. So hieß das Finale zu München also Karlsruher SC gegen Vorjahressieger Bayer 04 Leverkusen, und mit 6:3 endete es mit sehr deutlichen Vorteilen zugunsten der Karlsruher unter Trainer Winfried Schäfer. 200.000 Mark Antrittsgeld, 75.000 Mark Siegprämie[28] – das nahmen sie gern mit nach Karlsruhe. Doch die Hochphase des Hallenfußballs, sie war vorbei, zumindest was die übergeordneten Turniere anging. Kleinere Turniere finden nach wie vor statt, und der KSC nimmt durchaus mit Erfolg teil: 2008 gewannen sie den Harder13-Cup in der SAP-Arena Mannheim, konnten das 2012 wiederholen und verteidigten 2013 den Titel sogar.

Was zählt, ist auf'm Platz. So soll er gesagt haben, der Alfred »Adi« Preißler. Wirklich gesagt hat er: »Grau is alle Theorie – entscheidend is auf'm Platz«.[29] Mit 168 Toren (oder 174, da sind sich die Statistiker nicht einig) ist er nach wie vor – Stand 2014 – der Rekordtorschütze des BVB, lange Zeit war er Kapitän und wusste, wie's läuft. Zwar haben weder er noch Borussia Dortmund allzu viel mit dem KSC zu tun (zumindest an dieser Stelle nicht, an anderer wird es sehr viel interessanter), dafür bringt aber sein viel zitierter Ausspruch den Ball auf den Punkt. Auf'm Platz. Da ist's entscheidend. Ob dieser Platz nun draußen in der Kälte oder unter festem Dach im Trockenen und in der Halle liegen soll, das hat er nicht gesagt, der Adi. Vermutlich hat sich der KSC deshalb anno 1995 beim Hallen Masters Cup so reingehängt und -geworfen, und ein schöner Erfolg in der Vereinschronik ist es auf jeden Fall.

5. KAPITEL

IM KOPF

TRAINER UND WAS SIE NACH KARLSRUHE TRIEB

38. GRUND

Weil Winnie mit dem Bonbon schneller war

Aleksandar Ristić ist kein Unbekannter in Fußballdeutschland. Man erinnert sich an ihn als Trainer, als Witzbold, als einstiges Unikum in der Bundesliga. 1981 wurde er Vizemeister mit dem Hamburger SV, war mit Fortuna Düsseldorf insgesamt vier Mal im Wildparkstadion zu Gast. Im Oktober 1989 fuhr er zum Beispiel mit einem 2:2 im Gepäck wieder an den Rhein. Danach gab es für ihn in der Fächerstadt allerdings keine Erfolge mehr zu holen – und das in mehrfacher Hinsicht. Ristić ging zeit seines Trainerlebens als derjenige in die Geschichte ein, der den Linienrichtern heimlich und dann doch für alle sichtbar ein Bonbon zusteckte. Das war bekannt, das war lustig, das war sein Markenzeichen und damals locker machbar, ohne dass jemand »Bestechung! Undenkbar! Zeter und Mordio!« geschrien hätte. »Ich habe das stets gemacht, um ihnen etwas Druck zu nehmen«, den Linienrichtern, sagte er 2005 in einem Interview. »Ich würde sie jederzeit wieder mit Bonbons versorgen. (…) Einige Bonbons habe ich immer in der Hosentasche, denn inzwischen werde ich fast täglich auf der Straße angesprochen, ob ich denn nicht eines dabeihabe. Es gibt sogar Fans, die mir Bonbons schicken.«[30] Ob Winfried Schäfer dazugehört, ist nicht überliefert – aber er wird sich gut an seinen einstigen Kollegen erinnern. Aber holen wir erst einmal weit aus, breiten den Spannungsbogen über die Naschereien und genießen die Hinführung zu einem süßen Detail.

Nach dem 2:2 1989 also gab es die Begegnung der beiden Clubs lange nicht. Nächster Auftritt der Fortunen im Wildpark: erst wieder im September 1995, ein 3:1 für den KSC. Und dann, tjaha, und dann. Und dann, in Sachen DFB-Pokal. 28. Februar 1996, Mittwochabend, Halbfinale. Alles oder nichts. Nichts für Ristić, alles für Schäfer, kollektiver Freudentaumel für die Heimmannschaft, bestehend aus nur noch diesen zwei Sätzen. »Oh, wie ist das schön!«, schallte es durchs badische Rund, und: »Berlin, Berlin, wir fahren nach Berlin!« Der KSC stand tatsächlich im Finale, fuhr Ende Mai in die Hauptstadt (um sich dort vom 1. FC Kaiserslautern ... andere Geschichte. Anderes Kapitel.). Vielleicht war das schon der Vorbote? Der KSC, immer einen Ticken schneller als Düsseldorf? Neun Monate später jedenfalls reisten die Rot-Weißen erneut an, zum letzten Besuch von »König Aleks« im markgräflich-badischen Hardtwald. Es kam der Tag der Niederlage für Ristić, auf ganzer Linie. Beziehungsweise an der Seitenlinie. 22. November 1996, Fortuna Düsseldorf beim Karlsruher SC. Duell der Trainerlegenden. Aufeinandertreffen von Winfried Schäfer und Aleksandar Ristić. Mit deutlichem Vorsprung für den Heimtrainer Schäfer, der seinem Kollegen nämlich gewitzt zuvorkam und seinerseits dem Linienrichter ein Bonbon (badisch: Gutsele) in die Hand drückte. Die Masche des Düsseldorfers, sie ging diesmal nicht auf. Lachend klatschte Winnie mit Aleks ab, und lachender Erster (respektive Siebter in der Tabelle) blieb der KSC-Coach auch nach dem Spiel. 3:1 nämlich gewannen die Karlsruher die Partie; doch wegen der schweren Verletzung von Thomas Häßler blieb dem Team das Lachen buchstäblich im Halse stecken. Zweikampf, der linke Fuß im Weg, Abtransport auf der Trage, mit den Armen über dem Gesicht. Wer Häßler kannte, und das tat ganz Fußball-Deutschland, der wusste: Da ist wirklich was kaputt. Die spätere Horrordiagnose, im Fernsehen kommentiert von Jörg Dahlmann: Bruch des äußeren Sprunggelenks, Kapsel- und mehrfacher Bänderriss. Autsch. Sehr viel kaputt also. Körperliche Schmerzen, nicht nur bei Häßler selbst. Auch Torwart Claus Reitmaier fühlte mit, meinte im Interview später: »So was habe ich noch nie erlebt bei einem verletzten Spieler.«[31] Für ihren Icke schossen die Karlsruher noch zwei Tore, Marc Keller (64.) und Sean Dundee (77.) trafen für ihren Mannschaftskameraden, der das schon gar nicht mehr live im Stadion miterlebte. Trainer und Präsident wussten, es würde schwer werden die kommenden Monate. Und so war die

Stimmung auf beiden Seiten gedämpft, an jenem Freitagabend, kurz vor 22 Uhr. Keine süßen Auswärtspunkte für die Fortuna, die Magie der Bonbons hatte Schäfer wohl an jenem denkwürdigen Freitagabend unter Karlsruher Flutlicht gebrochen. Kein Häßler für Karlsruhe, in sehr vielen kommenden Spielen. Sauer aufgestoßen ist das nicht nur im Wildpark sehr vielen.

2014 ist Ristić übrigens 70 geworden. Vielleicht hatte er mehr Entertainment-Talent als Schäfer, einen Auftritt im Weihnachtsmann-Kostüm bei der Pressekonferenz wagte der rotblonde Trainer der Blau-Weißen nie. Aber kreativ war Schäfer, und wie. Ideen hatte er reichlich, durchaus unkonventionelle und solche, die ihm keiner so leicht nachmachte, aber alle zutrauten.

39. GRUND

Weil Winnie die Jacke auszog

Vielleicht nicht unbedingt unkonventionell, auf jeden Fall aber typisch war eine Geste, die Schäfer berühmt gemacht hat. Nach Siegen nämlich zog er seine Jacke aus, im Herbst und Winter oft eine schwarze Lederjacke, oder auch die Trainingsjacke, die Regenjacke, ganz egal. Hauptsache Jacke, Hauptsache ausgezogen. So feierte er Erfolge, und so kannten und liebten es die Fans. Wenn er nicht schnell genug war, oder wenn er vielleicht auch einfach fror, skandierten die Fans von den Rängen: »Winnie, zieh die Jacke aus, Winnie, zieh die Jacke aus …!« Und natürlich funktionierte das meist. Erst ganz zum Schluss, kurz vor Ende, kurz vor der dunklen Zeit im Wildpark, hörte er damit auf. Manch einer wird heute noch darüber grübeln, ob ein direkter kausaler Zusammenhang hergestellt werden kann. Keine Jackenauszieherei, kein Erfolg, keine 1. Liga. Wer weiß. Die Jacke jedenfalls war Programm. Der abergläubische Schäfer trug zeitweise die Jacke des alten Sponsors, mit der er aufgestiegen war, unter der Lederjacke. »Wenn man bedenkt, dass Karlsruhe zu den wärmsten Regionen Deutschlands gehört, kann man sich vorstellen, wie ich geschwitzt habe ...«[32] Kann man. Hier, in Baden, reichen die Sonnenstunden pro Jahr gerne mal an die 2.000 heran. Rekord, und dementsprechend warm.

Immer war er heiser, brüllte sich die Seele aus dem Leib, lebte Fußball an der Seitenlinie. Oft mit einem Löwen verglichen, immer zu einem Scherz aufgelegt, manchmal hat er es übertrieben – finden die anderen. Fanden die Fans in Karlsruhe nie. Nicht in den guten Zeiten. Noch nicht einmal seine teils, sagen wir, übereifrigen Ziele hat man ihm übel genommen, Trainer von Bayern München! Das wollte er werden,[33] und man ließ ihn träumen. Er sagt selbst, in einem Interview mit seiner eigenen Tochter: »Da wäre ich fast gelandet – 1994 hatte ich ein Angebot, war aber mit dem KSC gerade auf dem Weg nach Wien zum UEFA-Cup-Spiel. So kurzfristig konnte ich nicht weg.«[34] Und ja, er bereue das. Stattdessen ging's als Trainer zum VfB (tatsächlich, und ja, er bereut auch das), zu TeBe Berlin, nach Kamerun, in die Vereinigten Arabischen Emirate, Aserbaidschan, Thailand, Jamaika. Aber zwischendurch läuft er auch durch seine langjährige Heimatstadt Ettlingen, zu Hause, wo man ihn kennt und mag. 2004 wurde er hier – mit den meisten Stimmen übrigens – in den Gemeinderat gewählt, 2009 trat er dann aber nicht mehr an. Stattdessen trifft man ihn mit etwas Glück am Ettlinger Vogelsang, und es ist für die geneigte Autorin dann doch jedes Mal wieder eine besondere Begegnung, auch wenn das in einem Rempler vor der Sparkasse endet. Aus Versehen, versteht sich.

40. GRUND

Weil Winnie schlauer war als die UEFA

Genauer eingehen sollte man auch auf die, nennen wir sie lausbubenhaften Ausrutscher und Quatschkopfideen des Trainers Schäfer, der so gar keine Lust hatte zu tun, was man ihm auftrug. Wie einst in der Kabine. Da hätte er gar nicht hingedurft, verboten, gesperrt, hinaus! Und was tat Schäfer? Hinein! Und unter die Decke, weil ... Moment. Von vorne. KSC im UEFA-Cup, anno 1993. Erste Runde PSV Eindhoven, Hinspiel in Karlsruhe, 14. September. Kollektive Begeisterungsstürme über den ersten europäischen Sieg. Mit einem 2:1 ging's in die Provinz Nordbrabant, dort holten die Karlsruher am 28. September ein 0:0 und kamen weiter. An der niederländischen Hotelbar wurde gefeiert, Fans, Spieler, alle zusammen, untrennbar verbunden. Dirk Schuster und Rainer Schütterle sammelten Geld, gingen Biernachschub am Automaten holen. Bier! Aus dem Automaten! Von den Spielern geholt. Zu einer Pyramide (sic!) gebaut.[35] Das waren noch Zeiten, jawohl, so ging das zu, nach dem Einzug in Runde zwei. Randnotiz: Winfried Schäfer wurde gesperrt, durfte beim Spiel gegen Valencia C. F. nicht auf der Bank am Spielfeldrand Platz nehmen und ab einer Stunde vor Spielbeginn keinerlei Kontakt mehr zur Mannschaft haben. Und, hielt ihn das ab? Das hielt ihn selbstverständlich nicht ab. Dank sei der kleinen Hintertür zum Trainerbüro und Richtung Kabine, unscheinbar, neben dem Eingang zum gläsernen Treppenhaus. An der Tür postierte Schäfer Zeugwart Hüseyin Cayoglu, »Hans« genannt und seit Äonen beim Verein. Der schob also Wache, während Schäfer drin über die Aufstellung der Spanier sprach. »Wir können das schaffen! Wir schaffen das!« Und noch etwas anderes schaffte er, nämlich unentdeckt zu bleiben. Als Hans plötzlich in die Kabine stürmte, UEFA-Offizieller im Anmarsch!, da warf sich Winnie eine Decke (sagt er; Winterjacke sagen andere – was wiederum viel über das Aussehen

der Jacke sagt) über den Kopf, verschwand elegant. Dass es falscher Alarm war – geschenkt. Es ging ohnehin los, raus, zum 7:0.
PS: Ja, es gibt das Kapitel 0, Valencia. Wissen wir. Aber wie heißt es dort so weise? Weil Valencia immer genannt wird. Genau, deshalb auch hier. Mal wieder.

41. GRUND

Weil Jogi in Karlsruhe scheiterte und später trotzdem zum Weltmeistertrainer wurde

Geboren in Schönau im Schwarzwald, jahaa, Badener ist er, der Jogi. Joachim Löw, seines Zeichens Trainer der deutschen Nationalmannschaft, ach, was sage ich, WELTMEISTERTRAINER. Ha! Und dieser Viersterner gastierte einst in der Fächerstadt. Sogar zweimal. Als Spieler, 1984 bis 1985, mit zwei Treffern in 24 Spielen. Als Trainer, ebenfalls für eine Saison, oder fast. 177 Tage waren es, 1. November 1999 Amtsantritt, 17. April 2000 zog er die Reißleine alias Rücktritt. Er verließ den KSC als Tabellenletzter, mit nur einem Sieg aus 18 Spielen. Gekommen war er Ende Oktober als Wunschkandidat der Vereinsoberen, trat die Nachfolge des entlassenen Rainer Ulrich an, der wiederum Nachfolger von Jörg Berger war, der Winfried Schäfer ablöste. Uh! Das waren viele. In 23 Monaten. Dreiundzwanzig. Und das waren nur die Trainer; dazu kamen diverse Spieler, aber das steht auf einem anderen Blatt, in einem anderen Kapitel. (Im zweiten, zum Beispiel, »Auf dem Rasen«.)

Löw folgte Co-Trainer Marco Pezzaiouli, der als Interimscoach übernahm. Genau jener Pezzaiouli, der 2011 Cheftrainer bei TSG 1899 Hoffenheim war und der von 2007 bis 2010 beim DFB (zur Erinnerung: WELTMEISTER! 2014!) diverse U-Mannschaften betreute. Zurück zu Löw und dem Weltmeisterding (»Mach ihn, er macht ihn!« 2014!). Ein solch ruhmreicher Wind wehte 1999 schon durch den Adenauerring, Guido Buchwald nämlich war Sportdirektor und übernahm interimsweise den Trainerstab von Rainer Ulrich – bevor Löw unterschrieb. Weltmeister Buchwald, versteht sich. Ach ja, und 1994 bis 1998 gab es ja auch noch einen gewissen Thomas Häßler ... Ins Schwärmen und Schwelgen gerät man da, und das ist dann doch durchaus ein Grund, den KSC zu lieben, nicht wahr?

Ein letztes Wort zu Jogi, oder derer drei. Der »nette Herr Löw«, der »brave Herr Löw«, der »zielstrebige Herr Löw« wurde er genannt, durchaus positive Attribute, an sich. In Karlsruhe kam ein fades Aroma hinzu, hinterließ einen bitteren Nachgeschmack. Trotzdem fühlt es sich heute, mit genügend Abstand, irgendwie gut an, den Titeltrainer im Lebenslauf zu haben. Feine Sache, das. Den Rest verdrängen wir.

42. GRUND

Weil der KSC Trainern auch für eine Woche eine Chance gibt

Ist ja nicht so, dass sie es nicht versucht hätten. Mit Reinhold Fanz, im Winter 2004/05. Als neuer Trainer verpflichtet und in Amt und Würden eingesetzt wurde Fanz am 28. Dezember 2004, nachdem Lorenz-Günther Köstner es mit dem KSC nicht über einen Abstiegsplatz hinaus geschafft hatte. LGK wird freigestellt, neu bestellt dagegen wird Reinhold Fanz. Dann wird es kurios; der Hauptsponsor Energie Baden-Württemberg, besser bekannt als EnBW, gibt bekannt: »Nein, nein, nein, das woll'n wir nicht.« Und wenn er auch Rekorde bricht ... Als »nicht der richtige Mann« wurde er offiziell betitelt, nein, nein, und man wolle auf keinen Fall mit ihm ins neue Jahr gehen. Eher ziehe man sich als Sponsor zurück. Das wiederum konnte sich der doch eher klamme Verein aus der Fächerstadt nun absolut nicht leisten, ergo: Wurde ja gesagt zur Trainerentlassung nach sechs Tagen. Am 4. Januar 2005 packte Fanz wieder seine Sachen, am 13. Januar übernahm Edmund Becker. Pikant: Es steckt wohl deutlich mehr als nur »nein, nein, nein, der ist nicht der Richtige« hinter den Hauptsponsor-Protesten. Der damalige EnBW-Vorstandschef Utz Claassen war es, der dahintersteckte, und sein persönliches Verhältnis zu Fanz. Denn die beiden kannten sich: aus Hannover. 1997 wurde Claassen Präsident von Hannover 96, Trainer war kein Geringerer als Fanz. Erste Claassen'sche Amtshandlung an neuer Wirkungsstätte war die Entlassung von Manager Franz Gerber, und das wiederum, nein, nein, nein, passte Fanz nun gar nicht. Nein, nein, nein, keinerlei Fußballsachverstand attestierte Fanz nun wiederum Herrn Claassen via Zeitungsinterview – und das ließ sich der neue Machthaber in Hannover, nein, nein, nein, nicht gefallen. Es ging vor Gericht, Fanz wurde unter Androhung von Geldstrafen untersagt, solche Aussagen weiterhin zu tätigen.

Schnitt, Zeitsprung, Ende 2004. »Bleibt Herr Fanz im Amt, wird es keine Zusammenarbeit über die Vertragsdauer hinaus geben.« Das macht EnBW-Pressesprecher Hermann Schierwater deutlich, doch der KSC bleibt zunächst hart. »Er entspricht genau unserem Anforderungsprofil«, macht sich der damalige KSC-Präsident Hubert H. Raase für den neuen Trainer stark. »Menschlich und sportlich ist Reinhold Fanz der richtige Mann für uns. Das hat sich aus den Gesprächen für uns klar ergeben. Wir stehen nach wie vor zu unserer Entscheidung. Reinhold Fanz ist unser Trainer.«[36] Das blieb er auch – sechs Tage lang. Dann beugte sich der Verein dem Druck des Sponsors. Man schluckte kurz, lächelte, sagte ja, ja, ja, und dachte sich seinen Teil. Am 4. Februar wird schließlich via Pressemitteilung bekannt gegeben, man habe sich mit Fanz auf eine Auflösung seines Vertrags verständigt; es sei für beide Seiten eine sehr gute Lösung. Zurück bleibt Kopfschütteln bei den Außenstehenden, im Nachhinein aber natürlich auch ein gutes Gefühl. Denn abgelöst wurde Fanz schließlich von Ede Becker, und eine überaus erfolgreiche Zeit inklusive Aufstieg hielt Einzug im Wildpark.

Mit seinen sechs Tagen belegt Fanz, und da lässt sich dann wohl noch gute Miene zum nicht ganz so einwandfreien Spiel machen, dabei »nur« Platz acht auf der Liste der Trainer mit der kürzesten Amtszeit. Man mag es kaum glauben, aber tatsächlich gibt es da noch Jörg Berger, der seinerzeit von März bis August 1998 seinem Ruf als Feuerwehrmann alle Ehre machen und den KSC vor dem Abstieg bewahren sollte (was misslang) und der mit fünf Tagen die bis dato kürzeste Amtszeit im deutschen Fußball bei Arminia Bielefeld verbrachte. Einen Spieltag vor Saisonende 2009 flog Michael Frontzeck, es kam Jörg Berger; doch die Arminia rutschte auf Rang 18 und stieg gemeinsam mit dem KSC auf Platz 17 aus der 1. Bundesliga ab. Erster in Sachen kürzeste Traineramtszeit ist, der Vollständigkeit halber, Leroy Rosenior. Zehn Minuten dauerte dessen Affäre beim englischen Fünftligisten Torquay United. Auf der Pressekonferenz um 15.30 Uhr vorgestellt, musste er sich um 15.40 Uhr bereits nach einem neuen Job umsehen. Der neue, ebenfalls erst während der Pressekonferenz bekannt gegebene Eigner des Clubs hatte keine Lust auf Rosenior und gab ihm den Laufpass.

43. GRUND

Weil dreimal Interimstrainer einmal Trainer ergibt

Trainer, Übungsleiter, Fußballlehrer, Coach. Namen gibt es viele für den Beruf, der beim KSC genauso ausgeübt wird wie an der Seitenlinie der 17 anderen Zweitligisten, bei den 18 Erstligisten, all den Dritt- und Regionalligisten, Landes-, Kreis- und Sonstwieligisten, bei allen Amateur- und Hobbyvereinen. Namen für Markus Kauczinski gibt es auch mehr als einen, »Kautschinski« und »Kautzinski« nämlich, da ist sich die Fußballwelt uneins. Dabei bekamen die Kommentatoren, Fieldreporter, Stadionsprecher und Radiomoderatoren, was im schnellen Fußballgeschäft selten und kostbar ist: Sie bekamen Zeit. Und sogar drei Anläufe, testweise sozusagen, um den Namen zu trainieren. »Kautschinski«? »Kautzinski«? »Kautschinski«? »Kautzinski«? Hin und her ging das, und niemand wusste so richtig Bescheid. Bis irgendwann irgendjemand auf die glorreiche Idee kam, ihn zu fragen. Die Antwort, typisch für ihn: »Mein Opa wusste schon gar nicht mehr, woher genau wir kommen ... KauTZinski hart ausgesprochen ist mir am liebsten«, aber eigentlich sei es egal und es würde beides gehen. Ja nun, danke, Markus Kauczinski. Jetzt sind wir so schlau wie vorher, aber auf gedruckten Buchseiten bleibt es ja tatsächlich jedem selbst überlassen. Wer in der angenehmen Situation ist, ihn duzen zu dürfen, darf getrost einen Haken hinter die Sache machen; »Markus« ist eindeutig auszusprechen. Alle Siezenden haben sich stillschweigend mittlerweile auf »tz« geeinigt, die meisten zumindest. Aber da versteckte sich eben ein Begriff, »testweise«, was soll das nun wieder heißen? Es heißt, dass es auch für die früheren Tätigkeiten des Markus K. eine ganze Reihe an Titelvariationen gibt. Interims-/Übergangs-/Vertretungs-/Aushilfs-/Kurzzeittrainer hat er schon geheißen, und das eben, siehe oben, siehe »drei Anläufe«, dreimal. Ach ja, Jugendtrainer und Jugendkoordinator war er auch noch, aber chronologisieren wir das Ganze zur besseren Übersicht.

Februar 1970. Klein Markus wird »auf Kohle geboren«, wie er selbst sagt, »wirklich klein, auch wenn das heute schwer vorstellbar ist«, in Gelsenkirchen-Ückendorf, und entwickelt eine Vorliebe für den blau-weißen Club aus dem Revier. Er wird Jugendtrainer beim FC Schalke 04, wechselt 2001 aus dem Ruhrpott ins Badische, wird Jugendtrainer beim KSC. Die ihm anvertraute A-Jugend, neudeutsch U 19, siegt und siegt und holt 2004 24 unglaubliche Siege aus 26 Spielen, hat 19 Punkte Vorsprung und macht den Aufstieg in die Junioren-Bundesliga klar. Noch bevor dieser tatsächlich vollzogen wird, unterschreibt Kauczinski seine Beförderung: Er wird Jugendkoordinator beim Sport-Club, übernimmt Anfang Mai 2009 die zweite Mannschaft vom zurückgetretenen Rainer Krieg. Im August desselben Jahres dann das erste Mal Zweitligaluft – nachdem Ede Becker als Cheftrainer der Profimannschaft beurlaubt wurde. MK, wie es auf seiner Jacke steht, übernimmt vom 20. August bis 2. September und kehrt nach der Verpflichtung von Markus Schupp zurück zu den Amateuren. Schon im Herbst 2010 folgt dann die zweite Interimstätigkeit, vom 1. bis 21. November nämlich, nachdem auch Schupp den Trainersessel in Karlsruhe wieder räumen musste. Nach diesen drei Wochen heißt der Chefcoach in Karlsruhe dann Uwe Rapolder, zumindest bis 1. März 2011. Diesmal naht- und kauczinskilos übernimmt direkt Rainer Scharinger, knapp acht Monate, dann wird auch dessen Engagement vorzeitig beendet – und wieder heißt der folgende Interimstrainer Markus Kauczinski, 1. bis 5. November 2011. Beerbt wird er von Jørn Andersen, doch auch der Norweger bleibt glück- und erfolglos und muss seinen Platz räumen. Noch während Andersen in der Fächerstadt nach Punkten jagt, hat Kauczinski seine Zelte immer Sonntag bis Mittwoch in Hennef aufgeschlagen. Dort absolviert er, gemeinsam mit Stefan Effenberg, Christian Wörns und anderen, zehn Monate lang den 58. Lehrgang zur höchsten Trainer-Lizenz des DFB, zum ersten Mal an der Hennes-Weisweiler-Akademie. Ebenfalls mit dabei beim Lehrgang: Mehmet Scholl. Ob, und falls ja, was er Kauczinski über alte Karlsruher Tage geflüstert hat, wissen nur die beiden; zumindest beim Fototermin der Absolventen saßen die zwei einträchtig nebeneinander. Die Prüfung besteht er erfolgreich, hält endlich die ersehnte Lizenz in Händen – und wird ganze vier Tage später, am 26. März 2012, Chefcoach des Karlsruher Sport-Clubs. Ohne weiteren Zusatz, ohne zeitliche Einschränkung, einfach Trainer. Endlich.

Das »endlich« haben wohl alle in Karlsruhe insgeheim gedacht.

Und weil er dieses »Trainer« ziemlich gerne ist und ziemlich gut macht, hat er im August 2013 seinen Vertrag vorzeitig bis 2016 verlängert, der Herr »Kautzinski«.

44. GRUND

Weil doppelt besser hält

Gute Zweierteams, das sind Laurel und Hardy, Waldorf und Statler, Batman und Robin, Ketchup und Majo, Bonnie und Clyde, Pat und Patachon, Ernie und Bert, Sissi und Franz, Tarzan und Jane, Luft und Liebe, Wum und Wendelin, Piggeldy und Frederick, Barbie und Ken, Asterix und Obelix, Aronal und Elmex, Tom und Jerry, Simon & Garfunkel, Himmel und Hölle. Nein, Nutella und Butter gehören nicht dazu, Zimt und Zucker auch nicht, dafür aber Pfannkuchen mit Marmelade und ja, Geschmäcker sind verschieden. Ein unbestreitbar geniales Zweierteam sind dagegen Max und Moritz, und Markus und Agi alias Markus Kauczinski und Argirios Giannikis. Gemeinsam stehen sie an der Linie und sitzen auf dem Trainersessel, denn Agi, das ist der Co-Trainer beim KSC. Gefragt, wann sie sich eigentlich das erste Mal begegneten, lachen beide. Überlegen. Und kommen zu dem Schluss: Das muss im Sommer 2006 gewesen sein, Sommermärchen also auch in Karlsruhe. »Damals habe ich Agi vom Vater einer meiner Spieler empfohlen bekommen«, verrät Kauczinski. So begann sie, die Erfolgsgeschichte. Giannikis, damals A-Jugend-Trainer und seit seiner Kindheit »Agi« genannt, sagte Ja zu Markus, Ja zum Co-Posten – und musste sich erst mal mit dieser Rolle in zweiter Reihe anfreunden. In Nürnberg geboren, in Karlsruhe aufgewachsen ist der Grieche, hat in Mannheim BWL studiert und war zunächst in kleineren Vereinen Trainer. Selbst aktiv? Als Achtjähriger, beim KSC, aber für ganz oben hat's nicht gereicht. Mit 19 und kaputtem Knie hat er das ad acta gelegt, sich auf das Trainerdasein konzentriert. In Mannheim war er sein eigener Chef und musste als U-19-Trainer unter/hinter/neben Kauczinski erst mal herausfinden, was geht und was nicht. Das hat sich in all den Jahren eingespielt, und auch als sein Kompagnon – endlich – zum festen Trainer der Profis berufen wurde, da kam der Co mit. »Wir sind einer Meinung in dem, was wir denken«, sagen beide unisono, und Kauczinski fügt an: »Ich weiß, das ist gut, was er entscheidet. Ich vertraue darauf, dass es das Richtige ist.« Genau dieses Vertrauensverhältnis zeichnet sie aus, und es ist das, was auch Außenstehende spüren. Die Schnittmenge, sie ist da, vor allem in den Details. Der eine, Kauczinski nämlich, ist der, der die Dinge fühlt, zwischen den Zeilen liest und das auf den Rasen bringt. Der andere, Agi, ist auf jeden Fall eines nicht: der Hütchenaufsteller. Er ist kein Jasager, er hinterfragt. Bei aller Harmonie gibt es auch Kritik – das gehört zwingend dazu, will man erfolgreich sein als Duo. »Prinzipiell muss man zwar Job und Freundschaft trennen; wir müssen das aber nicht, oder nicht sehr. Alle drei Monate haben wir eine Phase, wie ein altes Ehepaar, bei dem einer eine Grenze überschreitet. Und dann ist das auch schnell wieder okay. Da brauchen wir keine große Sitzung«, verrät der Ältere der beiden, Kauczinski.

Sie schätzen sich, die Linienpartner, und allein diese Wertschätzung ist schon einen der 111 Gründe wert. Auch, wenn MK damit schon seinen zweiten Grund bekommt, aber bekanntermaßen hält doppelt besser. Und die Überschrift hätte durchaus sogar heißen können: »Der doppelte Grund, oder: Warum Markus Kauczinski sogar noch mehr Gründe verdient hätte«. Denn es gibt noch sehr viel mehr zu erzählen über diesen Mann, der keine »Heimspielscheiße« (= laut gewordenes Murren, als mehrere Saisonspiele 2014/15 zu Hause nicht gewonnen werden konnten) erträgt.

An Baden hat er sich gewöhnt, sogar ans Badische. Auf dem Weihnachtsmarkt hat der Diplom-Sportlehrer damals in Karlsruhe erste Erfahrungen mit dem Dialekt gemacht, »auch wenn wir die Menschen gar nicht verstanden haben«. Trotzdem hat sich die Familie ruck, zuck entschieden, jawohl, Karlsruhe soll es sein, und über die Jahre ist es zweite Heimat geworden. Badisch spricht er eher selten, obwohl er sich selbst manchmal dabei ertappt. Überhaupt diese Stimme: Man hört ihm gerne zu, dem Karlsruher Trainer. Ehrlich, er könnte einfach die Mannschaftsaufstellung von vorne bis hinten ... jedenfalls, angenehm hört sich das an. Ernst spricht er, wenn's drauf ankommt. Und einen Spruch auf Lager hat er sowieso immer, siehe »Heimspielscheiße«, gar nicht mal absichtlich, mehr aus dem Bauch heraus. Und aus dem Herzen. Geradeaus, frei heraus: Herr Kauczinski, ist es nicht ungewohnt, dass die Fans »Spitzenreiter, Spitzenreiter, hey, hey!« singen? Das wurde er gefragt, im April 2014, der KSC noch mit einer theoretischen Chance auf den Aufstieg in die 1. Liga. »Nein«, antwortete er lapidar, es sei nicht ungewohnt, »das war ja letzte Saison auch so.« Wo er recht hat, hat er recht. Letzte Saison, das war 3. Liga, das war durchgehend Platz eins vom 28. bis zum letzten 38. Spieltag, das waren 20 ungeschlagene Spiele in Folge, das waren zehn Siege hintereinander, das war der Wiederaufstieg in Liga 2.

Kauczinski ist KSC, und KSC ist Kauczinski, seit fast 15 Jahren. Wie lange noch? Weiß keiner. Aber bis dahin seien ihm noch viele Bücher und der eine oder andere gute spanische Rotwein gegönnt, von dem er Fan ist.

6. KAPITEL

IM LOGO

EINE PYRAMIDE, KEINE PYRAMIDE, EINE RUNDE SACHE UND VIEL BLAU-WEISS

45. GRUND

Weil »KSC« ziemlich viele Bedeutungen hat und der Fußballverein an erster Stelle steht

Wer das Internet und die bekannteste Suchmaschine dort nach »KSC« befragt, der erhält runde achtzehneinhalb Millionen Einträge. Wer in der Online-Enzyklopädie Wikipedia nach »KSC« sucht, dem wird an erster Stelle der Karlsruher Sport-Club Mühlburg-Phönix e. V. angezeigt. Danach folgen diverse Namensvettern, vom Kitzbüheler Ski Club über die katholische Bruderschaft »Knights of the Southern Cross« in Australien, das Kommissionier- und Sequenziercenter als Lagerbereich zur Bereitstellung von Fertigungsteilen in Bandsequenz in der Automobilindustrie, die Kommunistische Partei der Tschechoslowakei Komunistická strana Československa und den Köpenicker Sport Club bis hin zum Flughafen-Kürzel für den slowakischen Flughafen Košice nach dem IATA-Code. Es gibt den Kirchheimer SC und den Kissinger SC, ein Kraftfahrzeug-Service-Center und diverse Karate Sport Clubs, es gibt Kanu-Segel-Clubs und jede Menge Kegel-Sport-Clubs, oh, und es gibt ein mittelständisches Unternehmen mit rund 170 Mitarbeitern in Cottbus, das verwirrenderweise und abgeleitet aus dem Unternehmensnamen mit den blauen Buchstaben »KSC« auf weißem Grund Bandenwerbung bei Energie Cottbus betreibt. Dieser Mittelständler ist schuld, dass sich regelmäßig bei Auswärtsauftritten der Karlsruher sehr viele nicht ganz so Vereinsnahe fragen, warum um alles in der Welt ausgerechnet im Osten der Republik, runde 700 Kilometer von der Fächerstadt entfernt, der Sport-Club so inbrünstig angefeuert wird; ausgerechnet auch noch in Blau-Weiß.

Und dann gibt es, allen voran, das Kennedy Space Center. Der Weltraumbahnhof der NASA in Florida, nordwestlich von Cape Canaveral, wird ebenfalls KSC abgekürzt. 28° 35' 7" N, 80° 39' 3" W, 55 Kilometer lang, zehn Kilometer breit, 567 Quadratkilometer Fläche: Von hier starten seit Dezember 1968 alle bemannten Raumflüge der USA. 17.000 Menschen arbeiten hier, es gibt geführte Touren über das Gelände, viele Tausend Besucher kommen jedes Jahr hierher. Im Vergleich dazu der KSC im Wildparkstadion: 49° 1' 12" N, 8° 24' 47" O, auf einem Gesamtareal von 7,5 Hektar beheimatet, mit einem Rasenplatz, dessen Spielfläche 100 mal 70 Meter, also sieben Quadratkilometer, beträgt. Angestellt sind hier diverse Mitarbeiterinnen und Mitarbeiter der Geschäftsstelle sowie diverse Fußballprofis – die Zahl variiert.

Anekdote eines sehr viel kleineren Namenszwillings: 1896 wurde der Bäckermeister-Kegel-Club »Radau« in Berlin-Spandau gegründet, im Jahr 1973 umbenannt in KSK Germania 1896. Sehr viel später, 1986 nämlich, beschlossen die Kegelbrüder, einen Vereinswimpel zu erstellen, und setzten diesen Plan auch in die Tat um. Mit einem winzigen Haken. Dank Druckfehler prangte da in schönsten Lettern »KSC Germania 1896«, und da das niemanden wirklich störte, hieß der Verein schlicht und einfach ab diesem Zeitpunkt KSC. Das Schöne: Der Karlsruher SC wiederum hat seine Heimat im Wildparkstadion, das ist nichts Neues. Direkter Nachbar ist die SpVgg Germania Karlsruhe e. V., An der Fasanengartenmauer 1, im Karlsruher Volksmund nur »Germania, do beim KSC« genannt. Kleiner, feiner pikanter Fakt: Der Verein hat sogar eine Bundesligamannschaft, im Rasenkraftsport nämlich. Dazu gehören Hammerwerfen, Gewichtwerfen und Steinstoßen. Germania und KSC passen trotzdem gut zusammen.

Auf der letzten, sprich der 34. Seite der Google-Suche nach »KSC« ist der letzte Eintrag einer über das Kennedy Space Center. Genauer: Über das Buch von Timothy G. Kotnour, *Transforming Organizations – Strategies and Methods*. Noch genauer: Ein 163 Seiten langer Abriss über strategisches Management am Beispiel der Geschichte des KSC, also des Kennedy Space Center von 1995 bis 2002. Für den KSC hier in Deutschland, Karlsruhe, Hardtwald keine Zeit des Überfliegens.

46. GRUND

**Weil ein Bestattungsunternehmen
die Friedhofsstimmung vertrieb**

Wir befinden uns im Jahre 2012 n. Chr. Ganz Karlsruhe lässt den Kopf hängen, der KSC ist – wieder – aus der 2. Liga abgestiegen. Ganz Karlsruhe? Nein! Ein unbeugsames Familienunternehmen aus der Fächerstadt leistet Widerstand.

Und vertreibt mit einem ungewöhnlichen Sponsoring die Friedhofsstimmung aus dem Stadion. Ein Bestattungsunternehmen ist es, das für einen PR-Coup sorgt. *Focus, Bild, Welt, kicker*, die lokalen Medien und viele mehr berichten über die ungewöhnliche Idee, die »Trauerhilfe Stier« als Sponsor zu gewinnen. Diese Idee hatte Martin Stier, einer der vier Gesellschafter. In Karlsruhe geboren, Fußballfan und KSC-Anhänger, dementsprechend geknickt nach dem Sturz aus dem Profifußball. »Der Abstieg in die 3. Liga hat mich nachdenklich gestimmt: Ärgern oder unterstützen?«[37] Sie entschieden sich für Letzteres, die Männer in der berufsbedingt dunklen Kleidung, denn Beistand sei in schwierigen Zeiten genau das, was sie als Bestatter tagtäglich praktizierten.

Das verdiente auch der KSC, und so wurde das traditionsreiche Familienunternehmen von 1902 zum Wildparkpartner. Ein Jahr später dann sogar die Verlängerung des Vertrags um drei Jahre, und immer noch einzigartig. Ein Novum im deutschen Fußball – die Aufstellung der Gäste wird bei jedem Heimspiel durch ein Bestattungsunternehmen über Anzeigetafel und Stadionsprecher präsentiert. Das ist ungewöhnlich, mutig, innovativ; es bringt zum Lachen und nimmt dem düsteren Thema damit ein bisschen Schwere. Und es hilft beiden Seiten weiter. Eigentlich sogar drei Seiten, denn neben der Medienwirksamkeit für Sponsor und Sport-Club profitieren auch die Fans, irgendwie. »Der Tod gehört zum Leben dazu. Sich das bewusst zu machen, kann die Freude steigern an allem Schönen, das man erlebt«, bringt es Stier auf den Punkt. »Auch an einem guten Fußballspiel.«

Der Tod gehört zum Leben dazu. Das wissen KSC-Fans nicht erst seit 2012. Einer von ihnen kam bei einem Arbeitsunfall im Dezember 2006 ums Leben, und bis heute erinnern die Anhänger an den Freund und Bruder, mit »Moser rockt«. Das hat Tradition, ist zu einem Musik-Festival geworden, das jedes Jahr aufs Neue erinnert, zusammenbringt und hilft – anfangs der Familie und den Freunden, mittlerweile gehen die Einnahmen an gute Zwecke. Es ist ein Gedenk-Konzert für diesen einen Fan, es ist aber auch eine Gelegenheit, all die anderen Gefährten zu ehren, die im Laufe der gemeinsamen Jahre ihr Leben lassen mussten. Zusammenhalt der besonderen Art und Beweis dafür, dass sie die Liebe zum Verein zu einer Familie hat werden lassen.

Aber wie das so ist mit der Familie, gibt es auch Streit und Ärger. Und auch das hat ein bisschen mit dem Tod zu tun, denn vor dem Spiel gegen die Stuttgarter Kickers am 26. Mai 2000 schiebt sich eine fast schon schaurige Prozession durch Karlsruhes Straßen. Ein Trauermarsch führt über den Adenauerring in den Wildpark, die Fans tragen symbolisch den »alten« KSC zu Grabe. Vor diesem letzten Spieltag der Saison 99/00, an dem der Abstieg in die Regionalliga bereits besiegelt war, mit richtigem Sarg in blau-weißer Fahne, blau-weißem Blumenschmuck und Schleife (»In ewiger Treue«), ein Holzkreuz vorneweg. Die Inschrift: »Karlsruher SC, geboren 1894, gestorben 2000 – Ruhe in Frieden«. Dahinter ein schwarzes Banner, »In tiefer Trauer« stand darauf zu lesen. Hunderte Fans eskortierten den Sarg mit Trommeln und Gesängen die Kaiserstraße entlang – immerhin Karlsruhes größte Einkaufsstraße –, der Verkehr stand still. Erst 20 Minuten nach Anpfiff, die Gäste führten bereits mit 1:0, traf der Zug schließlich im Stadion ein. Im Stadion, nicht im Block. Der blieb leer, nur der symbolträchtige Sarg, Kerzen und Kreuz wurden dort aufgestellt. Und dann: die Wiederauferstehungsfeier. In der Halbzeit strömten die Fans auf ihre Plätze, es wurde laut, fröhlich, neu. Die Saison 99/00, nicht nur in Zahlen ein Wendepunkt, ein Neuanfang. Ein beispielloser Liebesbeweis, als viele Tausend Fans den KSC durch die Regionalliga begleiteten. Fans, die seit Jahren nicht mehr im Stadion dabei waren, Anhänger, die sich vom Verein abgewendet oder ihn zumindest nur aus der Ferne betrachtet hatten. Die Regionalligasaison als Wiedergeburt. Der Tod gehört eben zum Leben.

47. GRUND

Weil die Pyramide in die Stadt, aber nicht ins Logo gehört

Nacht-und-Nebel-Aktion, die: »heimlich geplante und auch durchgeführte Tat, oftmals zusätzlich schnell und überraschend umgesetzt«.[38] Treffender lässt sich wohl kaum beschreiben, wie der KSC 1998 zu einem neuen Logo kam. Ohne Beschluss, ohne Bedenkzeit, plötzlich eingeführt. Gestauchtes dunkelblau-weißes KSC auf gelbroter Pyramide auf rot-gelbem Grund. Pyramide? Im Logo? Wie kommt die denn da hin? Was im Kopf Roland Schmiders, Langzeitpräsident beim KSC und von 1974 bis 2000 am längsten Hebel, damals vorgegangen war, weiß nur er allein. Vielleicht wollte er mehr Marketing, mehr Merchandise, mehr Aufmerksamkeit. Mehr verkaufen, ein ganz Großer werden. Also, großer Verein. Jedenfalls, da prangte sie nun, die Pyramide in den badischen Farben, überall. Auf »Fan-Marken«, Aufklebern, sämtlichen Fanartikeln, und ab der Saison 1998/99 auch auf der Spielerbrust. Nun steht in Karlsruhe ja tatsächlich eine Pyramide, das Grabmal des Stadtgründers Karl Wilhelm von Baden-Durlach nämlich. Bis 1807 stand an ihrer Stelle noch die Konkordienkirche, in deren Gruft die Markgrafengebeine zuvor ruhten. Dann wurde die Kirche abgerissen, eine Holzpyramide provisorisch darüber platziert, 1823 bis 1825 schließlich – nach

Entwurf von Friedrich Weinbrenner – eine Sandsteinpyramide mit fast sieben Metern Höhe errichtet. Es steht also eine Pyramide auf dem Karlsruher Marktplatz, und sie ist wahrhaftig Wahrzeichen der Stadt. Aber eben: der Stadt. Mit dem Verein hatte sie nie etwas zu tun, sie wird maximal dann wichtig, wenn Fans am Marktplatz aus der Straßenbahn aussteigen, am Schloss vorbeilaufen und durch den Schlosspark Richtung Stadion pilgern. Diese Sache mit dem Logo, die verstand keiner so recht. Vor allem nicht die Fans, die das nicht länger mit ansehen konnten und wollten. Zum Familientag 2003, dem alljährlichen Fest kurz vor Saisonbeginn, startete eine Kampagne aus Reihen der Fans, »LOGO PUR«, die sogar von einstigen Spielern wie Helmut Herrmann, Gunther (Magic! Valencia! 7:0!) Metz und Edgar Schmitt (Euro-Eddy! Valencia! 7:0!) unterstützt wurde.

(Diese Erinnerungen an Valencia, die sind unter anderem, was dem Verein auch noch lange nach den glorreichen Anfangsneunzigerjahren zu schaffen macht(e). Sie schwebten über allem, sie verstellten den Blick auf das Hier und Jetzt, sie verdrängten die Gegenwart. »Ach, damals« hieß es, und das »hach, heute« hatte kaum eine Chance. Natürlich erinnert sich ein KSC-Fan gerne an Valencia. Mit verklärtem Blick und allem, was dazugehört. An alle sieben Tore, an Winnie-Wahnsinn, an Euro-Eddy und Magic und an »Ich raff's nicht« und »Ich liebe Leute, die Heber machen« und »eine Sternstunde im Europapokal«. Wahrscheinlich werden noch viele, viele Fans die Zeitungsausschnitte zu Hause haben, und die Eintrittskarte. Erinnern ist ja auch erlaubt, aber damit ist es auch gut. Schublade auf, angucken, Spaß haben, seufzen, ach damals, Schublade wieder zu. Denn dass dieses Schubladenschließen sehr gesund sein kann, das ist bewiesen. Zum Beispiel die Schublade mit der Pyramide.)

LOGO PUR – MEHR NICHT. So hieß es auf den Buttons, Zeichen der wohlwollenden Unterstützung. Unterschriften wurden gesammelt, 4.000 Stück kamen zusammen. Choreografien wurden inszeniert, eine komplette PR-Aktion professionell aufgezogen. Dann galt es, die Mitglieder während der Hauptversammlung im September 2003 zu überzeugen. Die Mission: Rückkehr zum alten Vereinswappen. Das Vorhaben gelang, von 276 abgegebenen Stimmen waren zwei ungültig, 22 Personen enthielten sich, für Nein stimmten 105, für Ja stimmten 147. Logoänderung beschlossen. Und zwar nicht nur die Eliminierung der Pyramide, sondern auch die Annäherung an das alte Logo von 1952, die Buchstaben weniger gestaucht und wieder kantiger. Dabei sollte die Rückführung möglichst ohne größere Kosten und Schritt für Schritt erfolgen; zur Saison 2004/05 liefen die KSC-Kicker dann erstmals nach 1998/99 wieder ohne Pyramide auf, nur mit rundem blau-weißen neuen alten Logo. Nicht mehr gezeichnet, wie es das ursprüngliche Logo von einst war, aber doch sehr nah dran. Ein weiteres Kapitel, oder um im gewohnten Bild zu bleiben, eine weitere Schublade konnte damit geschlossen werden.

48. GRUND

Weil der Phönix aus der Asche aufsteigt

Spätestens seit Harry Potter kennt nahezu jeder große und kleine Mensch den Phönix, diesen Vogel aus der ägyptischen bzw. griechischen Mythologie, wörtlich übersetzt »Der Wiedergeborene«. In den Rowling'schen Büchern und Filmen rund um den Zauberschüler gehört der Phönix Fawkes zum großen Zauberer und Schulleiter Dumbledore, wo er in einer Tour verbrennt und wieder aufersteht. Genau das ist der zugleich faszinierende und schauerliche Charakterzug des Fabelwesens: Er hat nicht etwa ein endliches Leben, sondern unendliche Lebenszyklen, an deren jeweiligem Ende er verbrennt bzw. stirbt, um aus seiner eigenen Asche wiederzuerstehen. »Wie Phönix aus der Asche« heißt demnach auch das geflügelte Wort, und daran hält sich der Karlsruher SC seit Anbeginn seiner Tage. Im vollen Vereinsnamen steckt er, der KFC Phönix (Phönix Alemannia), der am 16. Oktober 1952 mit dem VfB Mühlburg zum Karlsruher Sport-Club Mühlburg-Phönix e. V. fusioniert. Im Phönix-Wappen der 1930er-Jahre durfte er noch mit voller Spannweite seine Flügel ausbreiten; und die stolz geschwellte Brust, die hatten sie auch ein bisschen zu Recht, die Phönix-Mitglieder. Denn der Verein, als reiner Fußballverein am ersten Sonntag im Juni 1894 gegründet, strebte schnell nach ganz oben. Eigenes Spielfeld, eigene Spielkleidung (schwarz-blau, aus England, zum damaligen Wucherpreis von 6,50 Mark pro Stück). Im Januar 1900 zählte der Verein zu den Gründungsmitgliedern des Deutschen Fußball-Bundes (DFB) und wurde 1909 sechster deutscher Fußballmeister. Phönix-Spieler Arthur Beier schaffte es durch einen Einsatz 1899 in einem der Ur-Länderspiele gegen England immerhin zum ersten Phönix-Nationalspieler.

Der KSC behielt den Phönix, nicht nur im Namen, auch im Herzen. So sehr hing und hängt er am Feuervogel, dass er es ihm gleichtut. Vergehen und auferstehen, Synonyme für den Verein. Bundesliga-Gründungsmitglied 1963, dort konnten sich die Karlsruher zunächst halten – bis 1968. Dann der erste Abstieg, und von da an lief der Phönix zu großer Form auf. Aufstiegsrunde in die Bundesliga 1968/69, danach Regionalliga Süd und Regionalligameister 1969, Aufstiegsrunden, 2. Bundesliga Süd mit einer sensationellen Saison 1974/75, in der der KSC vom 5. bis zum letzten 38. Spieltag von Platz 1 nicht mehr verdrängt werden konnte, zudem 1975 erneut die Süddeutsche Meisterschaft, 1. Bundesliga ab 1980, erneuter Abstieg 1983, direkter Wiederaufstieg als Zweitligameister 1984, und wieder runter 1985, ehe 1987 der für lange Zeit letzte Aufstieg in die höchste Spielklasse geschafft werden konnte. Für lange Zeit, das hieß: bis 1998. Dann ganz Phönix-like runter die 2. Liga, 2000 sogar noch weiter runter in die Regionalliga Süd, direkter Wiederaufstieg 2001. Bis 2007 blieben die Blau-Weißen dann in der 2. Liga stecken, ehe 2007/08 die so sehr herbeigesehnte 1. Liga wieder Einzug hielt im Wildparkstadion zu Karlsruhe. Aber, dem Phönix zu Ehren und hauptsächlich aus eigenem Unvermögen – Abstieg 2009, Abstieg über die Relegation 2012, Aufstieg in die 2. Liga 2013, 2014 dann ein heimliches Schielen nach oben, allerdings ohne Erfolg. Bei all den Aufs und Abs, eines muss man ihnen lassen: Das Brennen haben sie nie verlernt. Immer wieder und wieder rafft sich der Verein auf, schafft es immer wieder aufs Neue, Begeisterung zu entfachen und eine ganze Stadt, ja eine ganze Region mitzureißen.

Einzige Frage, die sich stellt: Endet es jemals? Und falls ja, wo endet es? Im Feuer oder in der Asche? Philosophische Fragen sind im Fußball fehl am Platze, und so wird der Phönix am liebsten als Symbol der Unsterblichkeit gesehen. Heißt im übertragenen Sinne: Den KSC wird es immer geben, und das ist doch schon mal was.

49. GRUND

Weil der KSC Musik in den Ohren ist, manchmal

KSC olé olé, Superteam aus Baden, blau-weiß Powerplay, ihr seid alle eingela... ach je, ach ja. Auch der KSC hat sie, seine Hymnen, seine Lieder, seine Ohrwürmer. Angefangen hat die Singerei bestimmt noch früher, aber 1963 erschien im August, kurz vor dem allerersten Heimauftritt, erstmals offiziell eine Vereinsplatte. Zur Feier der neuen Fußball-Bundesliga, zu deren Gründungsmitgliedern der KSC ja gehört, komponierte Arthur Daubenberger im Auftrag des KSC das Vereinslied *Unser Sport-Club*, Text: seine Frau Erna. Doch das von Georg Licht produzierte Lied schaffte es nur in instrumentaler Fassung auf die Platte ... Auf der B-Seite gab's dann auch Text zu hören. Das Fächerquartett sang, begleitet vom Mittelbadischen Blasorchester, das von Georg Licht unter dem Pseudonym »Kögel« komponierte *Hipp Hipp Hurra, dem KSC*, darin heißt es »Wenn wir froh am Sonntag raus zum Sportplatz geh'n; woll'n wir schöne Spiele, Bombentore seh'n. Dann stört uns kein Regen, Hagel oder Schnee, drücken wir die Daumen unserem KSC.«[39] Der Glückliche, der diese feine Rarität sein Eigen nennen darf. Allein das Cover: blau und weiß, das Stadion, der Fußballer, wunderschön und sehr selten.

Jahre später bringen Die Aufsteiger den *Karlsruher Bundesliga Hit* unters Volk, versuchen es 1987 mit einer angesagten Mischung aus Rap und Funk. Auf der B-Seite, ja, noch Vinyl, obwohl die CD bereits 1982 auf den Markt kam, auf der zweiten Seite gab es *Stimmung mit Marlies und Roland*. Hurra. Stilvoller wird's zwei Jahre später, als die Moonlights 1989 den *KSC Song* singen. Die Single, jawohl, auch auf Vinyl, macht sich optisch hervorragend in jedem KSC-Fan-Regal: blaues Riesenlogo auf weißem Grund. Akustisch, nun, sagen wir es so: The Moonlights & Productplacement deluxe. »Sagen Sie bloß, Sie kennen nicht Karlsruh', ja, da haben Sie echt was versäumt. In dieser Stadt, mitten in Baden, gibt es Dinge, von denen manche Stadt träumt. Welle Fidelitas, die Schwarzwaldhall', das Schloss und den Zoo und den Ludwigsplatz und die Moonlights gibt es sonst nirgendwo. Und um eines beneidet man uns lange schon: Des isch de Samschdach-Nachmiddag im Wildparkstadion.« Aah, schön war sie, die Zeit, als Samstagnachmittag gesetzt war, Bundesligazeit, Anpfiff fünfzehndreißig. Nicht wie heute, 2. Liga, Freitagabend 18.30 Uhr oder Samstagmittag 13.00 Uhr oder Sonntagmittag 13.30 Uhr oder Montagabend 20.15 Uhr, oder sogar Dienstag oder Mittwoch. Damals, die Moonlights, die wussten eben, was gut ist. In den schwungvollen 60er-Jahren hatten The Moonlights, einst noch Moonlight-Brothers, ihren ersten Auftritt. Stücke der Fifties, Sixties, Seventies, dazu immer wieder Auftritte mit alten Größen wie den Tremeloes, Suzie Quattro und vielen mehr – sie sind weit über die Stadtgrenzen bekannt und beliebt, im Herzen aber, da ist es eine Karlsruher Band und der *KSC Song* 1989 eine Herzensangelegenheit. 1992 dann *Be A Wild Park Boy*, auf CD, mit *Heja-Heja KSC*, mit *Vom Schwarzwald bis zum Bodensee* und mit dem dritten überaus kreativen Songtitel *KSC*, ehe ein Jahr später Dr. D. tief Luft holte und *Tor für'n KSC* rezitierte. Sang, Sprach. Was auch immer, auf jeden Fall war das der offizielle KSC-Song zur Saison 1993/94. Interesse am Liedtext? Bitte sehr: »Der KSC spielt alle platt ... der Gegner zittert schon ... bei Regen, Schnee und Sonnenschein ... in Karlsruh' geht es heute ab ... der Pass, die Flanke, Schuss: Tor für'n KSC ...« Nennen wir es innovativ.

Und dann trat Sabine Wittwer auf den Plan, damals Gattin von Ex-KSC-Spieler Michael Wittwer. 1994 sang sie *KSC olé olé* und singt es bis heute. Beziehungsweise die Fans singen es. Warum ausgerechnet dieses Lied zur inoffiziellen, tausendfach gesungenen Hymne wird, lässt sich nicht erklären, aber KSC-Fans kennen diese Zeilen in- und auswendig: »Jetzt geht's lo-ho-ho-hos! KSC olé olé, Superteam aus Baden. Blau-weiß Powerplay, ihr seid alle eingeladen!« Die gute Sabine hatte einen solchen Erfolg mit ihrem Song, dass sie 1995 direkt nachlegte. *Für immer KSC* hieß es diesmal, »solaaaange die Sterne noch steh'n ...« Weil's so schön ist, widme ich ihr einen eigenen Grund. Den hat sie verdient. Der 103. ist es, wer gleich nachlesen mag. Derweil hören wir anderen hier zusammen schon mal weiter, ja? 1998 wagte sich Zipp ans Mikro mit *Rauf geht's*, und das sagt schon sehr viel über eine sehr trübe Zeit aus, dass der heute eher (sagen wir es ruhig deutlich) verhasste Slogan es damals sogar zum Songtitel schaffte. Danach wurde es musikalisch etwas stiller um den KSC, bis die Fans die Sache selbst in die Hand nahmen. Um 1999/2000 herum wurde *Come on Karlsruh' – Karlsruher Schlachtgesänge* auf CD gepresst, rekordverdächtige 72 Tracks, von den Fans selbst gesungen und skandiert. 2000 besann sich der Verein auf die Jugend: Ganze Dosis sang mit der KSC-D-2-Jugend gemeinsam *Hey, Hey KSC* ein, 2004 schnappte sich KSC-Allstars-Mitbegründer und Spieler Andy Carl das Mikro, lud die Supporters als Background-Sänger ein und gab »Hey heya KSC, wir sind der zwölfte Mann, heya heya heya hey, feuern uns're

Mannschaft an. ... Der Gegner kann jetzt geh'n, heut gibt's was auf die Mütze drauf, auf Wiederseh'n ...« zum Besten. Sogar live, am 25. April 2004, beim Heimspiel gegen Unterhaching. 2007 dann ein Doppelschlag, die Strangers aus Pfinztal sangen *KSC – 2. Liga adé*, und Knutschfleck, jawohl, Knutschfleck, die sonst die Neue Deutsche Welle wieder aufleben lassen, veröffentlichten ebenfalls 2007 zum Saisonendspurt in der 2. Liga gleich eine ganze Maxi-CD. *11 Freunde müsst ihr sein* heißt die, und darauf zu hören gibt es *Allez les bleus*, *Einer für alle*, *Unser KSC*, *Für immer KSC* in neuer Version und *KSC – bis ich zum großen Schiri geh*, wo es um die lebenslange Liebe zum Verein geht. »Wie ein Fieber packt es mich ... Ich steh nun mal auf Fußball, ich steh auf dieses Spiel ... KSC für immer, du bist mein Verein«. 2008 wurde es weihnachtlich mit der Seán Treacy Band, die zugunsten des Vereins »Cent hinterm Komma« für den guten Zweck *Do They Know It's Christmas* neu aufnahmen; gemeinsam mit jeder Menge Musikgrößen wie Peter Freudenthaler von Fools Garden – und den ehemaligen KSC-Profis Andreas Görlitz und Christian Timm. Das 2008 aktuelle Team des KSC nahm im gleichen Jahr *Der KSC tut gut* auf. Und das sind noch nicht einmal alle – da gibt es noch die *Karlsruher SC FanChants* von 2006, um 1998 gab es *Der Ruf des KSC* von Claudia Wilkes, es gab die *Hymne* von Fischmudda, Fox MC & Cr0c ... Trotzdem bleibt *KSC olé olé* einfach am besten im Kopf. Womit ich mir selbst einen Ohrwurm für den Rest des Tages verpasst habe.

50. GRUND

Weil der Verein besser spielt als singt und spricht

Musikalisch ist er also vielleicht erstligareif, aber dort, nun ja, eher Mittelmaß, unser KSC. Bis auf Sabine Wittwer natürlich. Schauen wir uns stattdessen die Claims, Slogans, markigen Sprüche an.

Was gibt es da zu berichten? Eine Menge, von »autsch« bis »auja«. Beginnen wir bei »autsch«. Noch bei der 100-Jahr-Feier des Vereins 1994 gab der KSC die vollmundige Parole »Der KSC auf dem Weg ins Jahr 2000« aus. Bundeskanzler Helmut Kohl gratulierte im Buch zum Jubiläum, *100 Jahre KSC*, beglückwünschte die Bürger zu ihrem Verein und drückte »dem KSC fest die Daumen für weitere Erfolge im nationalen und internationalen Fußballgeschehen«[40]. Roland Schmider, der 1994 ebenfalls einen Runden feierte – seine 20-jährige Amtszeit als Präsident des Karlsruher SC –, hatte eine Vision »seines« KSC, und einen Plan. Einen Fünfjahresplan, um genau zu sein. »Als Geschäftsführer eines mittelständischen Unternehmens war ich gewohnt, in Fünf-Jahres-Rhythmen zu denken«, sagt er in einem Interview anlässlich des 300. Stadtgeburtstages von Karlsruhe.[41] Die Ausgangssituation war wahrlich keine schlechte: Schmider konnte den Abschluss eines neuen Fünfjahresvertrags mit Hauptsponsor Ehrmann verkünden; auch Ausrüster Adidas, Trainer Winfried Schäfer und weitere Partner hatten verlängert. Der KSC als Wirtschaftsunternehmen – so sollte die Zukunft aussehen. Blau-weiß in Gold getaucht, internationale Bühne, große Namen, größere Erfolge sollten her. Dazu, als Krönung, als Sahnehaube oben drauf: ein neues Wildparkstadion. Ein Modell wurde vorgestellt, die Idee eines Schmuckkästchens, ach was, eines riesigen Kastens, der auch in Sachen »DFB-Bewerbung um Ausrichtung der Weltmeisterschaft 2006 im eigenen Land« eine Rolle spielen sollte. Doch es kam anders, und zwar sehr viel anders, als sich Schmider & Co. das Ganze dachten. 1998 der Abstieg aus der 1. Fußball-Bundesliga, nach fast zwölf Jahren, nach UEFA-Cup, nach besagten Verlängerungen und Plänen. Die Träume blieben Träume, die Realität sah anders aus. Sie sah rot-gelb und dreieckig aus. Schnell war neben neuem Logo auch ein Motto gefunden, unter dem alles anders, alles neu, alles wieder gut werden sollte. »Rauf geht's – Ich bin dabei!«, hieß es, dazu eine schwungvoll nach oben startende gelb-rote KSC-Pyramide (aha, auch so wurde das neue Logo etabliert) auf blauem Grund ... Aufkleber gab es davon, in rauen Mengen, sie sollten überall hingeklebt werden, wo die Fans ihre Treue bezeugen und ihre Unterstützung hinausposaunen sollten und wollten. Dazu versprach Jörg Berger als Winnie Schäfers Nachfolger auf dem Trainerstuhl: »Wir wollen den Betriebsunfall schnellstmöglich korrigieren.« Schnellstmöglich, das hieß im Falle des KSC: neun Jahre später. Und auch die großspurige Positionierung des damaligen Geschäftsführers Klaus Fuchs brachte bald nur noch müdes bis mitleidiges Lächeln zutage: »Wir sind der FC Bayern der Liga«, der zweiten, wohl gemerkt. Doch das Geld wurde knapp, nichts war mehr mit Rekordvergleichen. Das prächtige, selbstbewusste Motto von 1994, es verkam und verselbstständigte sich im Lauf der Jahre zu »KSC 2000«, und der bittere Unterton der Ironie schwang immer mit. Denn genau in jenem einst so hoch gehängten Jahr 2000, da stieg er ab, der KSC. In die Bedeutungslosigkeit der Regionalliga Süd.

Bis hierhin noch kein Grund, den Verein zu lieben, es sei denn, ein »trotzdem« wird angefügt. Doch es kamen bessere Zeiten, auch in der Marketingabteilung. Mit der Plakatkampagne »Ehrensache. Auch in schweren Zeiten.« zeigte der Verein Mitte Februar 2012 vor dem ersten Spiel des Jahres gegen Energie Cottbus, dass er verstanden hat: Abstiegskampf ist kein steriles, kein feines Geschäft. Es ist schmutzig, es ist harte Arbeit, es geht um vollen Einsatz. »Wir haben bewusst dieses Motiv genommen, mit den verdreckten Fußballschuhen«, erklärt Axel Bathiany aus dem KSC-Marketing, weil die sinnbildlich für die Tugenden stehen, die den KSC ausmachen. Kämpfen, siegen, Charakter zeigen – die Aktion wirkte. Nach innen im Verein für mehr Zusammenhalt und verschworene Gemeinschaft, nach außen in Richtung Fans und Zuschauer. Die »Aktion Ehrensache« sollte die »Mission Klassenerhalt« unterstützen, was zumindest gegen Cottbus gelang; 2:0 konnte die Partie gewonnen werden. Trotzdem stieg der Club am Ende der Saison ab, dennoch – das Gefühl war ein anderes als damals, 2000.

Ende 2012 der nächste durchaus provokante Spruch. »Wir stürmen jede ...burg« stand in großen Lettern auf den Plakaten in der Fächerstadt zu lesen, gemeint war der SC Freiburg, gespielt wurde im DFB-Pokal-Achtelfinale, gesehnt wurde sich nach Halbfinale, Finale und mehr, heimlich. Zuvor konnten in der ersten Runde bereits sensationell der zwei Klassen höher spielende HSV, sprich Hamburg, in der zweiten Runde der MSV, nämlich Duisburg, aus dem Wettbewerb geworfen werden. Daher die ...burg. An den badischen Nachbarn aus Freiburg blieben die Karlsruher dann jedoch, wenn auch im neonorangenen Sondertrikot, zu Hause hängen, wenn auch denkbar knapp mit 0:1 und nach einem durchaus sehenswerten Auftritt. Randnotiz der amüsanten Sorte: In der darauffolgenden Saison 2013/14 hieß der erste (und letzte) Gegner in der neuen Pokalrunde – Wolfsburg.

»Kämpfen, leiden, siegen«, so charakterisierte sich der KSC auf der 120-Jahr-Feier am 26. Juli 2014 selbst. Es scheint, als habe sich der Verein, oder »mehr als ein Verein«, wie es zum Jubiläum hieß, wiedergefunden. Nicht mit leisen Tönen zwar, dafür mit ehrlichen.

51. GRUND

Weil der Notpräsident Baskenmütze trug und mit dem Fahrrad kam

Ehrlich, authentisch, leise und dann irgendwie auch doch nicht, das war in über 120 Jahren KSC vor allem einer: Prof. Gerhard Seiler. Am 21. Oktober 1930 wird er in Karlsruhe geboren, und für Karlsruhe steht er wie kaum ein anderer. Er ist Politiker und Professor für Volkswirtschaftslehre und Finanzwissenschaft. Von 1986 bis 1998 war er Oberbürgermeister von Karlsruhe; bei seinem Ausscheiden wurde ihm das Große Bundesverdienstkreuz verliehen. Bereits seit 1984 ist er Träger des Bundesverdienstkreuzes 1. Klasse. Er ist Ehrenbürger der Stadt, und er nahm 2002 den Aufruf einer Boulevardzeitung, »Wer rettet den Karlsruher SC?«, wörtlich. Und persönlich. Nachdem am 22. Februar 2002 Detlef Dietrich nach 22 Monaten als KSC-Präsident zurücktrat, stand der KSC ohne Führung da – und kurz vor der Insolvenz. Am 27. Februar 2002 übernimmt Seiler als Notpräsident die Führung des Vereins. Bis zum November des gleichen Jahres gelingt es ihm, die drohende Insolvenz abzuwenden. Ende 2002 verzichtet er aus gesundheitlichen Gründen auf eine weitere reguläre Kandidatur; Hubert H. Raase übernimmt und bleibt sieben Jahre im Amt. Das ist die Kurzfassung, aber für einen Mann wie Gerhard Seiler, da ist die lange Version Pflicht – und Ehre.

2002. Seiler nahm die Herausforderung an, nahm sich Verein und Finanzen vor und bewahrte den Sport-Club, nahezu ein Ding der Unmöglichkeit, tatsächlich vor dem Aus. Wie hat er das geschafft? Alle Register hat er gezogen, der charismatische Mann, der eisern mit dem Fahrrad zu den Heimspielen in den Wildpark kam – auch im Winter, auch als Präsident. Die Ordner am »Fasanengarten-Eingang« wussten Bescheid, dieser eine, der durfte. Alle anderen mussten ihre Drahtesel draußen vor dem Stadion anbinden, nur Seiler nicht. Kredite, Bürgschaften, die Stundung von Forderungen: Der Professor war sich nicht zu schade, betteln zu gehen. Und als »Bettelprinz« ging er in Geschichte und Sprachgebrauch ein. Sein Ziel, das einzige, was ihn interessierte, hatte er fest vor Augen: Dem KSC die Liquidität, ist gleich: die Lizenz zu retten, trotz Lücke von 2,5 Millionen Euro. Brillant meisterte er eine der größten, wenn nicht die größte Krise in der Vereinsgeschichte. 2010 ist er 80 geworden und konnte sich kaum retten vor guten Wünschen.

Der Notpräsident in Diensten des KSC glänzte in Vereins-, Gremien- und Mitarbeiterführung, wusste und weiß, wie man mit Menschen umgeht. Seine Arbeit war vorbildlich, im wahrsten Sinn des Wortes, und über allem strahlt bis heute sein großes Herz für den KSC. Präsidiumssitzungen? Liefen ab wie folgt: Frühmorgens klingelt das Telefon bei seinen Vize-Präsidenten, Rolf Hauer und

Michael Steidl, anberaumt wird eine sofortige Sitzung. In Steidls Geschäftsräumen, mit Frühstück und Hauer. »Schläft noch? Wecken!« Seiler wusste, wie man vorwärtskommt. Und wie man Sitzungen, die zu lange dauern, beendet. Da wurde er unruhig, vor allem, wenn es gegen zwölf Uhr mittags ging. Gerne passierte es, dass er auf den Tisch schlug, sich verabschiedete, weil zu Hause »Mutti« mit dem Essen wartete. Warten ist sowieso nicht sein Ding. Nach dem ersten Telefonklingeln nimmt er ab, auch damals, als »mittags um 14 Uhr, im Januar« der Anruf kam. Der KSC wollte ihn als Präsidenten, und so machte er sich im Februar auf den Weg, den Sport-Club zu retten.

Elfmal ist Seiler den Baden-Marathon gelaufen, immer mit der Startnummer 1. Natürlich ist er Ehrenmitglied beim KSC, 1986 versprach er: »Ich kümmere mich um den Wildpark.« Das tat er denn auch, machte den Umbau der einsturzgefährdeten Haupttribüne möglich. 1937 nahm ihn sein Vater, Kartenabreißer beim KFC Phönix, mit zum Spiel. Da war der kleine Gerhard sieben Jahre alt.

Die Autorin über Gerhard Seiler: Neben all den großen Taten mag ich an Gerhard Seiler zwei kleine Gesten am liebsten. Dass er immer mit dem Fahrrad kam, und dass er immer ein Lächeln für uns übrig hatte – und hat, bis heute.

Gerhard Seiler über Gerhard Seiler: »Meine positivste Erinnerung an die Zeit beim KSC ist die große Einigkeit im Verein. Wie wir in aller Freundschaft, mit Kaffee und Butterbrezeln zusammensaßen und beraten haben. Wie wir rausgegangen sind, den KSC zu retten. Und wie wir gespürt haben, dass wir zusammen etwas erreichen können.« Erreicht hat er Unmenschliches. Mensch geblieben ist er dabei immer, und ein großer.

52. GRUND

Weil ein anderer Präsident nicht singen konnte

Unter Hubert H. Raase, der das nach wie vor schlingernde Schiff im November 2002 als Präsident von Seiler übernahm, stieg der KSC 2007 nach neun Jahren Zweit- bzw. Drittklassigkeit wieder in die 1. Liga auf. Mit an Bord: Rolf Dohmen, »Disco Dohmen«, einst Spieler im Trikot des KSC (1978–1982) und Publikumsliebling, stieg 1980 mit dem KSC in die Bundesliga auf. Im Mai 2002 kehrte er als Manager an die alte Wirkungsstätte zurück. Bei seinem Amtsantritt gibt er die Marschroute aus: »In fünf Jahren will ich mit dem KSC in die 1. Liga.« Und fünf Jahre später? Stieg der KSC tatsächlich auf, der Manager stieg hinab ins Entmüdungsbecken, oder wurde eher geworfen. Der legendäre beige Mantel, den er dabei trug, wurde später für den guten Zweck versteigert; das Mobiltelefon trug er, von seiner Frau wohl wissend und vorsorglich in einen wasser- und champagnerdichten Plastikbeutel verpackt, noch bei sich. Es war ein erfolgreiches Gespann, das Präsidium Raase/Steidl/Hauer bzw. Raase/Steidl/Schütterle plus Manager Dohmen, sieben Jahre lang. Dann, nach dem Abstieg und diversen Auseinandersetzungen mit dem Verwaltungsrat, verzichtete das Präsidium um Raase im September 2009 auf eine weitere Kandidatur. In der ordentlichen Mitgliederversammlung am Mittwoch/Donnerstag, 30.09./01.10. in der Karlsruher Europahalle, da wurde schließlich und endlich um 0.30 Uhr der neue Präsident gewählt. Im ersten Wahlgang, mit 748 Stimmen. Seine Gegenkandidaten, Siegfried König (381 Stimmen), und Oliver Kahns Vater Rolf (295 Stimmen) landeten abgeschlagen auf den Plätzen. Der Sieger des Abends: Paul Metzger, Brettens amtierender Bürgermeister.

Vorangegangen war eine Fragerunde mit den Kandidaten, die jede Menge Brisanz hineinbrachte und die Emotionen in der Halle hochkochen ließ. Der anwesende Oliver Kahn legte gute

Worte für Daddy ein, und während Raase seine Mission für beendet erklärte, begann die von Paul Metzger – zunächst noch ohne Vizepräsidenten, deren Wahl aufgrund der vorgerückten Stunde verschoben wurde. Seine Vorstellungsrede, »Liebe Mitbürgerin … liebe Mitgliederinnen und Mitglieder«, ist bis heute legendär, und war erster Hinweis auf vieles, was da folgen und sich ins Gedächtnis einbrennen sollte. Fünf Tage nach seiner Wahl zum Beispiel steht Metzger beim Heimspiel am Montagabend mitten im Block, zwischen »seinen« Fans, und lässt sich willkommen heißen. Der Bürgermeister aus Bretten, er hält die badischen Farben hoch. In die Luft, in Form seines Fanschals. In die Kamera, sangeswütig, live und etwas schräg im Bezahlfernsehen. Dort schmettert er das *Badnerlied*, sein Interviewpartner hat keine Chance. Noch Jahre danach sagt der Sender Danke, damals sei immer etwas zu berichten gewesen aus dem Wildpark. Selbiger Schal nebst Metzger kam nach dem (verlorenen) Spiel gegen Bielefeld dann auch noch in den Presseraum des Wildparkstadions. Der Neupräsident wiederholte eisern: Die Mannschaft habe die Substanz aufzusteigen. Tabellenplatz 14? Egal! Metzger will aufsteigen. Der gute Wille, er war da bei »Bretten-Paule«. Allein, ihm fehlte die Durchschlagskraft. Nach nicht einmal zwölf Monaten mit vielen Versprechungen, viel Kritik, vielen unglücklichen Auftritten in der Öffentlichkeit und viel Gegenwind kam es dann in der Karlsruher Schwarzwaldhalle zu einer turbulenten Jahreshauptversammlung.

»Mit Ja haben gestimmt: 935 …« Der Rest ging im Jubel unter, der Weg für ein konkretes Abwahlverfahren gegen Metzger war damit frei. Dem kommt er zuvor, tritt von sich aus zurück. Mehrheitlich wollte die Versammlung auch über die Abwahl von Vize Arno Glesius abstimmen, doch auch er zieht die Reißleine. Wer blieb, war Rolf Hauer, der wieder einmal einen Notpräsidenten beim Amtsgericht beantragen musste. Dazu fehlten über dreieinhalb Millionen Euro zum ausgeglichenen Etat. Déjà-vu im Wildpark – erneut musste ein Retter gefunden werden. Das Amtsgericht stimmte im

September 2010 dem Vorschlag von Rolf Hauer zu: Ingo Wellenreuther übernahm. Im November (wieder einmal im November) 2010 wird dem CDU-Bundestagsabgeordneten Wellenreuther mit 938 Stimmen auf der außerordentlichen Mitgliederversammlung das Vertrauen ausgesprochen; an seiner Seite Günter Pilarski und Georg Schattling als Vizepräsidenten, die Wellenreuther als »Muss« und Grundvoraussetzung für seinen Amtsantritt genannt hatte.

53. GRUND

Weil's mal wieder länger dauert

Ein Muss, das war und ist (sic!) das neue Stadion. Seit Einweihung der neuen Haupttribüne 1993 beim 3:0-Erfolg über Borussia Dortmund ist nichts mehr im Wildpark passiert. Nichts Bauliches zumindest. Nur Kleinigkeiten, Ausbesserungen, hier mal ein neuer Wellenbrecher, da ein paar neue Sitze, dort unten die (seit der Saison 2007/08 laut DFL) Pflicht gewordene Rasenheizung und die damit einhergehende teilweise Eliminierung der alten Tartanbahn sowie die Verlegung des Spielfelds Richtung Haupttribüne. Aber sonst? Nichts. Die alte Holztribüne hat ihre besten Tage bereits gesehen, die Kurven sind nicht überdacht, die Zuschauer bleiben aus, wenn es regnet oder auch nur eventuell möglicherweise vielleicht unter Umständen regnen, schneien, hageln oder stürmen könnte. Es sei ihnen verziehen, will doch keiner zwei Stunden lang schutzlos der Witterung und womöglich noch dem nicht zufrieden stellenden Spielgeschehen ausgeliefert sein. Harter Kern hin oder her, mit »Schönwetterfan« hat das nur noch am Rande zu tun – es ist kein Vergnügen mehr, im altehrwürdigen Wildpark beim Heimspiel zu verharren. Und möglich ist es in dieser Form vielleicht auch sehr bald nicht mehr, denn lange macht's das Wildparkstadion nicht mehr, vor allem, was die Kriterien für die Lizenz betrifft.

1955 an Stelle des Sportplatzes vom FC Phönix gebaut, ein Prunkstück, das als eines der modernsten Stadien seiner Zeit in Deutschland galt. Damals passten tatsächlich 55.000 Zuschauer hinein ... Allererste Veranstaltung im Stadion war übrigens gar kein Fußballspiel, sondern das Internationale Leichtathletikfest am 17. Juli 1955. Am 7. August wurde dann das Stadion hochoffiziell an den Karlsruher SC übergeben, Amtstat von OB Günther Klotz, Namensgeber der Günther-Klotz-Anlage oder »Klotze«, wo seit 1985 eines der größten Open-Air-Events Deutschlands stattfindet. 1985, da war der KSC aus der 1. in die 2. Bundesliga abgestiegen, der Wildpark blieb, was er war, nur weniger voll. Das aber nur am Rande. Steigen wir wieder in die Zeitmaschine, vorwärts – rückwärts – vorwärts in die Vergangenheit und zurück in die Zukunft, in bester Marty-McFly-Manier. 1955 die Stadioneinweihung, dazu 45.000 Zuschauer und ein 2:2 des amtierenden Pokalsiegers KSC gegen den Deutschen Meister Rot-Weiss Essen. In den 70ern der Ausbau der Gegentribüne, Anfang der 90er dann besagte neue Haupttribüne unter OB Seiler. Dann lange nichts, ehe Stadt und Sport-Club 2006 bekanntgaben, den Wildpark von Mai 2007 bis August 2008 in ein reines Fußballstadion mit rund 35.000 (überdachten!) Plätzen umbauen zu wollen. Mit Integration der Klauen-Haupttribüne. Ohne Erfolg. Denn in einer Pressekonferenz ließ der Verein verlauten: Mitbezahlen? Wir? Nö. Denn dann kämen Entschädigungszahlungen auf den KSC zu, an das Architekturbüro, das 1996 einen nicht realisierbaren Stadionentwurf plante. Ein finanzielles Risiko, das niemand eingehen wollte oder konnte. 1996, 2006, 2002, 2017 ... Begeben wir uns auf den Zeitstrahl der Ereignisse. Soundtrack dazu: *I Got You Babe* von Sonny und Cher, wie es Bill Murray als Phil Connors in *Und täglich grüßt das Murmeltier* stets morgens um sechs aus dem Radiowecker entgegendröhnt.

2002: Neue Ideen, neue Pläne, Umbau für 38 Millionen, 33.000 überdachte Plätze, ach, was wurde geträumt. Die Realität sieht anders aus, nämlich: gar nicht.

2004: Dohmen skandiert »Die Hütte muss weg!«, aber tatsächlich wird erst mal nur die Rasenverlegung geplant. Nur geplant!

2005: Im November hält die Projektgruppe Wildparkstadion, bestehend aus dem damaligen OB Heinz Fenrich, Präsident Raase, Manager Dohmen und Gruppenleiter Henner Ziegler, den Umbau für die beste Lösung. Viele Szenarien werden durchgespielt, gebaut wird: genau, nichts.

2006: Die Entscheidung ist gefallen – die kleine Kommission Wildparkstadion aus Mitgliedern des Gemeinderats hat sich eindeutig für den Umbau in ein reines Fußballstadion ausgesprochen. Die Finanzierung rückt ins Blickfeld, Sportminister Rau erteilt der Unterstützung eine Absage – wohl, weil die Staatshaushaltsmittel in den Ausbau des Gottlieb-Daimler-Stadions in Stuttgart fließen sollen. Autsch. Ausgerechnet. Trotzdem gibt die Stadt dem KSC im Mai grünes Licht zum Bauen, und noch unendlich viel mehr wird in diesem Jahr gesprochen. Gebaut wird, Sie ahnen es bereits, natürlich nichts.

54. GRUND

Weil's sehr viel länger dauert

2007: Der groteske Züge annehmende Verlauf des vergangenen Jahres lässt nichts Gutes erwarten in Sachen Wildparkstadion. Im Februar beschließt der Gemeinderat wieder einmal den Umbau des Wildparks, drei Finanzierungsmodelle liegen auf dem Tisch, zwischen »beschlossen« und »frustriert« bewegt sich viel – in Sachen Bau bewegt sich nichts.

2008: Alles ist wieder offen. Öffentliche Auseinandersetzungen, Stellungnahmen, schließlich mischen sich sogar die Fans in die Diskussion ein. Das Für und Wider in der Stadionfrage wird aus verschiedenen Perspektiven beleuchtet. Plötzlich ist ein kompletter

Neubau an anderer Stelle im Gespräch, mögliche Standorte werden geprüft. Das KIT (Karlsruher Institut für Technologie, also Universität und Forschungszentrum) soll Interesse an dem Gelände haben.

2009: Die Kleingärtner gehen auf die Barrikaden, weil auf ihrem Gelände möglicherweise ein neues Stadion entstehen könnte. Gutachten werden erstellt, Anwohner demonstrieren.

2011: Die Verjüngungskur beginnt, ohne die der Spielbetrieb in der 2. Liga nicht aufrechterhalten werden kann. Neue Wellenbrecher, neue Stufen, die Maßnahmen ziehen sich bis 2013. Was sich ebenfalls zieht: die Gespräche, Debatten, Diskussionen zum Stadion insgesamt.

2012: Im Gemeinderat fliegen die Fetzen, es wird von Taschenspielertricks gesprochen, die Stadionfrage ist wieder einmal festgefahren. Die Initiative »Ein Stadion für Karlsruhe« wird gegründet.

2013: Der neue Oberbürgermeister Dr. Frank Mentrup muss sich ab März mit dem Thema Wildparkstadion beschäftigen, eröffnet den »Entscheidungsprozess über ein zukunftsfähiges Fußballstadion in Karlsruhe« mit einer Informationsveranstaltung. Derweil gehen die Modernisierungsmaßnahmen weiter, Toiletten werden saniert. Stückwerk at its best. Modernisierung oder Neubau? Alle Klarheiten sind beseitigt, OB und KSC-Präsident sind irritiert. Unterdessen kommt von einem Karlsruher Architekten die Idee einer »Pyramiden-Arena«, Wellenreuther würde gerne das bekannte schwedische Möbelhaus IKEA mit einem KSC-Stadion kombinieren. Sogar DFB-Präsident Wolfgang Niersbach und der ehemalige Manager von Bayer Leverkusen, Reiner Calmund, sprechen sich für ein konkurrenzfähiges Stadion aus. Im Oktober dann Bahnbrechendes: Nach einem Jahrzehnt voller Streitereien und Stillstand treffen sich Stadt und KSC-Präsidium zu einem richtungsweisenden Gespräch. Neubau oder Umbau? Das ist jetzt die Frage.

2014: Einen Bürgerentscheid soll es nach Meinung der Grünen geben, gibt es dann aber doch nicht, entscheidet der Gemeinderat. Im Februar geht der KSC in die Offensive, startet die Aktion »JA zum Stadionneubau« und sammelt Tausende Unterschriften. Im Wildpark tut sich etwas: Im Juni wird neuer Rasen verlegt. Das erste Mal seit sieben Jahren, rund 8.000 Quadratmeter frisches Grün. Im Oktober kommen Bäume, Fledermäuse, Eidechsen, Käfer und mehr unter die Lupe, das Gelände wird geprüft. Am 21.10. stimmt der Karlsruher Gemeinderat für einen Neubau und gegen die Generalsanierung. Ein Baubeginn im Sommer 2017 steht im Raum.

2017: liegt noch in der Zukunft. Ob es dann tatsächlich wirklich und wahrhaftig kommt, das neue Wildparkstadion am altbekannten Ort im Hardtwald? »Schau mer mal«, hat einst ein weiser und mittlerweile auch recht weißer Mann gesagt.[42]

Warum nun ist diese Posse, diese Farce, diese unendliche Geschichte und wie das ganze Drama im Laufe der Jahre noch tituliert wurde, warum ist dies ein Grund, den Verein zu lieben? Das Gegenteil wäre doch sehr viel logischer. Aber nein, bei all dem Kopfschütteln: Den Wildpark, glauben Sie mir, den gewinnt man auf diese Weise unendlich lieb. Man freut sich über die »letzten paar Spiele« im zweiten Wohnzimmer, gut, es sind viele geworden seit 2002. Aber so wird der Abschied leicht gemacht. Und das ist doch auch was wert. Zudem hält so ein Wechselbad der Gefühle lebendig. Man weiß schließlich nie, ob lachen oder weinen – mein Tipp: lachen. Hält jung, ist gesund. Denn wer sich ernsthaft mit dem Thema auseinandersetzte und -setzt, der altert um Jahre. Garantiert.

55. GRUND
Weil das hier filmreif ist

Also, die Stadionposse ist das auf jeden Fall, filmreif. Gemeint ist aber eher das, was tatsächlich auf Videokassette, Kamera & Co. gebannt wurde. Da gibt es drei VHS-Videokassetten, aus der »ran-Edition«. Der KSC 1994/95, mit Thomas »Icke« Häßler auf dem

Cover, erschienen am 1. Juli 1995 und »freigegeben ohne Altersbeschränkung«. 45 Minuten lang werden die Höhepunkte der Saison zusammengefasst, präsentiert von Reinhold Beckmann, damals Programmdirektor Sport bei Sat.1. Dazu: Hintergrundinfos, Tore, Daten und Fakten. Selbe Edition, diesmal 1995/96, diesmal ziert Sean Dundee die Front. Wieder 45 Minuten, wieder von und mit Reinhold Beckmann, wieder der Rückblick auf die Saison. Diesmal mit Bildern einer fantastischen Rückrunde und einem weniger fantastischen, verlorenen DFB-Pokalfinale in Berlin. Drittes Video im Bunde: Die ran-KSC-Story zum 100-jährigen Bestehen des Vereins 1994. Ein Highlight. Auf dem Cover präsentiert sich unter anderem Sergej Kirjakow mit blau-weiß geschminktem Gesicht. 60 Minuten moderiert und beleuchtet Jörg Dahlmann (wer auch sonst) die Geschichte vom Meister 1909, vom Pokalsieger 1955 und 1956, von UEFA-Cup und Winfried Schäfer. Am 10. Juni 1997 erscheint dann die vorerst letzte Ausgabe der ran-Edition KSC, noch einmal gibt es 45 Minuten über die vergangene Saison zu sehen. 1990 produzierte das öffentlich-rechtliche Fernsehen eine kleine Dokumentation namens *Schlachtenbummler*, die auch den in Baden-Baden geborenen Fanforscher Gunter A. Pilz zu Wort kommen lässt.

Ebenfalls in den 90ern, 1994, entsteht ein Film unter Regie von Andreas Bechthold, aus der Hand von Studierenden der Filmwakademie Baden-Württemberg in Ludwigsburg. *Friede seiner Asche* heißt das Werk, in dem ein Vater als eingefleischter KSC-Fan auf dem Sterbebett seine beiden zerstrittenen Söhne bittet, seine Asche auf dem Rasen des Wildparkstadions zu verstreuen ... Das Stadion wurde dafür kurzerhand zum Drehort, eine Handvoll KSC-Fans inklusive der Autorin zu Statisten umfunktioniert. Ein Heidenspaß, der leider keinen Weltruhm erlangte. (»Ihr paar, tut mal so, als wärt ihr 30.000!«)

Das mit dem Weltruhm hat Hakan Çalhanoğlu noch nicht abgeschrieben, im Gegenteil. Vor den Kameras im Stadion macht er regelmäßig eine fantastische Figur; aber dass er noch andere Talente hat, das hat er bereits beim KSC unter Beweis gestellt.«Wildpark TV« heißt das Format, das der Verein 2012 in Zusammenarbeit mit seinem Bewegtbild produzierenden Medienpartner ins Leben gerufen hat. Im November 2012 zeigt der Videokanal den Youngster während eines besonderen Fotoshootings: Das Sondertrikot zum Pokalspiel gegen den SC Freiburg wird präsentiert, neonorange, mit Spielpaarung, ein echtes Highlight – findet auch der Youngster, der sichtlich Spaß als Videosternchen hat. Außerdem begleitet Wildpark TV die Mannschaft regelmäßig ins Trainingslager; das Fügener Lattenschießen zum Beispiel ist schon legendär, und lohnt das wiederholte Anschauen. Herrlich, wie da im Zillertal Kunstschüsse versucht und Tore erzielt werden, die gar nicht gewollt waren. Die Regeln: ein Schütze pro Zimmer, drei Schüsse, K.-o.-Modus. Der Sieger kommt eine Runde weiter, bis schließlich der Fügener Lattenmeister ermittelt ist. Den Titel sicherte sich im Sommer 2014 das Duo Dimitrij Nazarov/Mirko Schuster. Im Wintertrainingslager zum Jahreswechsel 2013/14 logiert der KSC im türkischen Belek, und schon aus dem Flieger gab's filmische Eindrücke von Reinhold »Ray« Yabo, der via »RayCam« im Fahrstuhl mit Sportdirektor Jens Todt, im Zimmer der Mannschaftskameraden, am Strand und auf dem Golfplatz für Wildpark TV im Einsatz war. Etwas, was ihm sichtlich Spaß machte, so ganz abseits vom Fußballfeld.

Ach so, und dann gibt es da noch eine Videokassette. Keine offizielle. Trotzdem dürfte die wohl in so einigen Wohnzimmern, Schlafzimmern, Kellern, Speichern, Umzugskisten, Regalen, verstaubten Boxen und Vitrinen liegen. Die, auf die das Spiel aufgezeichnet wurde. DAS Spiel. KSC gegen Valencia, 1993, Original-Kommentar Jörg Dahlmann, original 7:0.

56. GRUND

Weil sich über die Blau-Weißen nicht nur ein Buch schreiben lässt

Ebenfalls einen Blick oder auch zwei wert: die Bücher über den KSC. *Strafraum* und *Totland* zum Beispiel, zwei KSC-Krimis. »Strafraum« ist im Juli 2009 erschienen und erzählt die Geschichte vom Tod des Nachwuchsspielers Jan Greiner nach einem Europa-Cup-Spiel gegen Hertha BSC. Nach und nach kommen die Ermittler dunklen Machenschaften auf die Spur ... »Von Osten kommend sickert milchiges Dämmerlicht durch die Dunstdecke des frühen Morgens« – so beginnt *Totland*, der zweite Band des Autorenteams Johannes Hucke und Holger Nicklas. Wieder ein Krimi, wieder im Umfeld des KSC und mit hohem Wiedererkennungswert – in Sachen Stadion ebenso wie bei diversen Karlsruher Örtlichkeiten. Diesmal wollen skrupellose Geschäftemacher vom Stadion-Neubau profitieren. Außerdem erschienen: *Die Deutschmeister* (2014), ein umfangreiches Werk zur Geschichte des FC Phönix von Thomas Alexander Staisch. Historische Fotodokumente, bis dato unbekannte Hintergründe, private Schicksale ... Es gibt viel Neues und Spannendes zu entdecken über den einst besten Verein Deutschlands und Vorgängerverein des Karlsruher SC.

In guten wie in schlechten Tagen von Frank Göhringer (2000) wurde vom *Sport Bild*-Fanreport als bestes Buch über den Verein gelobt, *Herzenssache* (2006) ist der nachfolgende Band. Beide blicken auf die bewegte Geschichte des Vereins. Von den Anfängen über den Aufstieg bis ins UEFA-Cup-Halbfinale, hinunter in die 2. Liga und bis in die Regionalliga Süd, von Rom bis Pfullendorf und Elversberg zurück in die 2. Liga. 2008 kam *Der Wildpark kocht* mit den Lieblingsgerichten der KSC-Spieler pünktlich zu Weihnachten auf den Markt, zudem erscheint regelmäßig *Auf, ihr Helden!*, ein Magazin für Fußballgeschichten rund um den KSC, herausgegeben von Matthias Dreisigacker. Der Titel erinnert an den lauten Brüller, den es über Jahre hinweg im Block A1 zu hören gab, pro Heimspiel einmal, irgendwann aus Liebe zur Tradition frenetisch gefeiert. Auch einen Bildband über das Wildparkstadion gibt es, von Dreisigacker, Christian Pfefferle und Jens Fischer, *Im Wildpark – bleibende Eindrücke aus dem Karlsruher Fußballstadion*, veröffentlicht 2009.

2007: *Zurück aus dem Tal der Tränen*, Peter Putzing blickt auf 3.277 Tage ohne 1. Liga und noch ein Stückchen weiter zurück in die Vergangenheit des Vereins, lässt erzählen und erzählt die Geschichten abseits der Spieltage und neben dem Spielfeld.

1994: *100 Jahre KSC*, eine Festschrift in Buchform, eine Chronik, ein feiner Blick in die Archive mit Aufnahmen als Grüße aus der Vergangenheit. Bundeskanzler Kohl zu Gast nach dem Aufstieg 1984, Empfang des Pokalsiegers in der Karlsruher Schwarzwaldhalle 1955, der Wildpark, wie er früher einmal aussah, dazu akribisch gesammelt die Vereinsverantwortlichen von Beginn an, die Ehrenmitglieder sowie alle (!) KSC-Spiele vom Zeitpunkt der Fusion bis zum Saisonende 1993/94 in Oberliga, Regionalliga, 2. Liga und Bundesliga, fein säuberlich mit Torschützen. Ein Fest für Statistiker.

2001: *Badens Bester*, gebundene Ausgabe (fast) in Quadratform, viele Schwarzweiß-Bilder aus der Vergangenheit und der damaligen Gegenwart, ein Küsschen von Arno Glesius für Mehmet Scholl, Franz Beckenbauer auf der Tribüne, Hinterntritte, Rainer Schütterle als Torhüter, Wolfgang Rolff und Lothar Matthäus im Kopfballduell, KSC-Regenschirme und mehr.

Und dann wären da noch die *111 Gründe, den Karlsruher SC zu lieben*. Liegt vor Ihnen. Gefällt Ihnen hoffentlich.

57. GRUND

Weil der KSC nicht nur Fußball kann

Dass unter das Kürzel KSC nicht nur Fußball gehört, ist eine feine und vor allen Dingen rundum erfolgreiche Sache. Zwar ist die Ausgliederung der Lizenzspielerabteilung seit Beschluss der neuen Vereinssatzung 2012 mit Zweidrittelmehrheit theoretisch möglich, doch das ist derzeit kein Thema – vielleicht, weil es schon zu viele andere Baustellen gibt.

Stattdessen bleibt der KSC ein Verein mehrerer Sportarten und Abteilungen, die in ihren Reihen Erfolgsgeschichte und -geschichten schreiben.

Der KSC als Ausbildungsverein: So haben sich die Blau-Weißen über Jahre hinweg einen Namen gemacht. Horst Wild, Hans Haunstein, Kurt Niedermayer, Michael Harforth, Martin Wiesner und Helmut »Helle« Hermann, Jens Nowotny, Mehmet Scholl, Oliver Kahn, Oliver Kreuzer und Michael Sternkopf ... Sie alle sind aus der Karlsruher Talentschmiede hervorgegangen. Heute ziehen Abteilungsleiter Werner Schön sowie der Leiter des Nachwuchsleistungszentrums Edmund Becker und der organisatorische Leiter Klaus-Peter Schneider die Fäden in Sachen Jugend. Hier nehmen also die Laufbahnen ihren Anfang. Hier hofft der Cheftrainer auf immer wieder neue Talente, und die bekommt er auch. Siehe Hakan Çalhanoğlu, siehe 21., 22. und 55. Grund, um nur ein (ziemlich gutes) Beispiel zu nennen.

Jeder Verein muss außerdem ein »Schiedsrichter-Soll« erfüllen, sagt der DFB. Der KSC sagt »kein Problem« und ist stolz auf die vereinseigenen Schiedsrichterinnen und Schiedsrichter, oder noch korrekter: Schiedsrichtende. Jedenfalls, die mit der Pfeife, den Karten und, je nach Einsatzort, den Fahnen. Na, eben die in Schwarz (oder Neongrün oder Blau oder Rot oder Gelb). Die, von denen die Fans wissen, wo ihr Auto steht. Die Pfeifer (r! Pfeifer!) eben, die es teilweise schon zum FIFA-Referee Futsal und als Assistent in die 2. Bundesliga geschafft haben.

Draufhauen kann er auch, der Sport-Club. Sportlich, versteht sich. Beim Boxen nämlich, da bietet der KSC Leistungssport auf Spitzenniveau, und das schon seit 7. Dezember 1959. Seitdem tragen sich immer wieder kampfkräftige KSCler in die Bestenlisten ein; zwei Goldmedaillen bei Europameisterschaften, rund 30 Deutsche Meistertitel und mehr als 160 Badische Meistertitel lautet die eindrucksvolle Bilanz; stetig steigend. Sven Ottke beispielsweise, schon mal gehört? Klingelt's in den Ohren, ja? Gut möglich. Der in Berlin geborene zwischenzeitliche Wahl-Karlsruher kämpfte von 1992 bis 1997 für den KSC. Bekannt geworden ist er außerhalb des Rings unter anderem auf dem Eis als Teilnehmer von *Dancing on Ice* im Privatfernsehen sowie als Teilnehmer der 6. Wok-WM 2008 von Stefan Raab – in dieser Ausgabe des besonderen Wintersports löste Reiner Calmund übrigens eine Wettschuld ein und startete (allerdings außer Konkurrenz) im Einer-Wok. Untrennbar verbunden mit den Boxern ist aber noch ein anderer Name: Heinz Birkle. Der Diplomingenieur war es, der die Box-Abteilung aus der Fächerstadt in rund 50 Jahren zu einer Top-Adresse gemacht hat; nicht zuletzt, weil er seine Erfahrung als Betreuer der deutschen Olympiamannschaft (1976, 1984 und 1988) mit einbrachte. 2012 starb der leidenschaftliche Koch (Spezialität: Bolognese-Sauce), bleibt beim KSC aber unvergessen.

Alte Herren gibt es ebenfalls einige im Verein, kickenderweise. Auch wenn sich 2004 die KSC-Allstars mit einigen Ex-Aktiven als eigener Verein separat organisiert haben (um im größeren Rahmen noch aktiv zu spielen) – Mittwochabend halb sieben ist als Trainingszeit für die Alten Herren gesetzt. Besonders schön der Treffpunkt: am Nachwuchs-Leistungszentrum im Wildpark. So schließt sich der Kreis der Generationen, denn aktiv sind oder waren hier unter anderem auch Kurt Sommerlatt, Horst Wild, Rudi Wimmer oder Rolf Kahn.

Frauenfußball wird im Wildpark mittlerweile bis in die U 13 gespielt. Angefangen haben sie 2001, als der Verein die Spielerinnen des aufgelösten DFC Eggenstein übernahm. Davor wurden lediglich KSC-Trikots an die Freizeitmannschaft (nein, nicht Frauschaft, nein, auch ohne »Libera« und ja, tatsächlich mit Manndeckung) des Karlsruher Fanprojeks ausgeliehen, die als »Blue Diamonds« immerhin die Vereinsfarben regelmäßig in Berlin vertraten – beim großen »Fanfinale«, einem bundesweiten Freizeitturnier für die in den Fanprojekten betreuten Jugendlichen, immer zum Pokalfinalwochenende. Größter Erfolg beim seit 1992 veranstalteten Event an der Charlottenburger Jungfernheide für die Karlsruher Mädels: Platz 2.

Die Leichtathletik hat seit 1922 ihren Platz im Sport-Club, damals noch beim Vorgänger FC Phönix. Vor allem zwischen 1924 und 1930 sowie zwischen 1950 und 1966 ging es hier hoch, weit und schnell her. Noch heute kommt einer der großen Athleten ins Wildparkstadion, schaut allerdings ein bisschen wehmütig auf die mittlerweile eliminierte Laufbahn: Heinz Fütterer ist es, der als der »weiße Blitz« einst für Schlagzeilen sorgte. Als Sprinterhochburg galt das Karlsruhe der 50er und 60er, deren Ruf mittlerweile verblasst ist. 1954 wurde Fütterer Deutscher Doppelmeister über 100 und 200 Meter, Doppel-Europameister über die gleichen Distanzen und rannte dann auch noch Weltrekord im japanischen Yokohama. Der 31. Oktober wird ihm unvergessen bleiben: Als erster weißer Sprinter lief er die 100 Meter in 10,2 Sekunden und stellte damit den Weltrekord des legendären Jesse Owens von 1936 ein. 1951 kam Fütterer zum FC Phönix, 1958 beendete er während des Oberligaspiels des KSC gegen 1860 München vor etwa 30.000 Zuschauern mit einem Staffelrennen seine Laufbahn. Und nicht nur Fütterer sorgte für den Ruhm der Renner, auch Carl Kaufmann, Lothar Knörzer und Siegfried König sind keine Unbekannten. 2001 kam Heike Drechsler für zwei Jahre zum KSC und wurde zum Abschluss ihrer Karriere 2001 und 2002 noch einmal Deutsche Meisterin im Weitsprung.

Fitnesssport heißt schließlich die Abteilung, die Freizeitsportler jeden Alters anspricht. Hier wird das Deutsche Sportabzeichen abgenommen, hier gehen die Mitglieder zum Jogging, Walking, Nordic Walking oder auf den Platz zum Freizeitfußball. Klar, dass es Fußball geben muss ... Denn der ist dann doch das, was den KSC am meisten ausmacht. Das, womit man die drei Buchstaben als Erstes verbindet. Die Boxer und Leichtathleten mögen es verzeihen.

7. KAPITEL

IN DER VERGANGENHEIT

**FRÜHER ALLES BESSER, ODER NICHT?
EIN PAAR BLICKE ZURÜCK**

58. GRUND

Weil es den FC Baden München gab

Um den Karlsruher SC geht es hier, stimmt schon. Zumindest in 110 von 111 Gründen. Aber dieser eine Grund, der widmet sich einem Verein, den es eigentlich gar nicht gibt: dem FC Baden München. Eine komplette Mannschaft stellt er, der fiktive Club, der ganz real die Spieler beschreibt, die aus dem Badischen nach Bayern gewechselt sind.

Schon Mitte der 50er-Jahre nahm das Wechselspielchen seinen Lauf. Der Erste im Kader: Kurt Sommerlatt. 1928 in Karlsruhe geboren, 1950 bis 1952 beim FC Phönix aktiv, anschließend beim neu fusionierten KSC. 1957 der Wechsel in die bayerische Landeshauptstadt. Im gleichen Jahr nahm auch Gerhard Siedl den Weg Richtung Süden, immerhin sechsfacher deutscher Nationalspieler, der bereits seine Jugend beim FCB verbrachte. Dann der nächste Kurt, Niedermayer diesmal. 1974 bis 1977 in 30 Spielen und mit drei Toren für den KSC aufgelaufen, dann der Transfer zum FCB, wo er bis 1982 blieb und 145 Spiele absolvierte. Ihm folgte im gleichen Jahr, also 1977, Angreifer Norbert Janzon. Dieser hatte 1976/77 seine effizienteste Saison gespielt und in 34 Partien 16-mal getroffen. Danach blieb es eine ganze Weile ruhig auf der A 8 Richtung Süden. Erst 1990 streckten die Bayern erneut die Fühler aus, angelten sich Michael Sternkopf, dessen Karriere danach allerdings bei Borussia Mönchengladbach, dem SC Freiburg, Arminia Bielefeld und den Kickers aus Offenbach eher unspektakulär verlief. 1991 erlag Oliver Kreuzer dem Ruf der bayerischen Nachbarn, ein weiteres Jahr später Mehmet Scholl. 1994 der bis dato teuerste Torwarttransfer: Oliver Kahn löste für 4,6 Millionen DM Raimond Aumann beim FC Bayern ab. 1997 konnte Uli Hoeneß gleich doppelt zuschlagen: Michael »Tanne« Tarnat und Thorsten Fink kamen, für 10,25 Millionen Mark. Tarnat war ursprünglich als Ergänzungsspieler verpflichtet worden, erlangte dann jedoch auf ungewohnter Position Ruhm und Ehre – im Tor. Am 18. September 1999, beim Stand von 0:1, parierte Kahn einen Elfmeter, musste aber kurz darauf verletzt das Feld räumen, als sein eigener Mitspieler Samy Kuffour auf ihn prallte. Ersatztorhüter Bernd Dreher kam rein – und musste verletzt raus, ohne Fremdeinwirkung, dafür nachhaltig. Auf der Bank: nur noch Feldspieler. Mit einer Riesenportion Mut ins Tor: Tarnat im viel zu großen Trikot. Er hielt souverän, und die Bayern drehten die Partie. Den 2:1-Siegtreffer erzielte dann auch noch Kuffour, um der Geschichte die Krone aufzusetzen und die Begegnung nicht nur für Tanne Tarnat unvergesslich zu gestalten.

Spitznamen wie »Tanne« oder »Titan« bekommen normalerweise nur die Besonderen. Die, die einen solchen verdient haben. Verdient, das trifft's, geht's hier doch um einen riesigen Haufen Kohle, fast 30 Millionen Mark (für die Jüngeren unter Ihnen: Das sind heute etwa 15 Millionen Euro, Inflation nicht eingerechnet) ... Verdient hat das Ganze den Beinamen »FC Baden München« allemal. Denn neben den zehn Genannten gibt es sogar noch einen Trainer. Der KSC als Haus- und Hoflieferant junger Talente – nur Trainer Schäfer sagte ab, damals, 1994 – musste schließlich auch Ex-Assistenztrainer Rainer »Uffz« Ulrich an die Isar gehen lassen, zwar nicht direkt nach seinem Engagement im Wildpark, aber gleich nach einem Jahr beim SSV Ulm. Dafür brachte er mit Javier Sanchez prompt einen KSC-Amateur zu den FCB-Amateuren mit, was die Elf komplett macht. Und drehte, immerhin, 1998 den Spieß um, wechselte als Trainer von Bayern Münchens Amateuren zurück zum KSC.

Apropos umgekehrt: Auch da gab es stets Bewegung. Joachim Thimm kam 1962 nach einem Jahr FCB zum KSC, wo er im Debütjahr der Bundesliga in sechs Spielen für den KSC dreimal traf; 1964 wechselte er dann in die Schweiz. In der Winterpause 1984/85 kam Michael Hertwig, zog aber direkt im Sommer schon wieder weiter. Dann 1992: Es kam Manfred »Manni« Bender mit dem feinen

Freistoßfuß und den exzellenten Flanken, ehe er 1996 wieder nach München ging – zu den Löwen allerdings. 2000 kam Holger Seitz von den Bayern-München-Amateuren und blieb bis 2002 beim KSC. Ebenfalls zwei Jahre war Andreas Görlitz in Karlsruhe, auf Leihbasis und mit der Rückennummer 77, die ihn zum Namen seiner Band inspirierte (und nicht etwa andersherum), übrigens die zu dem Zeitpunkt höchste Nummer in der Bundesligageschichte. Stefano Celozzi kam 2008 vom FCB II zum KSC, wechselte 2009 zum VfB – der Süden hatte es ihm wohl angetan. 2010 wechselte Andreas Voglsammer gemeinsam mit Stefan Rieß als Perspektiv- bzw. Jugendspieler für ein Jahr zum KSC. Mit Abschluss der Hinrunde 2014/15 verkündeten die KSC-Verantwortlichen den Wechsel von Ylli Sallahi (FCB II) in die Fächerstadt; der vorerst letzte Austausch beim FC Baden München. Erste Wetten, welche Richtung als nächstes ansteht, werden bereits angenommen.

59. GRUND

Weil Dino 69 am liebsten mochte

Eins noch zu der Sache mit der Rückennummer. Zwar hatte Andi Görlitz die höchste, dafür wollte Dino Drpic die pikanteste. Nicht ganz so hoch wie die 77, aber deutlich delikater sollte es sein: die 69 nämlich. Jawohl, und zwar genau aus jenem Grund, den Sie möglicherweise grade insgeheim vor Augen oder zumindest im Kopf haben. Angeblich, so seine Frau Nives Celsius, die passende Nummer zur Lieblingsstellung. Überhaupt Nives Celsius und heiße Nummern: Da kam etwas auf sie zu, in Karlsruhe. Die »schärfste Spielerfrau der Liga« sorgte für reichlich Gesprächsstoff, und ihr Mann kaum weniger. So soll es die beiden in der Nacht vor dem EM-Qualifikationsspiel gegen England im Oktober 2006 im Stadion überkommen haben, angeblich hatten die beiden da Sex im

Mittelkreis – in Zagreb allerdings, nicht etwa im beschaulichen Karlsruher Wildpark. »Das war seine Phantasie. Er hat alles perfekt organisiert, auch das Flutlicht war nur für uns zwei an.«[43] Als das rauskam, zeigten sich die Bosse des kroatischen Meisters Dinamo Zagreb wenig begeistert, der Kicker wurde gefeuert. Dafür freute sich die Bundesliga über »Doppel-D« Dino Drpic, über perfektes Stellungsspiel und den Bad Boy in Baden. Dort avancierte er rasant zum Publikumsliebling. 1,93 Meter groß, charmantes Lächeln, mit allen Wasser gewaschener Abwehrrecke … Es gab viel zu gucken in Karlsruhe. Zumal Gattin Nives Celsius, immerhin internationales Topmodel, sich meist in seiner Nähe aufhielt. Dass er nach Ärger mit den Fans in Zagreb einfach mal blankzog und der Tribüne seinen nackten Hintern präsentierte – geschenkt. Dass der Mittelfinger zu seinem Standardrepertoire gehörte – was soll's. Dem KSC ging's um die Leistung auf dem Platz. Und den Marketing-Coup.

Denn als genau das war die Nummer mit der 69 auf dem Trikot gedacht. Doch das ging der DFL zu weit, Spielbetriebsdirektor Holger Hieronymus intervenierte – Drpic bekam die 11 verpasst. »Wir haben den Verein im Sinne der Übersichtlichkeit gebeten, eine niedrigere Nummer zu wählen«, so die offizielle Version.[44] Der KSC wiederum reagierte flott, ließ für die Fans ein mit der in kroatischen Karos gehaltenen 69 und dem Spielernamen bedrucktes Shirt produzieren. Schade eigentlich, dass es mit dem 69er-Trikot nicht klappte; Bixente Lizarazu, 1997 bis 2004 und 2005 bis 2006 beim FC Bayern München, trug sie nämlich einst. Er selbst führte das auf sein Geburtsjahr 1969, seine Größe von 1,69 Meter und sein damaliges Gewicht von 69 Kilogramm zurück. Ob es noch andere Beweggründe gab, sei dahingestellt.

Erst zur Saison 1995/95 wurden sie eingeführt, die festen Namen und Nummern für eine komplette Spielzeit. 2011 schließlich wurde allen 77ern, 69ern und anderen kreativen Ideen ein Riegel vorgeschoben: Seither sind Nummern jenseits der 40 verboten. Und es wird mit der 1 angefangen, auch, wenn Hicham Zerouali, Spitzname »Zero«, 1999 bis 2002 dank schottischer Sondergenehmigung mit der 0 für den FC Aberdeen auflaufen durfte. 2005 bis 2007 hatte Timo Staffeldt dafür eine andere Idee. Seine Lieblingsnummer, die 8, war vergeben. Was tun?, sprach Zeus. Richtig: ein Plus einfügen. So lief das Karlsruher Eigengewächs einfach mit der 1+7 auf, ganz klein, aber durchaus noch sicht- und lesbar. Man muss sich nur zu helfen wissen.

60. GRUND

Weil die Anzeigetafel von 1986 die modernste in Europa war

Mitte der 80er-Jahre war es, da durften die Karlsruher wieder einmal stolz auf ihr Stadion sein. Zumindest auf diesen neuen Teil in der Südkurve. Im Oktober 1986 nämlich wurde die neue elektronische Anzeigetafel in Betrieb genommen. Zum Glück! Denn die löste die kurzzeitig aus dem Stuttgarter Neckarstadion übernommene Anzeigetafel ab, die dort zur WM 1974 installiert und schließlich ins Badische transferiert worden war. Jetzt also weg mit dem Stuttgarter Ding, her mit der eigenen Leinwand. Und was für einer! Sie galt als modernste Videoleinwand Europas, und sie war ein echtes Prachtstück. Was weniger prächtig war: Die im Einweihungsjahr euphorisch gedachten 70.000 Plätze der Arena, die ohnehin schon mit »nur« 50.000 Besuchern ausverkauft war, reduzierten sich damit weiter – auf 45.000 Zuschauer. Diese aber wenigstens, so sie in den Blocken E2 bzw. E3 Karten ergattern konnten und können, wenigstens im Trockenen. Unter dem gewaltigen Tafelbau nämlich ist zumindest für einen Gutteil der Anwesenden Platz bei Regen. Zwar sehen diese dann nicht, was dort oben auf dem Display geschieht – aber da geht es den restlichen Stadiongängern häufig nicht besser. Mittlerweile zeichnet sich die etwas in die Jahre gekommene

Konstruktion vor allem dadurch aus, dass sie immer wieder ganz oder teilweise den Geist aufgibt, schwarze Streifen ohne jegliche Notwendigkeit der Zensur zeigt oder die angebrachte Uhr mit eigenem Zeitgefühl losrennt oder auf der Stelle stehen bleibt.

Weltruhm allerdings erlangte jene Anzeigetafel in den 90ern. Da wurde sie fotografiert, und dieses ist wohl das mit am meisten gedruckte, gezeigte, gesammelte Bild überhaupt in Sachen KSC. Festgehalten wurde sie, als sie an jenem 2. November 1993 tat, was ihre Aufgabe war – sie zeigte das Ergebnis an. 7:0 prangte da, 19.49 Uhr. Besagtes Foto aus der Valencia-Nacht im UEFA-Cup gab es damals übrigens nur von GES Sportfoto, einer der führenden Sportfotoagenturen in Deutschland – und in Dettenheim ganz in der Nähe von Karlsruhe beheimatet. Bis heute ist das Siebenzunull-Anzeigetafel-Motiv eines der am meisten verkauften Bilder des Sportfotografen-Teams um Markus Gilliar. Ein 7:0 stand später noch einmal dort oben, gegen Braunschweig, am 3. Mai 2006, als Michael Mutzel (9.), Edmond Kapllani (11.), Giovanni Federico (38.), Danny Schwarz (55.), erneut »Kappes« Kapllani (63.), Sebastian Freis (68.) und schließlich Jan Männer (79.) ihre Treffgenauigkeit unter Beweis stellten. 10.800 Zuschauer minus diejenigen in den Blöcken E2 und E3 konnten das geliebte Ergebnis dort oben aufleuchten sehen. Anders als drei Jahre zuvor gegen Rot-Weiß Oberhausen. Da machte die große Hitze im August des Jahrhundertsommers auch der Tafel den Garaus, sie verweigerte schlicht ihren Dienst. 2011 war dann endgültig Schicht im Schacht und Schwarz auf dem Display – ein neues musste her, ob nun mit oder ohne Stadionerneuerung. Also wurde das alte defekte Teil ausgebaut, die Unterkonstruktion umgebaut, eine vorläufige Videowand davor aufgebaut und schließlich eine neue LED-Videoleinwand eingebaut. Für den Übergang wurde flugs ein Display vor die eigentliche Tafel gehängt, zum Pokalspiel in der 1. Runde 2011/12 gegen Alemannia Aachen am 31. Juli 2011. Hat Glück und einen 3:1-Sieg gebracht; wurde trotzdem durch das neue Display ersetzt. Wieder war es Oktober (scheint eine gute Zeit für Anzeigetafeln zu sein), als das neue Display mit einer Größe von 81,1 Quadratmetern in Betrieb genommen wurde. Eines der größten Displays in der 2. Bundesliga![45] Wieder etwas zum Stolzsein, wenn auch das neue Stadion drumherum nach wie vor fehlt. Aber die Anzeigetafel! Mit neuester Ansteuerung, flexiblem Konfigurationsmanagement, Echtzeitübermittlung, virtueller Pixelunterstützung und Color Calibration, mit einer Helligkeit von 7.000 Nit und durchschnittlichem Stromverbrauch von 25 Kilowatt, eingebaut in den Korpus der alten Sony Jumbotron.[46] Darauf zu sehen: der Einlauf der Mannschaften, Werbung der Sponsoren, die Aufstellung der KSC-Kicker und die der Gäste (präsentiert von der Trauerhilfe, wir erinnern uns), der aktuelle Spielstand, die Ein- und Auswechslungen, Spielstände auf anderen Plätzen, die Einblendung von Torwiederholungen während des Spiels und all die feinen Grüße in der Halbzeit. Zum Geburtstag, aus dem Urlaub, immer schön mit unvorteilhaften bis peinlichen Bildern, aber trotz allem mit Herz und irgendwie lieb gemeint. Unser bester Kumpel Fritz feiert heute hier, alles Gute zum 70., zum 18., zum 25., zum Hochzeitstag (nur dann ohne Unterton, wenn beide anwesend sind), zur Geburt ... alles schon da gewesen.

61. GRUND

Weil der KSC ein Herz für Erfolglose hat

Tasmania Berlin, das dürfte den Älteren unter Ihnen sofort ein Begriff sein. Ein recht glückloser, um genau zu sein. Am 2. Juni 1900 gegründet als Rixdorfer TuFC Tasmania 1900, offiziell Sport-Club Tasmania von 1900 Berlin e. V., kurz: Tasmania Berlin – die armen Berliner, sie werden als ewiges Beispiel genannt, wenn es um Erfolglosigkeit geht. Obwohl sie mehrfach um die deutsche Meisterschaft kämpften, achtmal Berliner Meister und siebenmal Pokalsieger wurden, im Gedächtnis geblieben ist vor allem die Spielzeit 1965/66 in der Bundesliga. Dort spielte Tasmania überhaupt nur, weil Ende Februar 1965 Hertha BSC wegen eines Verstoßes gegen die finanziellen Regeln aus der Bundesliga ausgeschlossen wurde und der Verband unbedingt einen Vertreter aus der Hauptstadt dabeihaben wollte. Ende Juni entschied der DFB zunächst, dass es eine Aufstiegsrunde geben sollte. Ausgespielt vom sportlichen Absteiger der vorherigen Saison – dem Karlsruher SC, von den beiden Zweiten der Aufstiegsrunden SSV Reutlingen und 1. FC Saarbrücken sowie eben von Tasmania höchstselbst. Von Herthas Zwangsrauswurf profitierte dann just der KSC, der auf den 14. Rang vorrückte. Doch das war nicht das Ende, weiter ging die wilde Rechnerei und Diskutiererei, denn Tasmania und Tennis Borussia Berlin beschwerten sich über das Urteil. Hin und her und hin und her und dann: Ha! Die Lösung. Die aussah wie folgt: Die Bundesligavereine sprachen sich für eine Erhöhung der Liga auf 17 Mannschaften aus. Es passierte noch viel mehr zwischen den Zeilen und auf dem Papier, nur so viel: Der KSC war wieder drin in der Liga, desgleichen Tasmania Berlin, ebenso Schalke 04, und so waren es derer 18 Vereine in der Bundesliga. Dann endlich startete man in die Saison, tja, und das hätte man sich aus Berliner Sicht nun wirklich sparen können. Denn was da geschah, machte (und macht!) Tasmania Berlin zum erfolglosesten Team in der Geschichte der Bundesliga.

34 Saisonspiele standen auf dem Programm. Danach war Tasmania der letzte Platz in der ewigen Bundesliga-Tabelle sicher, zudem die schlechteste Saisonbilanz mit den wenigsten Toren, den meisten Gegentoren, den wenigsten Punkten, den wenigsten Siegen und den meisten Niederlagen. Sie sind bis heute der einzige Bundesligaverein ohne Auswärtssieg – immerhin gelang ihnen ein Unentschieden beim 1. FC Kaiserslautern, so viel sei erwähnt; ach, und es geht immer noch weiter mit den Negativrekorden. Warum ich darauf so herumreite? Nun ja. Weil der KSC ein Herz für die noch Kleineren hat, so scheint es. Denn der einzige Sieg überhaupt in

jener Seuchensaison, er gelang dem Sport-Club Tasmania gegen den Sport-Club aus Karlsruhe. Ein 2:0 im Auftaktspiel am 14. August 1965, vor sagenhaften 81.500 Zuschauern. Auch hier gibt es im Saisonverlauf noch einen »Rekord« zu vermelden: den für das Bundesliga-Spiel mit den wenigsten Zuschauern. Sage und schreibe 827 kamen nur noch, um am 15. Januar 1966 die Partie gegen Borussia Mönchengladbach zu sehen. Aber zurück und gedanklich vor die über 80.000 zu Rundenbeginn. »Der Ball lief elegant durch die KSC-Reihen«, so heißt es im Spielbericht zu jener Begegnung, »doch vor dem Tor des aufmerksamen Basikows war regelmäßig Endstation.« Zur Pause gab's ein schmeichelhaftes 0:0. Dann nahm Italien-Heimkehrer Horst Szymaniak das Heft in die Hand, der einst bei Inter Mailand spielte und zehn Jahre lang für Deutschland auflief. In der 65. und 77. Minute trafen die Hausherren, und der erste und einzige Sieg und zunächst der zweite Platz waren unter Dach und Fach. Dann jedoch hagelte es Niederlagen, 0:5 gegen Gladbach, 1:5 gegen den HSV, 2:7 gegen den Club aus Nürnberg, 0:6 gegen den 1. FC Köln, 0:5, 0:5, 0:4, 1:3, 0:4, 0:9 ...

Rasante Talfahrt ist noch untertrieben, die Berliner rauschten in den Keller. Am achten Spieltag kurz Vorletzter, dann nur noch Letzter, zehn ganze Pünktchen standen am Ende auf dem Berliner Konto. Bis heute unerreicht im negativen Sinn – zumindest in Deutschland. In Bulgarien schaffte es Chernomorets Burgas-Sofia 2006/07, die Saison mit −2 Punkten zu beenden, nachdem sie aufgrund von Lizenzverstößen mit drei Minuspunkten bestraft worden waren. Ein 0:0 war der Höhe- und damit der einzige Punkt der Runde. Bereits im Juli 1973 war bei Tasmania Schluss mit lustig und Fußball, der Verein wurde nach dem Konkurs aufgelöst. Als inoffizieller Nachfolger gilt der SV Tasmania Berlin. Der KSC unterdessen hat sich nachweislich vom damaligen Schock erholt, schon im Rückspiel gegen das Team aus Neukölln am 8. Januar 1966 gewannen die Karlsruher mit 3:0, nach einer furiosen Anfangsphase und Toren in der 7., 17. und 27. Spielminute.

62. GRUND

Weil die Saisonvorbereitung ruhig abenteuerlich sein darf

37 Minuten ist sie alt, die neu gegründete Fußball-Bundesliga. Neben uns liegt der aufgeschlagene Kalender, er zeigt den 24. August 1963. Die Uhr sagt 17.37, um 17 Uhr war damals Anpfiff. 40.000 Zuschauer haben sich im Wildparkstadion eingefunden, zu Gast ist der Meidericher SV aus Duisburg. Gerade hat Weltmeister Helmut Rahn nach einer Vorlage von Heinz Höher genau das getan: Den schmerzenden Spielstand noch eins höher geschraubt. 3:0 für die Meidericher Zebras stand es da, das hatte man sich anders vorgestellt, diese Bundesliga, in Karlsruhe. In der 83. schaffte das Team von Trainer Kurt Sommerlatt zwar noch den Ehrentreffer, fünf Minuten später aber traf Werner Krämer in der 88. erneut, zum 4:1-Endstand. Ein Einstand nach Maß für die Blau-Weißen auf der Gegnerseite, eine kalte Dusche für die Blau-Weißen aus dem Wildpark. Und die hatte verdammt viel Wasser, denn mit einem 0:4 in Köln, einem 0:4 gegen den HSV, 0:2 gegen Braunschweig, 1:3 gegen die Borussia aus Dortmund, 0:3 gegen ... hören wir an dieser Stelle auf. Oder will jemand mehr? Dem seien die bekannten Statistiken aus Film, Funk, Fernsehen und mancher Datenbank im Netz ans Herz gelegt. Hier soll es schließlich um Liebe gehen, und Liebe, nun, die mussten die Fans in jener ersten Bundesligasaison für den KSC von ganz tief unten herholen. Prügelknaben, das waren sie, Manfred Paul, Gustav »Gustl« Witlatschil, Willi Dürrschnabel, Josef Marx, Rolf Kahn, Horst Wild und wie sie alle hießen. KSC 04 wurden sie getauft, Höchststrafe. Wobei man ehrlich sagen muss: So ganz unschuldig waren sie vielleicht nicht an der Misere. Möglicherweise. Eventuell. Unter Umständen. Könnte man meinen.

Erst wenige Tage vor der Bundesligapremiere waren die KSCler von einer fünf Wochen dauernden Weltreise zurückgekehrt. Ja, in Ordnung, sie haben währenddessen schon auch Fußball gespielt, die Buben – Freundschaftsspiele in Hongkong und auf den Fidschi-Inseln, doch nachts, ja, da ließen die Partylöwen aus dem Wildpark nichts anbrennen. Wenigstens Kurt Sommerlatt brach die Zelte ab, reiste von Singapur früher nach Deutschland zurück, um, ja was? Um den Trainerschein zu machen, natürlich. Denn erst mit dem in der Tasche durfte er die Bundesligamannschaft auch tatsächlich in und durch die Bundesliga führen. Ganz ähnlich wie heute also. Keinerlei Ähnlichkeit mit heute hat allerdings jene kuriose Vorbereitung: Ein Reiseveranstalter hatte 10.000 Dollar für die Weltumrundung gezahlt, zu der man sich in Baden nicht lange bitten ließ. Die Stationen: Kairo, Hongkong, Bangkok, Haiti, Hawaii und eben die Fidschis.

Immerhin gab es nach dem verkorksten Beginn dann doch ein Licht am Ende des Tunnels: in Nürnberg, beim Club. Da gewann der KSC mit 4:2, und das sogar historisch. Denn Linksaußen Otto Geisert markierte mit dem 2:2-Ausgleich in der 55., der 3:2-Führung in der 65. und dem 4:2-Finaltreffer in der letzten 90. Minute den ersten und so was von lupenreinen Hattrick der Bundesliga-Geschichte. Man merkte: Nach einem Trainingslager im Schwarzwald hatte der KSC wenigstens einen Teil der fehlenden Vorbereitung aufgeholt, die Kondition merklich verbessert, das Kombinationsspiel geübt. Von nix kommt also tatsächlich nix. Und viel hilft viel. Quod erat demonstrandum.

63. GRUND

Weil die Flutlichtanlage von 1957 eine der modernsten in Europa war, und 1978 fast noch mal

War die Anzeigetafel von 1986 schon eine tolle Sache, so war es die Flutlichtanlage von 1957 erst recht. Gefeiert wurde sie, als eine der modernsten Anlagen in ganz Europa. Am 14. Mai 1957 veröffentlichte die hiesige Tageszeitung ein Bild der Flutlichtscheinwerfer während der Montage im Wildparkstadion, im Hintergrund zwei Arbeiter. Zwei Wochen später, am 28. Mai, dann eine Nachtaufnahme mit Teilansicht des beleuchteten Wildparkstadions, ehe am nächsten Tag bzw. Abend die echte Einweihung der neuen Flutlichtanlage folgte. Mit 100 Lux reichlich dunkel, aber immerhin. Für schöne Fotos reichte es allemal, wie die Zeitung am 18. Juni mit einer weiteren Nachtaufnahme zeigte. Eine Szene während des Spiels, im beleuchteten Stadion, vorne die Silhouetten der Zuschauer ... Gänsehaut-Atmosphäre und Indiz dafür, wie stolz die Karlsruher auf ihr neues Licht waren. Zu Recht!

1963 zum Start in die Bundesliga waren es dann zumindest 300 Lux, immer noch eher Funzel[47] als Strahler, dennoch blieb es so schummrig für eine lange Zeit. Erst 1977, da ging es endgültig aus, das Licht. Sinnbildlich, weil abgestiegen, und tatsächlich, weil die Leuchtstärke einfach nicht mehr ausreichte, vor allem nicht für die TV-Übertragungen. Am 9. März 1977 untersagte der DFB alle kommenden Pflicht-Flutlichtspiele wie das gegen Schalke 04 aufgrund der mangelhaften Anlage; bereits angesetzte Abendspiele mussten nach vorne verlegt werden. Am 23. Mai desselben Jahres, nachdem der KSC in die 2. Liga abgestiegen war (allerdings wohl nicht wegen fehlender Helligkeit im Stadion, sondern eher ... nun, egal), gab der Sportausschuss den Weg frei zur Überdachung der Gegengerade und, fast noch wichtiger, zur Errichtung einer leistungsfähigen Flutlichtanlage. Das Hochbauamt Karlsruhe wurde beauftragt, Pläne entstanden mit Weitsicht: Bei einer möglichen Vollüberdachung wollte man die Flutlichtmasten aus dem Weg haben. So wurden die neuen Masten 1978 dort errichtet, wo sie heute noch stehen: hinter der Wallkrone. Vier Stahlrohrkonstruktionen, die mit akkuratem Winkel von je 15 Grad bis zu 54 Meter in den badischen Himmel ragen, gesichert mit Stahlbetonankern in der Außenböschung des Stadionwalls und einst sogar von Zuschauern erklommen, denen es im Block wohl zu eng geworden war, oder die sich eine bessere Sicht erhofften ... Die neue Anlage von 1978 spendete dann auch endlich wieder richtig Licht, 1.800 Lux nämlich. Trotzdem wird es im neuen Stadion, wenn es denn irgendwann kommt, wohl eher eng für die vier Masten. Auch wenn in den 70ern weitsichtig geplant wurde – so weit, wie die moderne Stadionarchitektur heutzutage ist, konnte damals wohl niemand sehen. Heute werden die Strahler an den Dächern angebracht, fast ein bisschen schade. Denn derzeit dienen die vier aufragenden Pfeiler immer auch ein bisschen zur Orientierung. Da! Da wird Fußball gespielt, da ist der KSC zu Hause.

Internationaler Fußball ist heute laut UEFA und FIFA nur noch mit 1.200 bis 2.000 Lux bzw. 2.400 Lux möglich, sogar 2.500 Lux stehen im Raum. Der KSC darf sich also mit dem Erreichen von Tabellenplätzen, die zum Start auf europäischer Ebene berechtigen, durchaus noch Zeit lassen, bis das neue Stadion oder dann zumindest eine neue Flutlichtanlage steht. In der 2. Bundesliga müssen es immerhin mindestens 800 Lux sein, der Ligaverband empfiehlt eine mittlere Beleuchtungsstärke von mindestens 1.200 Lux in den Zweitligastadien.

Tolle Flutlichtbilder gibt es auch heute noch vom bzw. rund um den Wildpark. Seltener in der Zeitung, aber zum Beispiel stimmungsvoll fotografiert von Christoph Buckstegen und festgehalten in seinem Buch *Flutlichter* von 2014, in dem eben auch die Karlsruher Flutlichtmasten nicht fehlen dürfen.

64. GRUND

Weil das Wildparkstadion 1955 als eines der modernsten Stadien in Deutschland galt

Nunmehr 60 Jahre hat es auf dem Buckel und feiert am 7. August 2015 seinen Runden. Eigentlich ein Grund zum Gratulieren: Happy

Birthday, alles Gute, herzlichen Glückwunsch, Wildparkstadion! Wer aber genauer hinschaut, der weiß, warum die Geburtstagsparty nur gedämpft ausfallen sollte. Holztribüne, alte Aufgänge, verwitterte Tribünen, Moos zwischen den Sitzen, Rost überall. Die Sitze haben ihre durcheinandergewürfelten bunten Farben verloren, das ganze Rund hat Patina angesetzt. Im wahrsten Sinn des Wortes. Schon 2003 gab es Beschwerden, weil die Hartplastikschalen auf weiße Jacken und Hosen abfärbten. Bequem sind sie auch nicht; wer sich zurücklehnt, geht auf Tuchfühlung mit dem dahinter Sitzenden. Wegweiser und Hinweisschilder? Gibt es, klar, kein Thema. Klein, weiß, rostig, oft unauffällig, manchmal unverständlich. Trocken? Sitzen und stehen nur die weit hinten Positionierten. Wer am unteren Rand platziert ist, dem hilft auch das Dach nicht mehr weiter, von den unüberdachten Kurven gar nicht zu sprechen. Steht heuer ein Heimspiel an, ist oft die erste Frage nicht: gegen wen? Sondern: welches Wetter? Banger Blick in den Himmel, und sollte die Regenwahrscheinlichkeit auch nur 20 Prozent betragen, es wird schon schwierig mit der Entscheidung pro KSC-Besuch. Mal ehrlich: Es macht auch wirklich keinen Spaß, wenn es schüttet, die Kälte in den Kragen kriecht oder der eisige Wind von hinten pfeift. Und das tut er nahezu immer. Seltenere Besucher wundern sich oft über die, die auch bei angenehmen Temperaturen gut eingepackt ihre Plätze einnehmen. Pullover, Jacke, SCHAL? Noch in der ersten Halbzeit werden die verwunderten Blicke dann zu neidischen, garantiert. Kurz: Wer in den Wildpark kommt, der ist mit Hochgebirgsausrüstung und guten Nerven bestens beraten. Profitipp: Bei Regen die Wertgegenstände in eine Plastiktüte (»Blaschdichguck« auf Badisch, nur falls jemand fragt) einwickeln. Hilft. Ist praxiserprobt. F8, hier, schauen Sie doch meine Karte, das ist mein Platz, bitte aufstehen. Nein, nein, sehen Sie doch, hier ist F7! Sie müssen da rüber! Nicht selten, dass es zu Verwirrungen kommt; je höher der KSC in der Tabelle steht, desto voller, desto unübersichtlicher wird das Ganze. Pünktliche Ankunft würde helfen, aber auch die ist in der Baustellenmetropole Karlsruhe und der nicht ganz einfachen Anfahrt zum Stadion kaum bis selten gewährleistet.

Trotzdem, oder gerade deswegen, hat es seinen eigenen Charme. Hach ja, das Wildparkstadion. Es lässt seufzen und sehnsüchtig erinnern, es hat fast so etwas wie eine eigene Persönlichkeit. Es ist von der alten Garde, Stimmen flüstern aus allen Ecken und Winkeln von vergangenen Zeiten. Es ist ein Stadion, wie ein Stadion sein sollte. Früher mal. Auch, wenn die Fußballnostalgiker und -romantiker sich nur schwer trennen können: Ein neues Stadion muss her, das haben mittlerweile alle begriffen. Aus mindestens 1955 Gründen, um es mit dem Einweihungsjahr zu sagen.

Flashback, es flüstert von unten aus den Katakomben: 7. August 1955, 50.000 Zuschauer, zu Gast der amtierende deutsche Meister Rot-Weiss Essen. Applaus brandet auf, die Arena zu Karlsruhe, sie gehört zu den modernsten in ganz Deutschland. Ein Jahr nach dem Weltmeistertitel hält das besondere Fußballflair Einzug in der Fächerstadt. Der amtierende Karlsruher Oberbürgermeister Günther Klotz gibt das Stadion offiziell in die Obhut des Karlsruher SC. Auch deutsche Länderspiele sah der Wildpark: gegen Norwegen am 16. November 1955 (2:0), gegen die Schweiz 1962 (5:1), 1965 gab es ein 5:0 gegen Zypern, 1967 ein 5:1 gegen Marokko. Gegen Albanien siegten die Deutschen 1971 mit 2:0, am 13. Oktober 1993 dann der letzte Nationalmannschaftsauftritt in Karlsruhe: gegen Uruguay, standesgemäß 5:0. Die deutschen Frauen siegten im November 2006 gegen Japan mit 6:3, das war dann auch das letzte Mal, dass internationaler Fußball hier zu sehen war.

Flashback, es geht um alles: 5. August 1956, Endspiel um den DFB-Pokal, KSC gegen den HSV. Die Karlsruher gewinnen mit 3:1 und verteidigen den Titel aus dem Vorjahr, im heimischen Wildpark – den Spielort bestimmte seinerzeit das Los. Uwe Seeler schießt seine Hamburger zwar in Führung, doch vor 23.000 Zuschauern schaffen es die Badener, das Spiel zu drehen. Um Musik drehte sich in der Arena auch so einiges. 1977 spielten anlässlich des Karlsruher Rockfestivals '77 Santana, Chicago, Udo Lindenberg, Rory Gallagher, Thin Lizzy und Lake im Wildparkstadion. 1984 hielten die Monsters Of Rock mit AC/DC, Van Halen, Ozzy Osbourne, Mötley Crüe, Gary Moore und anderen Einzug im Wildpark – kurz danach wurde beschlossen, in Karlsruhe keine Rockkonzerte dieser Preisklasse mehr stattfinden zu lassen. Stattdessen waren 1987, 1990 und 1996 Tina Turner, 1992 die Dire Straits, 1993 Guns N' Roses, 1996 Bryan Adams und 2003 Herbert Grönemeyer zu Gast.

Flashback, es wird super: Am 31. Juli 1990 steigt das Supercup-Finale des DFB im Wildpark. Der FC Bayern München besiegt den 1. FC Kaiserslautern mit 4:1 und holt den Titel nach 1983 und 1987 zum dritten Mal. Das Gröni-Konzert 2003, das Frauen-Länderspiel 2006: Es waren die letzten großen Auftritte im Wildparkstadion, die nichts mit dem KSC zu tun hatten. Dieser wiederum brachte 2007/08 und 2008/09 noch einmal Erstligaluft in die heiligen Hallen, Bayern München, der VfB, die Hertha, Borussia Dortmund, sie alle waren zu Gast, ehe sich die Blau-Weißen erneut in die Zweit- und Drittklassigkeit verabschiedeten. 2006 war es auch, als die (erste) Entscheidung zugunsten eines reinen Fußballstadions fiel; im Oktober 2014 machte der Gemeinderat den Weg frei für den Neubau eines Stadions an bekannter Stelle im Hardtwald. Bagger? Wurden bisher (siehe auch Gründe 53 und 54 und warum's eben manchmal länger dauert) keine gesichtet. Dafür viele Stimmen aus der Vergangenheit gehört.

65. GRUND

Weil Oberligameister auch ein Titel ist. Oder drei

Gründungsmitglied können sie, die Karlsruher. Vor allem aber können sie schon viel früher als die Bundesliga. Okay, damals noch als Vorgängermodell FC Phönix, aber immerhin: Von Anfang an dabei auch in der Fußball-Oberliga. Diese wurde 1945 als erste Fußball-Oberliga in Deutschland gegründet, als eine von fünf Staffeln der höchsten Klasse. Was der DFB sich damals eben so ausdachte, noch nicht einheitlich, aber immerhin. Der Fast-schon-KSC war also dabei in der Oberliga Süd, konnte – dann tatsächlich und nach der Fusion 1952 als Karlsruher Sport-Club – 1955/56 erstmalig die Meisterschaft erringen und legte 1957/58 und 1959/60 nach. Vor allem letzterer Titel war wegweisend, metaphorisch gesehen. Weil er den Weg ebnete zu einem besonderen Geschenk: »Der Sportler« von Emil Sutor, wir erinnern uns, der Schlotter-Beck, der nackte Mann, der beliebteste Treffpunkt am Haupteingang-West. Nach Gewinn der erneuten Meisterschaft gab's den knackigen Jüngling vor die Tore und … Faden verloren. Moment. Faden wieder aufnehmen, richtig, Oberliga. Da waren die KSC-Kicker also durchaus erfolgreich. Einzig der 1. FC Nürnberg mit sechs Meisterschaften und vier Vizetiteln sowie (ausgerechnet, mag der geneigte badische Leser denken, seufzen und stoßartig gen Himmel wimmern) der VfB Stuttgart mit drei Meister- und ebenso vielen Vizemeistertiteln rangieren im Vergleich der Oberligameister vor dem Sport-Club aus der Fächerstadt. In der ewigen Gesamttabelle findet sich der blau-weiße Verein auf Platz elf, mit elf Jahren Zugehörigkeit und 330 Spielen.[48] Bis zuletzt blieben die Karlsruher in der Liga, bis, ja, bis 1963 neumodischer Kram aufkam. »Bundesliga« hieß es da auf einmal, und um die noch verbleibenden drei Plätze für die Vereine aus dem Süden entbrannte ein heißer Kampf. Nürnberg und die Eintracht aus Frankfurt waren bereits gesetzt; schließlich schafften es der Karlsruher SC sowie (schon wieder!) der VfB Stuttgart. Et voilà: Der KSC durfte sich nicht nur Gründungsmitglied der Fußball-Oberliga, sondern auch der Bundesliga nennen.

66. GRUND

Weil der KSC Gründungsmitglied der Bundesliga ist

Am 24. August 1963 war Anpfiff für die neu geschaffene höchste deutsche Spielklasse im Fußball: Die Bundesliga der Männer startete ihre Erfolgsgeschichte. Mit dabei also, darauf sind sie stolz am Adenauerring, der Karlsruher Sport-Club Mühlburg-Phönix e. V., als einer der 16 Gründungsvereine. Trainer Kurt Sommerlatt hatte Großes vor, spielte mit seinem Team dann aber doch gegen den Abstieg. Mit einem einzigen Pünktchen konnte der verhindert werden, etwas, was der Verein nicht zum letzten Mal erleben sollte. Dieses »Gründungsverein« aber, das kann ihnen niemand mehr nehmen, und es macht sich gut im Lebenslauf.

Die Bundesliga: höchste Spielklasse im deutschen Fußball. Schon 1932 kam die Idee einer »Reichsliga« auf, einer Profiliga mit den besten Vereinen. Daraus wurde zunächst nichts, dann schied die BRD 1962 bei der WM in Chile im Viertelfinale aus, und der Verband schlug erneut die Schaffung einer solchen einheitlichen Premiumklasse vor. Am 28. Juli 1962 nahm das Ganze seinen Lauf: Der DFB-Bundestag, höchstes Gremium des Deutschen Fußball-Bundes, beschloss in Dortmund die Einführung der Bundesliga zur Saison 1963/64. So wird seitdem der Deutsche Meister ermittelt, zunächst in 30, später in 34 Spieltagen. 1991/92 zur Wiedervereinigung wurde kurzzeitig auf 20 Vereine aufgestockt, dann kehrte man zur Achtzehnerstaffel zurück. Apropos zurück: Es gibt Hin- und Rückrunde, und zur Relegation ist man 2008/09 nach dem DFL-Beschluss von 2007 wieder zurückgekehrt, nachdem es diese bereits von 1982 bis 1991 gab. Kein allzu gutes Pflaster für den KSC, der 2012 in der Relegation zur 2. Bundesliga mit einem 1:1 und 2:2 nach Auswärtstorregel in die 3. Liga absteigen und seinen Platz für den SSV Jahn Regensburg räumen musste. Aber Thema soll die Bundesliga sein, die erste, und das Gründungsprädikat der Karlsruher.

16 Teams sollten damals in der neuen Liga starten; je fünf aus der Oberliga Süd und West, drei aus der Oberliga Nord, zwei aus der Oberliga Südwest und eines aus der Berliner Stadtliga. Sportlich und wirtschaftlich sollten sich die Vereine als »bundesligatauglich« erweisen, und nach einem komplizierten Auswahlverfahren standen sie schließlich fest, die Bundesliga-Gründungsvereine. Eintracht Braunschweig (heute mit dem KSC wieder in der 2. Liga, nach dem Aufstieg 2013 und einem Jahr 1. Liga), Werder Bremen (1. Liga) und der Hamburger SV (nach wie vor und noch nie irgendwo anders als in der 1. Liga) waren die Vertreter aus der Oberliga Nord. Borussia Dortmund (1. Liga), der 1. FC Köln (1. Liga), der Meidericher SV (als MSV Duisburg in der 3. Liga gelandet, nachdem der Verein 2013 keine Lizenz für die 2. Liga erhielt), Preußen Münster (jetzt 3. Liga) und der FC Schalke 04 (1. Liga) kamen aus der Oberliga West. Der 1. FC Kaiserslautern (mit dem KSC in der 2. Liga) und noch ein 1. FC, der aus Saarbrücken nämlich (mittlerweile in der Regionalliga Südwest), stießen aus der Oberliga Südwest dazu. Eintracht Frankfurt (Erstligist), der Karlsruher SC (wie zur Genüge erwähnt – Zweiligist, noch!), der 1. FC Nürnberg (aktueller Zweitligist), der TSV 1860 München (ebenfalls – noch – 2. Liga) und der VfB Stuttgart (1. Liga; das »noch« sparen wir uns hier) waren die Vereine aus der Oberliga Süd. Hertha BSC (heute 1. Liga) aus der Stadtliga Berlin machte die Sechzehnergruppe komplett. Faszinierend zu beobachten und nachzuvollziehen, wo sie mittlerweile gelandet sind, die einstigen Gründer. Auf- und abgestiegen, keine Lizenz bekommen, sich wieder hochgearbeitet und dennoch als »kleiner Verein« ohne große Rolle im Konzert der Dominierenden ... Der letzte verbliebene, nie abgestiegene »Bundesliga-Dino« HSV: Er wankt. Ob er sich oben halten kann und die Uhr weiterläuft, die die Ligazugehörigkeit tapfer weiterzählt, man wird es sehen.

Das erste Tor der ersten Saison der 1. Liga erzielte übrigens Timo Konietzka vom BVB, nach flotten 58 Sekunden Spielzeit nämlich und gegen Werder Bremen. Bereits in der Folgesaison hatte die Liga dann ihre erste Krise zu bewältigen: Als der alten Dame Hertha die Lizenz entzogen wurde und sowohl der KSC wie auch Schalke 04 den freigewordenen Platz für sich beanspruchten. Siehe Grund 61, es kam zur Aufstockung der Liga auf 18 Vereine, wie es noch heute der Fall ist – und zu denen der KSC bald wieder und gerne für länger gehören will, soll, kann, darf, gell.

67. GRUND

Weil 1974/75 die fast perfekte Saison war

Die 2. Liga, in der der KSC nun schon, bis auf wenige rühmliche und unrühmliche Ausnahmen, sehr lange zu Hause ist – es gab sie nicht immer. Logischerweise. Weniger logisch und vor allem auch weniger bekannt ist, dass das Unterhaus, wie wir es heute kennen, nicht zeitgleich mit der 1. Bundesliga 1963 gegründet wurde. Die höchste Spielklasse wurde damals von unten direkt mit fünf Regionalligen gestützt, deren jeweils zwei Erstplatzierte am Ende der Saison in zwei Gruppen die beiden Aufsteiger ausspielten. Doch der Klassenunterschied, er war zu gewaltig. Stieg ein Bundesligaverein ab in die Regionalliga, es konnte schnell seinen Ruin bedeuten. Umgekehrt trieb es Clubs zu Manipulationen, die Hemmschwelle war niedrig im Vergleich zu dem, was beim Abstieg blühen konnte. Konsequenz daraus: eine Neuordnung des Unterhauses. Der Bundestag des DFB tagte unter anderem über diesen Tagesordnungspunkt am 30. Juni 1973, also zehn Jahre nach der Bundesligagründung. Und er beschloss: die Einführung einer zweigleisigen 2. Bundesliga zur Saison 1974/75, aufgeteilt eben nicht mehr in fünf, sondern in zwei Staffeln, Nord und Süd. 40 Vereine gehörten damals dazu; im Süden unter anderem der KSC. Damit darf sich der Verein Gründungsmitglied der 1. Bundesliga, Gründungsmitglied der 2. Bundesliga und Gründungsmitglied der Oberliga nennen. (Ob wir irgendwann ein Buch daraus machen? *11 Gründungen des KSC* vielleicht? Mal überlegen.)

Während hier neue Buchideen geboren werden, noch ein Blick auf die Geburtsstunde der 2. Liga. Auf die ersten beiden Meister der neuen Klasse, zum Beispiel. Im Norden war das Hannover 96, im Süden, na wer? Der Karlsruher SC. Und das gelang den Badenern auf eine Art und Weise, bei der »überzeugend« noch deutlich untertrieben ist. Fast hätten sie die perfekte Saison geschafft, doch am ersten Spieltag mussten sie sich mit Platz fünf zufriedengeben – trotz Auswärtserfolg beim FC Homburg. Da dieser aber »nur« 3:2 für die Karlsruher ausfiel, führte der VfR Heilbronn nach seinem 5:1 die Tabelle an. Am nächsten Spieltag ging's dann rauf auf Platz 2, dann noch zweimal Platz 3, und dann, am fünften Spieltag, brachte der erneute Auswärtssieg, übrigens beim 1. FSV Mainz 05, endlich die Tabellenführung. Die die Karlsruher von da an nicht mehr hergaben. In 38 Spielen konnten die Badener 22-mal siegen, spielten sechsmal unentschieden und verloren zehnmal. Das Torverhältnis von 76:50 war mit +26 uneinholbar, der FK Pirmasens konnte sich nicht mehr rankämpfen. So stieg man denn in die 1. Liga auf, nach nur einer Saison in der neuen Klasse. Auch 1983/84 gelang der Meisterschaftscoup noch einmal, und dann wieder 2006/07. Natürlich muss man auf diese Saison ebenfalls einen genaueren Blick werfen, wenn es um fast perfekte Spielzeiten geht. Zwar konnte das Team da nicht am Stück so lange Platz 1 behaupten, war dafür aber nie schlechter als Platz 2. Es darf gestritten werden, welche Saison die bessere war.

Abseits eventuell ausgetragener Streitgespräche lohnt sich noch eine andere Erwähnung in Bezug auf die Saison 1974/75. Denn es war die erste unter Präsident Roland Schmider. Bereits am 11. Februar 1974 übernahm er das Amt, das er bis ins Jahr 2000 innehaben sollte. Dann übernahmen Detlef Dietrich, Gerhard Seiler als Notpräsident … aber das ist eine andere Geschichte, eine über wenig Geld und viele Sorgen. Schneller erzählt und schöner erinnert ist da ein Präsidenten-Auftritt der etwas anderen Art. In Grund 52 wird bzw. wurde bereits erwähnt, wie ein anderer Präsident nicht singen konnte. Dieser hier, der Schmider Roland, er konnte, und er tat. Mit Halb-Playback zwar (unnötig), dennoch sehr engagiert gab er als Teil des Präsidentenchors in der ARD-Show *Die Goldene 1* mit Max Schautzer *Fußball ist unser Leben* zum Besten.

68. GRUND

Weil auf dem Engländerplatz der süddeutsche Fußball geboren wurde

Und wer war schuld, am Fußball in Karlsruhe? Walther Bensemann. Mit zarten 14 Jahren gründete er im schweizerischen Montreux am Genfer See seinen ersten Fußballverein; mit 16 verschlug es ihn nach Karlsruhe, zum Abitur. Dazu wurde er Schüler des Großherzoglichen Gymnasiums – das heute den Namen Bismarcks trägt – und konnte dort nicht ohne. Ergo ließ er sich 1889 einen Fußball aus der Schweiz schicken und brachte ihn mit in die Schule. So fand das erste Karlsruher Fußballspiel statt: auf einem Schulhof. Das Ergebnis: eine zerbrochene Fensterscheibe. Statt die Jungs jedoch zu bestrafen, schickte der Direktor sie direktemang hinüber auf den kleinen Exerzierplatz nahe der Moltkestraße, auf dem schon Prinz Max von Baden mit einigen Engländern und Pennälern Rugby gespielt hatte – so kam der Engländerplatz zu seinem Namen, und Karlsruhe zum Fußball. Rugby verschwand wieder, aber Walther Bensemann hinterließ bleibenden Eindruck. Eine wahre Revolution löste er aus, indem er den Schülern und Studenten beibrachte, wie das »Association Game« in Perfektion auszuüben war. Schnell wurde der »Karlsruher International Footballclub« gegründet. Doch: »... man fürchtet um das gute deutsche Turnen«, tatsächlich, nachzulesen in Bensemanns Biografie *Der Mann, der den Fußball nach Deutschland brachte* von Bernd M. Beyer. Gemeinsam mit seinen acht Mitstreitern beschließt Bensemann, aus dem Karlsruher International Football Club einen rein deutschen Verein zu machen. Dies wohl auch nur, um den Gegnern des »neumodischen englischen Sports« den Wind aus den Segeln zu nehmen und wenigstens im Namen keine Angriffsfläche zu bieten ... Unter dem Beratungsbaum am Engländerplatz wurde damit einer der besten deutschen Clubs, der Karlsruher Fußball-Verein (KFV), aus der Taufe gehoben. Bensemann, selbst nicht unbedingt ein begnadeter Fußballer, ließ es sich nicht nehmen, bis zum Äußersten für »seinen Sport« einzustehen – egal, um welchen Preis.

1893 hatte er schon wieder eine neue Idee, der Walther: eine ständige Auswahlmannschaft mit dem Besten, was Fußball-Süddeutschland zu bieten hat. »Karlsruher Kickers« soll das Team heißen, am besten mit dem Zusatz »Meisterclub des Kontinents«. Bensemann träumt von internationalen Vergleichen, möchte mit dem Spiel Grenzen überwinden und nationale Vorurteile brechen. Sein Traum von der Völkerverständigung oder gar -versöhnung durch den Sport brauchte allerdings noch eine ganze Weile, um wirklich Realität zu werden. Die Karlsruher Kickers unterdessen, sie sind das glänzende Vorbild für die Fußballanhänger der Region. Zahlreiche Vereine machen es dem großen Club nach und nehmen »Kickers« in ihre Namen auf – Stuttgarter Kickers und Kickers Offenbach zum Beispiel. Den ganz großen erhofften Erfolg haben Bensemanns Kickers allerdings nicht, und so kehren Walther & Co. wieder zum KFV zurück, um diesem zum erneuten Aufschwung zu verhelfen. Auch dem FC Phönix tritt er bei, dem KSC-Vorgängerverein. Doch 1893 denkt noch niemand an den KSC, und Walther Bensemann hält es nicht in Karlsruhe. Er strebt von einem Ort zum nächsten, fühlt sich nirgendwo heimisch und versucht doch überall, den geliebten Fußball der Öffentlichkeit zugänglich zu machen. Immer und immer wieder trifft er auf vehemente Gegner, die dem ausländischen Sport kaum eine Chance einräumen. Unvorstellbar heutzutage ... Er würde wohl jubeln, könnte er sehen, wie heute Tausende und Abertausende in die Stadien pilgern. Er würde aus dem Staunen nicht mehr herauskommen, wäre es ihm möglich, in ein Sportgeschäft zu gehen und die riesige Auswahl an Fußballschuhen und Fußbällen zu erleben.

Ende 1898 organisierte er dann tatsächlich die ersten internationalen Begegnungen deutscher Auswahlmannschaften, die als »Ur-Länderspiele« in die Geschichte eingingen. 1900 war er als Vertreter mehrerer Clubs an der Gründung des DFB beteiligt. Zu seiner Zeit war er das, was wir einen Pionier nennen, und dank seiner Gabe, die Anekdoten und alles Wissenswerte rund um die schönste Nebensache der Welt in treffsichere Worte zu packen, war er ein ebenso guter Journalist. Neben vielen weiteren Vereinen gründete er 1920 das *Kicker-Sportmagazin*, den *kicker*, wie wir ihn heute immer noch lesen, und füllte unzählige Seiten mit seinen scharfzüngigen Kolumnen und Berichten. Die allererste Titelseite des Fußballfachmagazins vom 14. Juli 1920, sie zierten zwei Mannschaftsfotos. Eins von den Karlsruher Kickers, eins vom KFV. Darüber: »Aus Karlsruhe's Glanzzeit«[49].

Nach 1933 flüchtete »Benses«, wie er in seiner Jugend genannt wurde, aufgrund seiner jüdischen Abstammung zurück in die Schweiz und geriet fast ein wenig in Vergessenheit. Das wird dem Mann, der Argumente wie Torpfosten-Löcher in der Erde oder den verbarrikadierten Fußweg über den Engländerplatz einfach nicht gelten ließ, nun wirklich nicht gerecht. Schön also, dass einer der Ersten, die den Fußball in Deutschland und insbesondere in Süddeutschland etablierten, über den »Umweg KSC« doch immer wieder ins Hier und Jetzt findet. Zum Beispiel auch 2007: Ehe in jenem Jahr die neue Mensa der Hochschule Karlsruhe gebaut wurde, hatte dort, direkt neben dem historischen Engländerplatz, das Fanprojekt Karlsruhe seine Heimat. Junge Menschen, mit dem Fußballvirus infiziert, die für ihre Sache brennen ... Dieses Feuer hatte Bensemann so viele Jahre zuvor an genau dieser Stelle entfacht.

8. KAPITEL

IM KALENDER

MARKIERTE MEILENSTEINE, HÖHEPUNKTE UND HIGHLIGHTS, ZITATE FÜR DIE EWIGKEIT

69. GRUND

Weil von hier der älteste deutsche Fußballfilm stammt

Wo wir schon mal da sind, bleiben wir noch kurz hier. Am Engländerplatz. Daneben: ein besonderes Denkmal. Der dritte von insgesamt sechs Pilgersteinen zu Ehren der ersten Deutschen Fußballmeisterschaft, ausgetragen 1902/03, und aller Vereine, die an der Meisterschaftsendrunde teilnahmen. 2013 wurde der Stein in Karlsruhe eingeweiht, darauf steht zu lesen: »1. Deutsche Fußballmeisterschaft, Halbfinale in Leipzig 17.05.1903, Karlsruher FV – Deutscher Fußballclub Prag«; darunter die weiteren Vereine VfB Leipzig (heute 1. FC Lokomotive), Magdeburger FC Viktoria 1896, Britannia 92 Berlin und Altonaer FC von 1893. Nur dass dieses Halbfinale nie stattfand – ein gefälschtes Telegramm war schuld, das den KFV von einer angeblich erneuten Verlegung des Spieltermins unterrichtete. Der Verein fuhr nicht nach Leipzig, wo das Spiel stattfinden sollte; der DFB disqualifizierte den KFV trotzdem. Prag zog kampflos ins Finale ein, das schließlich der VfB Leipzig gewann. Als Karlsruher ist man geneigt zu sagen: Gut so. Denn die seltsamen Umstände, sie zogen weitere Kreise, der DFC Prag setzte Spieler ein, die gar nicht dem Verein angehörten, gab eine falsche Aufstellung an ... und verlor dennoch mit 2:7. An das ausgefallene Halbfinale und die großen Vereine der damaligen Zeit erinnern also die Pilgersteine, wie einer auch am Engländerplatz steht.

»Football is coming home«: Just an diesem Ort begab es sich, dass hier ein ebenso historisches wie monumentales Dokument der Fußballzeitgeschichte in KSC-Hände gegeben wurde. Fanhände. Supportershände. Im Oktober 2014 trafen sich Autor Thomas Staisch und Supporters-Vorsitzender Martin Löffler, um einen Sensationsfund an die KSC-Supporters zu übergeben, der alle Fußballfans weit über badische Grenzen hinweg aufhorchen ließ: die ältesten Filmaufnahmen eines deutschen Fußballspiels. An die

Supporters deshalb, weil Journalist und Autor Staisch seinen Dank für die Unterstützung bei Recherchen zu seinem Buch *Die Deutschmeister* ausdrücken wollte, in dem es um den KSC-Vorgängerverein FC Phönix 1894 geht. Genau bei diesen Buchrecherchen stieß er auf Hinweise, da könnte es eventuell etwas Interessantes geben. Drüben, auf der Insel. Der Autor also los, ins Archiv des British Film Institute (BFI), und ab nach London. Was er dort zu sehen bekam? Die ältesten Bewegtbilder eines Fußballspiels, etwa zwei Minuten vom Karlsruher Derby um die Deutsche Meisterschaft 1910.[50] Phönix Karlsruhe gegen den Karlsruher FV. Ich sage es noch einmal: von Neunzehnhundertzehn. Die bis dato bekannten ältesten Aufnahmen stammten von 1924. Im Film zu sehen sind Ausschnitte des Spiels vom 1. Mai 1910, das mit 2:1 für den KFV endete; 21 Szenen insgesamt – nur leider nicht die Tore. Zwei Minuten von ursprünglich wohl acht oder neun sind noch übrig, damals von einer Freiburger Firma produziert (alles in badischer Hand also!) und in England über zwei Weltkriege gerettet. Zu sehen auch kurz die Zuschauer, geschätzte 8.000 im feinen Sonntagszwirn, wie früher üblich. Ein neuer Besucherrekord, dort im Stadion des KFV an der Hertzstraße. Phönix war immerhin amtierender Deutscher Meister, der KFV aktueller Südmeister, zum damaligen Zeitpunkt für viele das vorweggenommene Finale.

Die KSC-Supporters hoffen auf eine Möglichkeit, den Film im neuen Stadion (so es irgendwann … Sie wissen) den KSC-Fans und allen anderen Fußballbegeisterten zugänglich machen zu können. Bis dahin lohnt sich aber auch ein Besuch des Pilgersteins, ebenfalls ein Monument deutscher Fußballhistorie. Sollten Sie also einmal in Karlsruhe weilen: Gehen Sie dort vorbei. Und vielleicht treffen wir uns dann ja noch im Stadion, oder auf einen Kaffee.

70. GRUND

Weil Sean Dundee auf jeden Fall wahrscheinlich beim KSC bleibt

Er steht damit in den »Nachtgedanken« auf *11Freunde.de*, er wird in so ziemlich jeder Zitatesammlung von und mit Fußballern aufgeführt, in Büchern, in sozialen Netzwerken, auf Websites ... Wenn es um markige Sprüche, um Zitate für die Ewigkeit geht, da werden seine in einer Reihe genannt mit »Mailand oder Madrid – Hauptsache Italien«, wie Andreas Möller einst befand, mit »vom Feeling her ein gutes Gefühl« (das auch Andi Möller hatte), mit den »hochsterilisierten Medien« (wie Bruno Labbadia sie einst bezeichnete) und »Ich sage nur ein Wort – vielen Dank« von Horst Hrubesch. Es sind eben Gefühle, wo man schwer beschreiben kann, die in diesem Geschäft herrschen. Und wenn es da um Vertragspoker geht und darum, mit möglichst vielen Worten möglichst nichts rauszulassen, dann steht ein Mann ganz weit vorne in sämtlichen Zitatesammlungen. Sean Dundee nämlich, der am 7. Januar 1998 in der *Pforzheimer Zeitung* prophezeite: »Ich bleibe auf jeden Fall wahrscheinlich beim KSC.«

Es hatte sich abgezeichnet: Zwar stand der eingebürgerte Südafrikaner noch bis 2003 unter Vertrag beim KSC, doch er hatte dort schon 1998 keine Zukunft mehr. Schuld waren weniger die Leistungen auf dem Platz und mehr das, was abseits davon passierte. Erst ließ er Termine mit dem Vereinsarzt sausen und zog die Kneipe vor, dann versetzte er KSC-Coach Jörg Berger und landete auf der Tribüne. Private Probleme, dazu Querelen und Differenzen mit Beratern und Ärzten ... Es lief nicht rund für Dundee. Seine Wechselabsichten ließ er deutlich durchblicken, sogar Mama Veronica kam aus Südafrika eingeflogen, fragte bei Borussia Mönchengladbach an.[51] Der Sohnemann allerdings liebäugelte mit der Hertha aus Berlin, obwohl ihn der Vertrag sogar im Abstiegsfall an den KSC band. Es sei denn, jemand würde die acht Millionen Mark Ablöse bezahlen, versteht sich. Nichts davon klappte, es wurde schließlich der FC Liverpool, mit dem man sich für runde fünf Millionen Mark einigte. Von dort wechselte Dundee nur ein Jahr später zum VfB Stuttgart, dann nach Wien, und kehrte tatsächlich 2004 noch einmal zum KSC zurück. Skeptische Blicke gab es bei seiner Ankunft, die sehr schnell der Begeisterung und dem Respekt wichen. 14 Tore schoss er noch einmal in den beiden Jahren beim alten Verein, steuerte einen guten Teil dazu bei, dass der wieder einmal vom Abstieg aus der 2. Liga bedrohte Sport-Club die Klasse halten konnte. Danach kam nur noch eine Zeit in Offenbach, die Rückkehr nach Südafrika und dann, 2013, kam er »nach Hause«, nach Karlsruhe. Beziehungsweise zum VSV Büchig, Kreisklasse, in deren Jugend sein Sohn spielt. Ja, das Comeback des fast 41-Jährigen, es war dann doch noch einmal einige Schlagzeilen wert im November 2013. Viele renommierte Fußballmedien berichteten ... etwas, was das einstige Torkrokodil ja noch kennen müsste.

Mit ganz anderen Dingen kannten sich diverse KSC-Kicker aus. Mit Eichhörnchen, zum Beispiel. Christian Eichner antwortete einst auf die Frage, wie denn die Blau-Weißen im Saisonendspurt noch Punkte sammeln wollen: »Wie die Eichhörnchen. Am 34. Spieltag wissen wir, ob es verhungert ist oder nicht.« Jener »Eiche« war es auch, der die Hoffnung nie aufgab: »Solange nicht der letzte Nagel in den Sarg geschlagen ist, liegen wir nicht im Grab.« Sprachs als Interimskapitän und mit dem KSC auf dem letzten Tabellenplatz im April 2009. Der 25. Spieltag derselben Saison, 21. März 2009, brachte wiederum Mark van Bommel vom FC Bayern München nach deren knappem 1:0-Heimsieg gegen die Karlsruher in Erklärungsnöte. »Ich habe keine Erklärung, aber ich bin froh, dass wir gewonnen haben. Manchmal ist das eine Ausrede, um das nicht erklären zu müssen.« Nach ebendiesem Spiel lief auch KSC-Manager Rolf Dohmen verbal zu großer Form auf: »Wir stecken den Kopf so lange aus dem Sand raus, bis kein Sand mehr da ist.« Und dann kam auch noch Torhüter Markus »Killer« Miller: »Ich will ein bisschen Unruhe stiften, ist mir auch ganz gut gelungen, Michael wollte sein Territorium verteidigen.« Gemeint war sein Pendant bei den Roten, Michael Rensing, und eine Auseinandersetzung kurz vor Spielende, die beiden die Gelbe Karte einbrachte. Trainer war zu der Zeit Jürgen Klinsmann, der allein ganze Zitatebücher füllen könnte. Hören wir lieber noch einmal auf Sean Dundee. »Ich muss den Überblick behalten, das sagt auch mein Trainer«, stellte er ganz trocken fest, nachdem er in einem Interview die neue Freundin mit der Ex verwechselte.

71. GRUND

Weil Tausende zum Training kamen

»Im Training habe ich mal die Alkoholiker meiner Mannschaft gegen die Anti-Alkoholiker spielen lassen. Die Alkoholiker gewannen 7:1. Da war's mir wurscht. Da hab i g'sagt: Sauft's weiter.«[52] So war er, der Max Merkel. Immer für einen Spruch gut, wo wir's grade von Sprüchen hatten. Aber dass er hier steht und seinen eigenen Grund bekommt, das hat noch andere Ursachen. Seine Lieblingsuhr, zum Beispiel. Eine goldene war's, die bekam er einst von KSC-Präsident Roland Schmider und dessen Genossen geschenkt. Zur Erinnerung an seine Zeit im Wildpark, die er als »überaus erfreulich« bezeichnete. Angefangen hatte diese Zeit im November 1981. Der KSC, im zweiten Jahr nach dem Aufstieg mit 11:17 Punkten auf dem zwölften Platz, blickte eher nach unten denn nach oben. Trotzdem stärkte man Trainer Manfred Krafft, der für den Aufstieg 1980 verantwortlich zeichnete, den Rücken – und setzte ihn kurzerhand vor die Tür. Am 27. November 1981 (schon wieder Historisches im November, fällt mir auf) nahm Max Merkel seine Arbeit in der Stadt des Rechts auf. Bis Saisonende blieb er, hätte gern noch eine

Spielzeit drangehängt. Doch ihm folgte Horst Franz, danach saß Lothar Strehlau auf der Bank, nach ihm Werner Olk, Lothar Buchmann, Rainer Ulrich, Winfried Schäfer, dann Jörg Berger, erneut Rainer Ulrich, Joachim »Jogi« Löw, Stefan Kuntz, Lorenz-Günther Köstner, Reinhold Fanz (nun ja, kurz zumindest, die Ein-Wochen-Episode), Edmund Becker, Markus Schupp, Uwe Rapolder, Rainer Scharinger, Jørn Andersen und Markus Kauczinski, dessen Interimstätigkeiten außer Acht gelassen. Puh, da muss man schon ordentlich Luft holen, um die alle unter einen Hut zu kriegen. Und das waren nur die Trainer nach Merkel; vor ihm waren rückwärts gesammelt bereits eben Manfred Krafft, davor Walter Baureis, Rolf Schafstall, Bernd Hoss, Carl-Heinz »Calli« Rühl, Heinz Baas, Kurt Baluses, Bernhard Termath, Herbert Widmayer, Georg Gawliczek, Paul Frantz, Werner Roth, Helmut Schneider, Kurt Sommerlatt, Edmung Frühwirth, Ludwig Janda, Adolf Patek, Friedel Moser und, als erster »offizieller« KSC-Trainer 1952 bis 1953, Hans Hipp am Start. Uff! Wer das fehlerfrei und ohne zu spicken auf die Reihe kriegt, dem spendiere ich ein Bier.

Das Comeback des »großen Zampano«, es machte reichlich Wellen. Im ersten Bundesliga-Jahrzehnt wurde er bekannt als Sprücheklopfer und Schleifer, aber auch als zweifacher Meistertrainer bei 1860 München und dem 1. FC Nürnberg, als Erzählwütiger und Zyniker mit harter Hand. Merkel, 62-jährig, residierte im Schloßhotel, genoss badische Küche und Keller, adoptierte einen Hund aus Daxlanden und startete nach fünf Jahren im zwischenzeitlichen Ruhestand wieder ins Fußball-Abenteuer. 4.000 Fans wollten die Premiere des Wieners auf dem Trainingsplatz am Adenauerring begutachten. An ganz normalen Alltag war da nicht mehr zu denken, die Ordner hatten ihre liebe Not. Das erste Spiel: gegen den 1. FC Köln, Merkel lernte noch eben die Namen auswendig. 32.000 kamen, so viele wie lange nicht, aber die Karlsruher meinen es nicht gut ihm, wollen Krafft zurück. »Merkel go home« heißt es auf einem Transparent, prompt geht der Auftakt 1:3 verloren. Es dauert bis zu seinem ersten Sieg, den jedoch fuhr er dann direkt gegen Bayern München ein, 4:1, und schaffte später dann auch, wofür er gekommen war: den Klassenerhalt. Fast auf den Tag genau 25 Jahre nach seinem Trainerdebüt in Karlsruhe stirbt Max Merkel mit 87 am 28. November 2006, in dessen einstigem Bundesligakader unter anderem auch Edmund Becker und Rolf Dohmen standen. Über »Ede« sagte er einst: »Wenn ich elf von deiner Sorte hätte, würden wir kein Spiel mehr verlieren.«[53]

72. GRUND
Weil Wontorra die Wette verlor

Feiern vor Rundenbeginn übrigens, das konnte der KSC auch noch Jahre nach der ersten Bundesliga-Saison, wie in Grund 62 beschrieben. Einmal, im Winter, kurz nach Silvester und kurz vor Beginn der Vorbereitung auf die Rückrunde – da war der KSC bei Jörg Wontorra eingeladen. Der am 29. November 1948 geborene Lübecker begann ein Rechtswissenschaftsstudium, saß von 1999 bis 2003 im Aufsichtsrat bei Werder Bremen, erhielt 2010 den Bayerischen Fernsehpreis und moderierte Anfang der 90er-Jahre die Fußballsendung *ran* auf Sat.1. Später wechselte er zum DSF (heute Sport1), war jahrelang Gastgeber beim *Doppelpass*, mit dem er 2015 aufhören wird.

Auf Twitter ist er zwar, der »Wonti«, aber nicht besonders aktiv. Da lohnt sich schon eher der Account seiner Tochter. Unter @LauraWontorra hat sie über 30.000 Follower, zwitschert von kalten Arbeitsplätzen, rosenbestückten Hemden ihres alten Herrn, auch mal vom Basketball oder über Kollegen, schickt Geburtstagsgrüße ... nur der KSC ist selten Thema – sie hat es Papa Jörg nachgemacht, ihr Herz schlägt grün-weiß für Werder Bremen. Dabei ist es auch ohne badischen Content interessant und amüsant zu verfolgen, wie sie sich mit Horst Eckel über gelungene Interviews freut ... neue und vergangene Generation gemeinsam. Apropos vergangen: Als Winfried Schäfer 1998 beim KSC entlassen wurde, kommentierte Jörg Wontorra die von Fans vor dem Stadion niedergelegten Blumen mit »Das ist fast wie bei Lady Di!«, hatte aber auch sonst immer wieder mit dem Sport-Club zu tun. Zum einen natürlich in unzähligen Spielberichten, zum anderen aber auch zum Beispiel als Moderator der Blau-Weiß-Gala am 15., Sie ahnen es, November 1994 in der Schwarzwaldhalle zu Karlsruhe. Das zweite Highlight zum 100. KSC-Geburtstag nach dem offiziellen Festakt im Brahms-Saal. Programmpunkte der Blau-Weiß-Gala unter anderem: Al Bano und Romina Power. 12.000 Mark soll Wonti dafür bekommen haben, was wiederum Reporterkollege Rolf Töpperwien zu süffisanten Seitenhieben anstachelte: Der Jörg Wontorra kassiere beim KSC 12.000 Mark dafür, die Feier zu moderieren. Er selbst mache das für seine Freunde von Werder umsonst ... Teuer wurde es dann auch bei jener Einladung; Einlösung einer Wettschuld. Denn Wontorra war felsenfest überzeugt davon, dass der KSC nicht in Europa überwintern würde – was der Mannschaft dann aber eben doch gelang. Also ging es im neuen Jahr zu Wontorras zum Essen. Und Trinken. Rainer Schütterle erinnert sich: »Ich trinke im Januar keinen Alkohol. Ich weiß aber noch, dass ich an diesem Abend insgesamt 17 alkoholfreie Bier getrunken habe. Von daher können Sie sich ausrechnen, was bei den anderen, die sich nicht zurückgehalten haben, alles geflossen ist. Als Sergej Kirjakow zu späterer Stunde den Kaviar und Wodka auspackte, war das allerdings für einige zu viel. Nur so viel: Ein Sat.1-Mann musste sich auf der Toilette übergeben.«[54] Es sei ihnen gegönnt, die damaligen Erfolge zu begehen und begießen. Ob Jörg Wontorra danach noch einmal gegen den KSC wettete, ist nicht überliefert. Mittlerweile hat seine Tochter Laura mehr Berührungspunkte mit den Blau-Weißen, ist sie doch für den Privatsender Sport1 als Studio-Moderatorin und Field-Reporterin in der 2. Bundesliga am Start. Und noch etwas verbindet sie, indirekt, mit dem KSC. Kicker Simon Zoller nämlich, 2008 bis 2012 für die Badener aktiv. Heute läuft er für den 1. FC Köln auf und ist mit der Wonti-Tochter liiert. Wetten, wie lange die Beziehung halten wird, werden von der Autorin allerdings keine angenommen.

Wetten generell wiederum war auch um jene Europapokal-Auftritte des KSC in den 90ern ein heißes Pflaster und nicht unbedingt clever. Genügend regionale und lokale Unternehmen gab es, die großspurig diverse Versprechungen pro Tor für das Spiel gegen Valencia ausgegeben hatten. Nun, sie mussten zahlen, siebenfach. Wettschulden sind Ehrenschulden.

73. GRUND

Weil ein Aufstiegsplatz so schön ist, dass man ihn ungern aufgibt

Das wird ein Leckerbissen für Zahlenmenschen und Statistiker, versprochen. Aber auch Freunde des erfolgreichen Fußballs in Karlsruhe dürfen sich diese Saison gerne noch einmal auf der Zunge zergehen lassen. 2006/07, eine Spielzeit für Feinschmecker und Fußballgourmets. Ein Menü mit 34 Gängen, Vorspeise: der Auftakt. Mit einem 4:0-Auftaktsieg stürmte der KSC auswärts bei Wacker Burghausen auf Platz 1. Gruß aus der Küche: die ersten Appetithäppchen, sprich: der Wechsel zwischen erstem und zweitem Rang, immer wieder, und der ersten Saisonniederlage am 15. Spieltag gegen Erzgebirge Aue. Hauptgang: deftige badische Spezialitäten. Herbstmeister der 2. Liga mit 38 Punkten, acht Punkte Vorsprung auf Platz vier; bis zum Ende gab der KSC den Aufstiegsplatz nicht wieder her, Platz 2 war die schlechteste (!) Saisonplatzierung. Das Dessert: Süß schmeckt der Liga-Alltag, wenn der Aufstieg unter Dach und Fach ist. Ab dem 17. Spieltag sonnten sich Federico und Kollegen auf Platz 1, durchgehend bis zum Schluss. Die Zahlen der

Runde: 14 Spiele in Folge ungeschlagen, 70 Punkte geholt, Tordifferenz +28. 21 Siege, sieben Unentschieden, sechs Niederlagen. Da war es fast egal, dass es im DFB-Pokal wieder einmal nicht über Runde zwei hinaus reichte. Endstation VfL Bochum, ja, okay, aber: ENDSTATION 1. BUNDESLIGA! Das war es doch, was zählte.

Am 31. Spieltag war die SpVgg Unterhaching zu Gast im Wildpark, mit 1:0 konnte der KSC die Partie für sich entscheiden, und die Meisterschaft, und den Aufstieg, und eine Menge Rekorde. So war das Team von Ede Becker unter anderem das erste seit Einführung der eingleisigen 2. Bundesliga, das während der kompletten Saison auf einem Aufstiegsplatz stand. Die Zweitliga-Meisterschaft berechtigte sogar erstmals zur Teilnahme am Ligapokal, wo man sich mit einem knappen 1:0 genau denen, den Knappen nämlich, geschlagen geben musste. Schalke 04 stand nach einem weiteren Sieg über den Club aus Nürnberg im Finale, verlor dort aber gegen die Bayern mit 0:1. In der Aufstiegsmannschaft 2007 unter anderem: Markus »Killer« Miller, »Iron« Maik Franz, Mario Eggimann, Christian Eichner, Florian Dick, Godfried Aduobe, Giovanni Federico, Edmond Kapllani und Sebastian Freis. Damals im blau-weißen Trikot aktiv waren außerdem Martin Stoll und Sascha Traut, mittlerweile beide wieder in Diensten der Badener. Stoll seit 2012, Traut seit 2014. Alles Namen, die die Fans noch heute vor wohliger Erinnerung seufzen lassen.

Diese Aufstiegssaison, sie schmeckte allen. Leicht, bekömmlich, garniert mit Sahnehauben noch und nöcher ... für jeden etwas dabei, für alle genug zum Immer-noch-nicht-satt-Werden. Nachdem der Aufstieg vorzeitig festgemacht wurde, standen noch drei zweitklassige Auftritte an: in Aue, gegen die badischen Nachbarn aus Freiburg, und zu Gast bei Greuther Fürth. Und dann: 1. FC Nürnberg, Hannover 96, Bayer Leverkusen, VfB Stuttgart ... am 9. Spieltag der Erstligasaison 2007/08 gastierten die Karlsruher im Oktober auf Schalke, gewannen sensationell mit 2:0 und belegten Rang 2, was sie irrwitzigerweise kurzfristig zum Bayernjäger Nummer 1 machte. Am Schluss der Spielzeit sprang ein respektabler 11. Platz dabei heraus; in der darauffolgenden Saison lief es deutlich weniger gut und endete mit dem erneuten Abstieg. 2007 aber, da war erst mal Freude angesagt. Überall prangte das Plakat mit Miller, Kapllani, Dick, Eggimann, Franz und Becker: »Nach 3.277 Tagen: Wir sind wieder da!« Neun Jahre Erstliga-Abstinenz, endlich beendet. Da trank dann auch mal der Hauptsponsor aus dem Kickschuh, da blieb niemand trocken, da landete der feine Zwirn des Managers inklusive Inhalt im Entmüdungsbecken. Da weinten eingefleischte Fans vor Freude, da vergaßen ausgesprochene Kritiker plötzlich zu motzen. Sie waren wieder da, sie waren wieder wer. Unbändige Freude in Baden, Karneval in Karlsruh'.

9. KAPITEL

IM SPIEL-BERICHTSBOGEN

SKANDALE, KARTEN, AUFREGER UND BESONDERE EREIGNISSE

74. GRUND

Weil der KSC Transferpolitik kann

11. Mai 1964, die erste Bundesliga-Saison ist Geschichte. Und der KSC? Hält die Klasse, mit 24:36 Punkten auf Platz 13. Haarscharf, gerade mal so eben, sooo knapp war das (unterstützt mit einer Geste, bei der Zeigefinger und Daumen sehr nah beieinander sind). Gut ging das nur, weil der DFB keine vier Strafpunkte abzog, oder diesen Punktabzug vielmehr wieder rückgängig machte. Was war passiert? Ein dubioser Transferskandal war passiert. Vor der Runde nämlich hatte der KSC 1963 Nationalspieler Günter Herrmann an Schalke 04 verkauft. Und, weil es in den Verhandlungen lief wie geschnitten Brot, auch gleich noch Hans-Georg Lambert. Auch für 50.000 Mark.[55] Der allerdings war im Vergleich zu Herrmann, na ja ... eben kein Nationalspieler. Nicht mal mit besonderem Fußballtalent gesegnet war er. Ein Schelm, wer Böses dabei dachte – am Ende hatte der Club aus Gelsenkirchen gar 100.000 Mark für Herrmann gezahlt? Und bekam Lambert gratis dazu, on top, oben drauf?

Na na na, so nicht, mein lieber KSC. (Hier wieder eine Geste, diesmal der mahnende Zeigefinger.) Denn zu diesen Anfangszeiten war die Höchstablöse für einen Spieler nach oben abgeriegelt, festgesetzt auf, na? Genau: 50.000 Mark. Fein, gibt es eben zweimal 50.000, dachte man sich wohl im Wildpark. Gewieft, die Herren, gewieft.

Lambert stand dann grandiose zwei Spielzeiten im Schalker Kader, absolvierte genau ein einziges Spiel, gegen den SV Werder Bremen 1963, das 2:3 verloren ging und dem Ex-Karlsruher die Note 5 einbrachte. Herrmann wiederum brachte es auf 16 Liga-Einsätze, vier Treffer und fünf Vorlagen in seinem ersten Jahr; im Kader damals außerdem: Reinhard Libuda, genau, »Stan«. Bis 1967 blieb Herrmann bei Schalke, machte ingesamt 110 Spiele und 22 Tore und wechselte dann, so schließt sich der Kreis, für ein letztes Jahr zurück zum KSC.

75. GRUND

Weil der Gegner auch mal in KSC-Trikots auflaufen wollte

Sie kamen aus Gelsenkirchen, und sie brachten Trikots mit. So weit, so logisch – immerhin befand sich der FC Schalke 04 auf Auswärtsfahrt in badische Gefilde. Mit im Gepäck: ein blauer (!) Trikotsatz, der Schiedsrichter Herbert Fandel nicht gefiel. Hauptsächlich deshalb, behauptete er, weil die dazugehörigen (blauen) Hemden den (weißen) Trikots der Heimmannschaft viel zu ähnlich sähen und daher nicht zum Einsatz kommen durften. Damit hatte man nicht gerechnet. Was tun?, sprach Schalke. Es war kein anderer Satz mit an Bord, und ausfallen lassen oder verschieben konnte man die Begegnung schlecht. Nun, der KSC bewies Gastfreundschaft und bot Spielkleidung aus dem eigenen Fundus an. So kam es an jenem 18. April 1998, dass der FC Schalke 04 inkognito antrat: in den gelben Jerseys der Karlsruher. Mit dessen Hauptsponsor, der sich diebisch und vor allen Dingen doppelt gefreut haben dürfte, hübsch mit »Karlsruhe« auf dem Rücken und zu petrolfarbenen Hosen und Stutzen. Falls Sie sich fragen, welche Nuance Petrol bezeichnet: irgendetwas zwischen Blau und Grün, noch nicht Türkis und, für alle aus dem Druckgewerbe, erst recht nicht Cyan.

Nach zwei Niederlagen mit sieben Gegentoren war der Blick auf die so bekannten Trikots am Gegner eher verwirrend für die Karlsruher, so schien es. Ingesamt eine Partie mit wenigen bis gar keinen Highlights, Huub Stevens wollte nicht, Karlsruhe konnte nicht. Not gegen Elend trifft es ganz gut, und so blieb es am Ende beim torlosen Remis. Doch obwohl doppelt normalerweise besser hält, konnten dieser Auftritt und das 0:0-Unentschieden drei Spieltage vor Saisonende nicht mehr sehr viel ausrichten. Im Gegenteil, der KSC rutschte auf den Abstiegsplatz 16 ab und konnte sich, wie wir wissen, schließlich auch nicht mehr dort unten herauskämpfen.

76. GRUND

Weil es zur Not auch ein Schiri von der Tribüne tut

Zur Sache, KSC: Ja, das ging es schon immer. Auf geht's, Kallsruh', kämpfen und siegen – mit Betonung auf kämpfen. Taten sie auch 1980, am 14. Oktober, im Heimspiel gegen Arminia Bielefeld. Schiedsrichter der Begegnung: Max Klauser aus München, Endergebnis 2:1 für den KSC. Dienstag war es, ein schöner Herbstabend im Wildpark und, nebenbei erwähnt, das erste Spiel des heutigen Stadionsprechers Martin Wacker. Noch stand es 1:1, noch stand nicht fest, wer hier als Sieger vom Platz geht, wenn überhaupt. Vom Platz ging, oder wankte, dann nur einer: der Schiedsrichter.

Was war passiert? Arminias Uli Büscher war eingewechselt worden, fand keine Anspielstation auf der linken Seite und drosch den Ball blind nach vorne. Sehr blind, denn er übersah den etwa zwei Meter entfernten Schiri. Der Befreiungsschlag wurde zum Querschläger, Klauser hatte keine Chance. »Er traf mich mit voller Wucht am Kopf, seitlich an der Schläfe«, erinnert sich der Schiedsrichter von damals. [56] Klauser ging zu Boden, klassischer Knock-out. Der Unparteiische kippte wie vom Blitz getroffen nach vorne und blieb liegen, bewusstlos. Daniedergestreckt mitten in einer Abpfiffgeste, beide Arme steif nach vorne ausgestreckt. Man half ihm auf, und Klauser, pflichtbewusst, wie er war, wollte weiterpfeifen. Die Mediziner ließen ihn nicht, und das war gut so. In den Katakomben brach er erneut zusammen, kam ins Krankenhaus – Verdacht auf Schädelbruch. Schließlich stellte es sich »nur« als Gehirnerschütterung heraus, zwei Tage behielt Karlsruhe Klauser noch in der Klinik. Doch das war noch nicht das Ende vom Lied. Einen bösen Brief vom Schützen Büscher fischte Klauser noch aus seinem Briefkasten, der sich zwar für den Schuss entschuldigte, sich dann aber bitterböse darüber beschwerte, dass die Krankenkasse sich die stolzen Behandlungskosten von 60.000 Mark nun vom Verursacher wiederholen wollte – Büscher vermutete eine Schadenersatzklage von Klauser. Das Verfahren wurde eingestellt, der Vorfall wurde als Sportunfall gewertet, nicht als tätlicher Angriff. Auch wenn es so ausgesehen haben mag.

Unterdessen war das Spiel für 15 Minuten unterbrochen, dann übernahm Linienrichter Paul Dölfel die Leitung der Partie. Nur: Irgendjemand musste ja für Dölfel einspringen. Aber wer? Über den Stadionsprecher ließ man den fehlenden Mann ausrufen, denn es hielt sich das Gerücht, Referee Gottmann sitze irgendwo auf der Tribüne. Der Teilzeit-Schiedsrichter aus Karlsruhe hatte zuvor noch nie bei einer Bundesligapartie auf dem Platz bzw. an der Linie gestanden, aber egal, darauf konnte man an jenem Abend keine Rücksicht nehmen. Hinein mit Herrn Gottmann in einen geliehenen Trainingsanzug, und ab an die Seitenlinie, begleitet von tosendem Applaus. Eine offizielle Regelung oder gar einen vierten Offiziellen gab es da noch nicht.

Das Bild zur Szene ist legendär: Der Schiri mit den ausgestreckten Armen, wie er auf dem Wildparkrasen liegt. Genau, Ironie des Schicksals, vor einem Werbeschild mit dem Wort »Lebensversicherung«. Fotografisch festgehalten wurde die bekannte Szene von Markus Gilliar und Werner Eifried, beide noch Schüler, damals. Und heute? Sind sie die Gründer von GES, Gilliar Eifried Sportfoto, deren Erfolgsgeschichte mit jenem Schuss des Schiris ihren Anfang nahm. Immer draufhalten ist also ein guter Rat für die eigene Zukunft – solange es nur die Kamera ist. Beim Fußball hilft im Zweifel ein kurzer Blick, ob jemand im Weg steht. Randnotiz: Querschlägerschütze Büscher wurde in der 76. Minute ausgewechselt, obwohl er erst in der 28. aufs Feld kam. Scheint ihm doch ziemlich zu schaffen gemacht zu haben, sein Volltreffer. Das Siegtor erzielte der weniger beeindruckte KSC in der 84. Minute.

77. GRUND

Weil das Wetter schlecht wird, wenn Feuerzeuge fliegen

Borussia Mönchengladbach im Wildparkstadion: eine umwerfende Sache. Sprichwörtlich, und im wahrsten Sinn des Wortes. Am 19. November 1988 (November! Schon wieder!) waren die Fohlen in Karlsruhe zu Gast. Nur eine Woche nach dem ersten Stadionbesuch der Autorin, übrigens. Diese besuchte mit Papa, ganz klassisch, die Begegnung KSC – 1. FC Kaiserslautern am 5. November 1988, Endergebnis 4:1. Pikant: Papa und Tochter standen mangels besserer Karten im Gästeblock, zwei einsame Karlsruher unter sehr vielen Pfälzern. Lauten Pfälzern. Euphorisierten Pfälzern, deren Begeisterung in der 9. Minute ein schier explosives Ausmaß annahm – Harald Kohr hatte zum 1:0 getroffen. In der 27., 44. per Handelfmeter, 71. und 89. konnten die Karlsruher das Spiel drehen, die beiden einsamen blau-weißen Fans unter Roten nur gedämpft jubeln, was dem Gesamterlebnis aber keinen Abbruch tat. Ja, das Derby vor 25.000 Zuschauern an einem Samstagnachmittag um 15.30 Uhr war schuld, dass heute dieses Buch vor Ihnen liegt. Infiziert, begeistert, unheilbar und auf Ewigkeit mit dem KSC verbunden. Blau-Weiß im Herzen, egal, was noch kommen mag. Hätte Papa die damals elfjährige Tochter (mangels Sohn und aufgrund der permanenten Frage »Papaaaa, wo bistn du eigentlich samstags immer?«) eine Woche später mitgenommen, wer weiß, ob das ein Trauma nach sich gezogen hätte.

Eine Woche später also stehen unter anderem Alexander Famulla, Oliver Kreuzer, Lars Schmidt und Michael Harforth auf dem Platz, Winfried Schäfer an der Seitenlinie. Dann fliegt aus dem KSC-Fanblock ein Feuerzug. Der Borusse Christian Hochstätter wird am Kopf getroffen, heikle Sache, direkt am Auge. Sagt er. Die spätere Diagnose: Augapfelquetschung und Netzhautödem. Sagen Medien und Mediziner. Hochstätter muss ausgewechselt werden, die Borussia verliert mit 1:3. Dabei hatte Gladbach sogar geführt, nach einem verwandelten Handelfmeter von Hans-Jörg Criens in der 25. Minute. Noch einen Elfmeter für die Gäste gab Schiedsrichter Markus Merk in der 45. Minute – wieder Criens, doch diesmal hielt Famulla, es blieb bei der knappen Führung. Hochstätter bleibt nach dem Seitenwechsel draußen, den Ausgleich schaffte der KSC kurz nach Wiederanpfiff in der 49., drehte das Spiel mit der Führung zum 2:1 in der 69. und erhöhte schließlich, welch schöne Analogie, in der 79. auf 3:1. Getroffen hatte da Glesius nach Vorlage von Harforth.

Unruhig geworden war es unter den 25.000 Zuschauern schon wegen der beiden Elfmeterentscheidungen, es kam zu Ausschreitungen, irgendwann flog dann besagtes Feuerzeug. Mit dem Ergebnis und dem Zwischenfall zeigte sich Borussia Mönchengladbach verständlicherweise wenig einverstanden, und so wurde das Spiel annulliert, das 3:1 aufgehoben. Die Strafe: Neuansetzung des Spiels, dazu eine Platzsperre – der KSC musste das Heimspiel gegen Hannover 96 am 18. Februar 1989 auf neutralem Platz austragen. So kam das Heilbronner Frankenstadion zu seinem einzigen Erstliga-Spiel – in der Kälte, im Regen, aber immerhin Bundesliga. 14.000 Zuschauer kamen. Dem KSC gelang ein 2:0 gegen die Hannoveraner. Wenige Tage später, am 22. Februar 1989, steht dann die Wiederholung gegen Gladbach auf dem Plan. Schnell führt die Schäfer-Truppe mit 2:0, Helmut Hermann und Milorad Pilipović hatten in der siebten und 21. Minute getroffen. Doch dann traf Criens, schon wieder Criens, in der 24. zum Anschluss. In der 90. mussten die Karlsruher dann vor 35.000 Zuschauern auch noch den Ausgleich durch Günter Thiele hinnehmen.

Kein Wunder herrschte anschließend schlecht Wetter in der KSC-Kabine – 2:2 statt 3:1.

78. GRUND

Weil das Wetter noch schlechter wird, wenn Kastanien fliegen

DFB-Pokal, zweite Runde im laufenden Wettbewerb, 11. September 1993, wieder heißt der Gegner Borussia Mönchengladbach. Wieder, weil wieder eine Wurfgeschoss-Affäre das Spiel hervorhebenswert macht. Karlsruhes Aufstellung liest sich wie ein Who-is-Who der Europacup-Helden, Jens Nowotny, Slaven Bilić, Burkhard Reich, Lars Schmidt, Wolfgang Rolff, Dirk Schuster, Manfred Bender, Michael Wittwer, Edgar Schmitt, Sergej Kirjakow, und im Tor, klar, Oliver Kahn. Schnell führen die Karlsruher auf dem Bökelberg durch Schmitts Treffer in der 9. Minute mit 1:0, können durch Bilić in der 45. auf 2:0 erhöhen. Nach der Pause, etwa zwei Minuten sind gespielt, fliegt ein braunes Etwas heran, trifft Kahn, der geht zu Boden. Der Ursprung allen Übels: eine Kastanie, geworfen aus den Gladbacher Reihen und leider gut gezielt. Der Karlsruher Torhüter bleibt einige Minuten benommen liegen, spielt dann aber weiter. Einen Titan wirft so schnell nichts um, zumindest nicht endgültig. Doch Gladbach trifft zum 1:2, ehe Schmitt auf 3:1 erhöht. Dann schießen die Fohlen das 2:3, Schiedsrichter Manfred Harder entscheidet nach einem Foul von Burkhard Reich an Martin Dahlin auf Elfmeter. Thomas Kastenmaier verwandelt, es ist der Ausgleich zum 3:3 in der 73. Kurz vor Ende der regulären Spielzeit sieht Kahn dann auch noch die Rote Karte wegen Notbremse. Es ist die 85. Minute, Schäfers Wechselkontingent ist erschöpft. Ins Tor muss ein Feldspieler, doch der KSC hält das Unentschieden, rettet sich in die Verlängerung. Diese dominiert die Borussia, nach zwei weiteren Treffern zum 5:3 zieht der Club mit der Raute auf der Brust in die nächste Runde ein. Glaubt er zumindest kurzzeitig. Denn der KSC legt nach dem Spiel Protest gegen die Wertung ein, bekommt recht. Der DFB setzt ein Wiederholungsspiel auf neutralem Platz an, das am 26. Oktober 1993 in Düsseldorf angepfiffen wurde. Doch die Gladbacher konnten erneut gewinnen und sich mit dem 1:0-Erfolg für das Achtelfinale qualifizieren. Einen Wermutstropfen gab es allerdings für die Grün-Weißen: 10.000 Mark Geldstrafe nämlich für den Wurf des herbstlichen Geschosses.

Zweifelhafte Berühmtheit in Sachen Spielwiederholung erlangte Borussia Mönchengladbach schon 1971. Phänomenal gewannen die Borussen mit 7:1 im Europapokal der Meister gegen Inter Mailand, doch nach 28 Minuten und beim Stand von 2:1 für BMG ging Inters Roberto Boninsegna zu Boden. Angeblich soll er, laut Teamarzt, 15 Minuten bewusstlos gewesen sein ... Die Gladbacher Spieler jedoch erinnern sich, er wollte aufstehen und weiterspielen, ehe der italienische Coach ihn wieder zu Boden drückte. Eine Coladose war's, die ihn niedergestreckt hatte. »Der Büchsenwurf vom Bökelberg« ging als die »Mutter aller Büchsenwürfe« in die Annalen ein. Der Italiener ließ sich abtragen, ob nun tatsächlich getroffen oder nur gespielt wurde nie aufgedeckt. Der Gladbacher Kantersieg unterdessen, er war Makulatur, und Borussias damaliger Trainer Hennes Weisweiler musste mit ansehen, wie Inter Mailand im Wiederholungsspiel nach einem torlosen Remis weiterkam. Anders also als 1993, wo gleich zwei Siege, ein annullierter und ein regulärer, Gladbachs Weiterkommen im Pokal manifestierten. Ins Tor für den mit Rot vom Platz geschickten Oliver Kahn ging damals Rainer Schütterle, wohl unbeobachtet von dessen Trainer Winfried Schäfer. Nach etwa zehn gespielten Minuten registrierte dieser eine riesige Lücke auf der rechten Außenbahn, klar, wo Schütterle jetzt eben nicht mehr war, und brüllte: »Wo ist denn der Schütterle?«[57] Der Masseur war's dann, der ihn beruhigen konnte. Und ihm wohl auch vorsichtig erklärte, dass der Gesuchte sich mittlerweile im Tor aufhielt.

79. GRUND

Weil es Arbeit ist, wo man leistet

Noch ein Schmankerl aus der Kategorie »musste mal gesagt werden«. 19. November (irgendwas ist doch mit diesem November ...) 1994, Saison 1994/95 also, 14. Spieltag. Der KSC zu Hause gegen Bayern München, nach prima Saisonbeginn und den Tabellenplatzierungen drei, zwei, vier, drei mittlerweile im Mittelmaß auf Rang 10 angekommen, nur wenige Plätze allerdings hinter den Münchner Bayern, die so gar nicht in Schwung kamen und als Siebter angereist waren. 33.000 Zuschauer fieberten dem Anpfiff von Schiedsrichter Hellmut Krug entgegen, doch das erste Tor ließ dann bis zur zweiten Hälfte auf sich warten. Der FC Bayern führte in der 50. Minute, Edgar Schmitt glich nur eine Minute später aus, ehe Markus Schupp – übrigens späterer KSC-Trainer – wiederum nur zwei Minuten darauf die erneute Führung erzielte. Diese hielt dann auch bis zur 89. Minute, ehe sich die Ereignisse überschlugen. Blicken wir zunächst auf Samuel »Sammy« Osei Kuffour. Der Ghanaer musste behandelt werden, Schiedsrichter Krug schickt ihn mitsamt Doc Müller-Wohlfahrt nach draußen, Freistoß für den KSC. Kuffour will wieder auf den Platz, wird nicht gesehen, verliert die Geduld. Er läuft auf den Platz, das aber unangemeldet – die Folge: nach zuvor bereits eingehandelter Verwarnung jetzt in aller Konsequenz Gelb-Rot. »Why? Why?«, fragt er noch völlig verzweifelt, doch das half ihm schon nichts mehr. Sein »unangemeldetes Betreten des Platzes« war's, das ihm den Platzverweis einbrachte. Und dann? Trifft Eberhard Carl in der 90. zum 2:2-Ausgleich, fliegt Markus Schupp auch noch mit Gelb-Rot vom Platz und pfeift Schiri Krug ab – gefühlt alles gleichzeitig. Doch das alles, es war nur Vorgeplänkel. Denn was dann kam, bleibt auf ewig in den Köpfen, in sämtlichen Saisonrückblicken, auf Videoportalen und in den Sammlungen der schönsten Ausraster im Fußball. Dann kam Lothar Matthäus, der Gewaltige. Der Mächtige. Der Aufgebrachte. Premiere-Reporter Babak

Milani schritt zum Interview mit dem Bayernspieler, doch er konnte noch nicht einmal seine erste Frage vollenden.

»Lothar Matthäus, was haben Sie denn dem Herrn Krug ...«

»Ach, da brauch' mer gar nimmer drüber reden, des ist doch 'ne Frechheit, was der pfeift! Ein, eine, ein, nur für eine Richtung, gelbe Karten für uns, rote Karten für uns, der Freistoß, der keiner war, der pfeift doch alles gegen uns. Eine Frechheit! Das ist Arbeit, wo man leistet, Samstagnachmittag. Und ein Mann hier im Stadion bringt die Spieler um ihre Leistung, um ihre Prämie, um alles, und das ist eine absolute Frechheit. Und wenn da der DFB nicht langsam einschreitet, gegen so was, dann versteh' ich das nicht mehr. Vielleicht krieg' ich 'ne Sperre, aber das muss mal gesagt werden. Das ist immer wieder das Gleiche, Woche für Woche, und so gravierend wie heute hab ich's in 15 Jahren Karriere noch nicht erlebt.«

»Aber der Schiedsrichter war doch nicht nur schuld?«

»Bitte?«

»Der war doch nicht nur schuld ...«

»Ich glaub', die Mannschaft hat hervorragend gespielt, und man hat ja gesehen, was hier in den letzten drei Minuten los war. Ja, wenn einer im Sechzehner umgefallen wäre, hätt's 'n Elfmeter gegeben für 'n KSC, ist doch logisch, hier.«

»Danke, Lothar Matthäus.«[58]

Danke, für dieses Monument der Zeitgeschichte, immer wieder gern angesehen und -gehört. Vor allem von denjenigen, die das Spiel live, zitternd und mit bis zum Zerreißen gespannten Nerven im Stadion miterlebt haben. Denn jenen entging dieser legendäre Matthäus, während sie noch über Kuffours Selbsteinwechslung lachten und sich über den späten – völlig gerechten! – Ausgleich von »Ebse« Carl gegenseitig auf die Schultern klopften. Ihnen entging auch, dass der aufgebrachte Matthäus im Kabinengang erst so richtig loslegte. »Der Schiedsrichter muss 'ne super Prämie bekommen beim KSC. Schweinerei so was, du. So ein Beschiss, du! Da wirst du um alles gebracht, hier, du!«, wetterte er noch so lange vor laufenden Kameras, bis die Ordner diesen die weitere Verfolgung untersagten. Die Sperre, die Loddar schon während seines Ausbruchs ansprach, die gab es dann tatsächlich. Ein Spiel wegen Schiedsrichterbeleidigung, dazu eine Geldstrafe von 25.000 Mark. Als Tabellenachter verließen die Roten den Wildpark einen Platz tiefer und beendeten die Saison auf dem sechsten Rang, während Borussia Dortmund die Meisterschale in die Luft stemmen durfte.

80. GRUND

Weil Iron Maik den Plastikstuhl kaputt trat

Echte Typen braucht jede Mannschaft. Was dem FC Bayern (unter anderem) Lothar Matthäus, das war dem KSC von 2006 bis 2009 Maik Franz. Vom VfL Wolfsburg gekommen, wo er keine Perspektiven mehr sah, blühte der Blondschopf im Badischen richtig auf. Hinten drin war Verlass auf die Nummer 3, er hielt nicht nur die Abwehr zusammen, sondern machte auch sechs Kisten für die Karlsruher. Er stieg mit dem KSC auf, verließ den Verein nach Abstieg aus der 1. Bundesliga 2009 Richtung Eintracht Frankfurt. Dazwischen: Jede Menge Emotionen. Und wenn ich Emotionen sage, dann meine ich Emotionen. Kein Ja, Juchhee, sondern richtiges Aussichrausgehen. In Karlsruhe kam der 1,95 Meter große Merseburger zu seinem Spitznahmen: Iron Maik. So nannten ihn die Anhänger, würdigten ihn mit einer eigenen Choreografie, zeigten ihm, dass er einer von ihnen war. Und er gab mit ganzem Herzen vollen Einsatz zurück. Auf dem Platz, in jedem Spiel, und manchmal auch ein bisschen zu viel davon.

Schalke 04 zu Gast im Wildpark, es ist das berühmte verflixte so schwere zweite Erstligajahr für den KSC nach dem Aufstieg 2007. Der Club aus Gelsenkirchen war zuletzt in eine Formkrise gerutscht, hatte nur drei Remis geholt. Und gab ordentlich Gas auf fremdem Platz. Keine 20 Minuten waren gespielt, da stand es schon 0:2 aus Sicht der

Badener. Dementsprechend schlecht gelaunt war auch der Kapitän, und als er in einer Spielunterbrechung der Schalker Bank ordentlich die Meinung geigte, da hatte Schiedsrichter Herbert Fandel genug. In der 56. Minute zeigte er Franz die Ampelkarte und schicke ihn vom Platz. Was gar nicht so einfach war, denn der aufgebrachte Käpt'n ließ sich ganz und gar nicht einfangen, wollte immer wieder ausbrechen und ließ seine Wut schließlich an einem unschuldigen Plastikstuhl aus, der an der Seite zum Spielertunnel wohl zur falschen Zeit am falschen Ort stand. Die Lehne splitterte, Franz blieb unverletzt und rauschte Richtung Kabine davon. Beziehungsweise, was heißt unverletzt? Der Oktober war dann doch der Monat, in dem er sich die Ferse kaputt kickte; eine Operation im Januar war unumgänglich. Danach fiel er länger aus, kehrte erst im April 2009 wieder in den Kader zurück. Sein Comeback feierte er gegen 1899 Hoffenheim – ein Gänsehautmoment für beide Seiten. Für den Kicker, weil er endlich wieder im Wildpark auflaufen konnte, für die Fans, weil sie ihren Iron wiederhatten. Frenetisch wurde er bei seiner Einwechslung gefeiert, »Welcome back« stand auf einem Transparent, das die treuen Fans als Grußbotschaft nach oben hielten.

Als er dann nach dieser Saison und nach dem Abstieg den KSC Richtung Eintracht Frankfurt verließ, hat es ihm in Karlsruhe trotzdem niemand krummgenommen. Er ging mit Karlsruhe im Herzen, und hört man sich heute Interviews mit ihm an, dann ist das auch so geblieben. Klar, ein bisschen liegt das auch an seiner Eva, die aus Neureut kommt. Aber auch an dieser »total intensiven Zeit«, die er hier verbracht hat.[59] Fit werden wollte er noch einmal, und noch mal angreifen. Aber da hat ihm das Knie einen Strich durch die Rechnung gemacht. Als Sportinvalide hat er Anfang 2015 seine Karriere als Profifußballer beendet, beenden müssen, ohne noch einmal auf dem Rasen zu stehen. Er weiß, dass Fußball nicht alles ist, und er wird den neuen Lebensabschnitt locker packen. Vielleicht ja sogar in der Fächerstadt? Wär doch schön, Iron Maik wieder in Karlsruhe zu haben. Wir packen auch die Gartenstühle weg.

81. GRUND

Weil man auch mal ein Arschloch sein muss

Der Karlsruher SC ist nicht unbedingt für feine Edeltechniker, hochkarätige Fußballkunststücke und internationales Top-Niveau bekannt. Das muss man neidlos, oder vielleicht ein bisschen neidisch, anderen überlassen. Wofür er aber steht, der blau-weiße Club aus der Fächerstadt im idyllischen Baden, das ist der Kampf, der Siegeswille, der Charakter. Einer, der das wie kaum ein anderer verinnerlicht und auf dem Platz ebenso wie daneben gezeigt hat, ist der, um den es schon im vorangegangenen Grund 80 geht. Maik Franz ist einer, den es nur einmal gibt. Das wissen auch andere, nur ist er dort nicht ganz so beliebt. Durchaus nachvollziehbar, arbeitete die Nummer 3 in Karlsruhes Reihen doch mit Haken und Ösen, mit Tritten und Schubsern. Manchmal schoss er über das Ziel hinaus, erntete Titel wie »Raubein« oder »Rüpel«, wie »Treter der Liga« oder eben das, was Mario Gomez einst sagte. Im Februar 2008 fand er deutliche Worte, nannte Franz vor laufender Fernsehkamera ein »Arschloch« und einen unfairen Sportsmann. Gomez, damals in Diensten des VfB Stuttgart, hatte zu spüren bekommen, was es heißt, Maik Franz als Gegenspieler zu haben. Trainer Armin Veh schloss sich ihm an, meinte, der sei ihm schon ein paar Mal aufgefallen, und das nicht positiv. Ebenfalls nicht positiv übrigens das Endergebnis, 1:3 musste sich das badische Team den Schwaben 2008 geschlagen geben.

Bedingungslos, kompromisslos, gnadenlos: So beharkt der Abwehrrecke seine Gegenspieler 90 plus x Minuten. Er lässt nicht locker, grätscht, räumt ab, geht unbarmherzig in jedes Duell und stellt seine Zweikampfhärte in jeder Begegnung aufs Neue unter Beweis. »Ich bin jemand, der immer versucht, alles für seinen Verein zu geben. Das ist mir wichtig. Letzten Endes spielen wir nur Fußball, das kann der eine besser, der andere schlechter. Man soll immer authentisch sein und vor jedem Respekt haben.«[60] So beschreibt er sich selbst und weiß, im Fußball habe man nichts zu verschenken. Was außerhalb des grünen Rasens passiert, steht jedoch auf einem ganz anderen Blatt. Da ist er der sympathische Typ mit dem charmanten Lächeln, und er ist der, der hinschaut und aktiv wird. Sein soziales Engagement ist bekannt, und es kommt von Herzen. Egal, ob 500 Euro Spende pro Gelber Karte oder persönliches Vorbeischauen: In seiner Zeit in Karlsruhe war er der Initiator, der den Kontakt des Vereins zum Förderverein zur Unterstützung der onkologischen Abteilung der Kinderklinik Karlsruhe (FUoKK) e. V. geknüpft hat. Die Kinderkrebsstation der Karlsruher Klinik: Bis heute ist sie eng mit dem KSC verbunden, auch und vor allem dank Maik Franz. In Karlsruhe kümmerte er sich um kranke Kinder, kochte mit den Kollegen, freundete sich auch privat mit den Menschen hier an. Schaute auch schon mal beim Training der Fanprojekt-Fußballfrauen vorbei, kam auf ein Kaltgetränk mit ins Clubhaus ... dass er sich hier wohlfühlte, zeigte er auch auf dem Platz. In Wolfsburg eher unglücklich, kam er hier zu neuer Stärke. »Die Karlsruher Zeit – da wurde ich als Fußballer wahrgenommen. Ich habe hier mein Profil bekommen, Ecken und Kanten. Die einen mochten das, die anderen nicht. In Karlsruhe gibt es mehr Leute, die das mochten.« Definitiv, und was er dann noch hinzufügt, lässt das blau-weiße Herz aufgehen: »Ich komme wieder und möchte dann auch wieder beim KSC was machen.«[61]

82. GRUND

Weil wir alles können außer zählen

Er hat's gesehen, von seiner Sprecherkabine dort oben. Ganz genau hat er das Unheil kommen sehen, und wagte sich dann an sein Mikrofon. »Winnie, zähl deine Ausländer!«, murmelte er für alle hörbar ins Stadionrund, wenn auch ein bisschen unverständlich – trotzdem hat es so ziemlich jeder der anwesenden 23.000 Zuschauer mitbekommen. Nur einer nicht: Winfried Schäfer. Der Angesprochene wechselte am 13. Spieltag der Saison 1995/96, ausgerechnet an einem 11.11. und damit nicht nur im November (schon wieder), sondern auch noch ausgerechnet zum Auftakt der närrischen Saison im Spiel gegen Bayer Leverkusen Sergej Kirjakow ein – einen Russen, und damit einen Nicht-EU-Ausländer zu viel. Die 46. Minute war das, und als ob er das schnell, schnell, hat keiner gesehen, wiedergutmachen könnte, wechselte Schäfer zwei Minuten später den Schweizer Adrian Knup aus und brachte den Dudeldorfer Edgar Schmitt. Doch natürlich ließ sich der begangene Fehler so nicht mehr beheben. Die Sache war gelaufen, aus, vorbei, verloren. Und zwar im doppelten Sinn. Denn da der KSC so oder so mit 1:4 gegen die Bayer-Elf unter die Räder kam, beließen es die Leverkusener dabei und verzichteten auf den Protest.

Der Ursprung allen Übels war das »Bosman-Urteil« von 1995, das für viel Wirbel und Aufsehen gesorgt hatte. Der belgische Profi-Fußballer Jean-Marc Bosman sah sich in seiner Arbeitnehmerfreizügigkeit eingeschränkt und hielt die für ihn angesetzte Ablösesumme seines damaligen Vereins für zu hoch. Er klagte auf Schadensersatz, was einen ablösefreien Wechsel nach sich zog. Das Ganze ging bis vor den Europäischen Gerichtshof, der schließlich im Dezember 1995 entschied, dass für Profi-Fußballer bei einem Wechsel von einem EU-Staat in einen anderen nach offiziellem Vertragsende keine Ablösesumme gezahlt werden darf. Gleichzeitig stellte das Gericht außerdem fest, dass die bestehenden Ausländerregelungen – zumindest für Fußballer aus der EU – gegen geltenden EG-Vertrag verstießen.

Vor Bosman war es erlaubt, drei Ausländer einzusetzen. Nach dem Bosman-Urteil durften beliebig viele EU-Kicker eingesetzt werden, nur die Nicht-EU-Fußballer waren nach wie vor begrenzt auf drei, aktiv auf dem Spielfeld.

Genau das wurde Otto Rehhagel 1998/99 zum Verhängnis. Als Trainer des 1. FC Kaiserlautern musste er Michael Schjönberg nach dessen Beinbruch auswechseln und brachte: genau, Pascal Ojigwe, Nigerianer und damit Nicht-EU-Ausländer. Zusammen mit Hany Ramzy, Samir Ibrahim und Ratinho also einer zu viel. Was dann folgte, war oscarreif: Der Ägypter Ramzy zog sich nach einem Gespräch mit dem Trainer wie aus heiterem Himmel eine »schwere Verletzung« zu, jedenfalls so schwer, dass er sich auswechseln lassen musste. Grade noch rechtzeitig, bevor er lachend das Trikot über den Kopf zog, während neben ihm Michael Ballack vor sich hin prustete. Für ihn kam Harry Koch, Jörg Dahlmann kommentierte: »Deutscher geht's nimmer«, attestierte Rehhagel dann aber doch eine gehörige Portion Unfairness.

Erst 2006 fiel die Ausländerbegrenzung im deutschen Profifußball auf Beschluss der DFL und synchron zur UEFA komplett weg, zur Saison 2006/07 sollte damit mehr Planungssicherheit geboten werden. Allerdings ging damit wiederum eine neue Regel einher: der »Local Player«-Passus. Sie besagt, dass jeder deutsche Profiverein eine bestimmte Anzahl an Akteuren im Kader haben muss, die bei einem deutschen Club ausgebildet wurden. Sprich: Zwischen 15 und 21 Jahren müssen sie mindestens drei Spielzeiten bei einem solchen Verein gewesen sein. Über den Einsatz sagt die Regel nichts, es gilt nur, diese im Kader zu benennen. Die Anzahl und genauen Kriterien im Detail wiederzugeben würde den Rahmen dieser Publikation sprengen, belassen wir es also dabei – schließlich geht es hier vor allem um den mathematikstarken Stadionsprecher und den Wechselfehler Schäfers. Damit reihte Winnie sich ein in die Riege der Rechenschwachen – neben Hennes Weisweiler, Giovanni Trapattoni, Christoph Daum, eben Otto Rehhagel und anderen.

83. GRUND

Weil gegen Dirk Schuster die Schutzschwalbe das Fliegen lernte

Jetzt wird's legendär – und familiär: mit der Mutter aller Schwalben. Das possierliche Ding wird auch Schutzschwalbe genannt, und sie war gar zu niedlich anzusehen, damals, im April 1995. Also, was man heute so niedlich nennt. Ihr warmes Nest hatte sie im Dortmunder Westfalenstadion, geboren wurde sie beim Spiel Borussia Dortmund gegen Karlsruher SC am 26. Spieltag der Saison vor 42.800 Zeugen. Der KSC lag in Führung, nachdem Gunther »Magic« Metz kurz vor der Pause in der 41. Minute getroffen hatte. Die Führung hielt, Karlsruhe hielt dagegen, die Partie hielt, was die Tabellenplatzierung vorher versprochen hatte: Karlsruhe Siebter mit Anschluss zu den europäischen Plätzen, direkt hinter Bayern München. Dann, eine Viertelstunde vor Schluss, eilt Andreas Möller beherzt von rechts in den Karlsruher Strafraum. Dirk Schuster, seiner Pflicht als Abwehrmann bewusst, geht dazu. Noch bevor er überhaupt in die Nähe von Möller kommt, hebt der Dortmunder ab, als wären ihm Flügel gewachsen. Große Aufregung, Schwalbe! Riesenschwalbe! Gelb hat er verdient! Einen Meter entfernt war Schuster noch! Und der Schiri? Pfeift. Schiedsrichter Günther Habermann peift. Und zwar Elfmeter. Bitte was? Bitte wie? Meint er das ernst? Meint er. Habermann fiel auf Möllers Täuschung herein, entschied auf Strafstoß. Und Möller, hat er nicht zugegeben …? Nein, hat er nicht. Still und leise, mit weinerlichem Gesicht, erhob er sich langsam, und blieb stumm. Sah seinem Mannschaftskameraden Michael »Susi« Zorc zu, wie dieser ganz cool das Elfmetergeschenk zum 1:1-Ausgleich verwandelte.

»Ok, es war kein Elfer«, sagt Möller später, viel später. Zu spät. Viel zu spät. »Bei jedem anderen Trainer wäre ich vielleicht zum Schiedsrichter hingegangen und hätte das zugegeben, dass es kein

Foul war – aber bei ihm nicht.« Und Schäfer kontert. »Bringen Sie bitte jeden Tag die Szene von Andy Möller im Fernsehen, damit der Fußball wieder sauber wird«, sagt er noch auf dem Feld im Interview. Später in der Pressekonferenz ergänzt er: »Die Mannschaft ist eben vom Platz runter gegangen, da standen da vorne Kinder, so fünf, sechs Jahre, und haben der Mannschaft den Finger gezeigt. Das ist das Produkt von Andy Möller.«[62] Seine Mannschaft ist ebenfalls aufgebracht vom »Produkt Andy Möllers«, sie lassen sich kaum beruhigen. In der Kabine wird Torschütze Gunter Metz handgreiflich, will wohl dem Übeltäter mit der Nummer 10 noch einmal persönlich seine Meinung sagen. Auf den Rängen regiert der heilige heiße Zorn. Unzählige KSC-BVB-Freundschaftsschals brennen, das Exemplar der Autorin wurde wutentbrannt weggeworfen. So ging das, was Ende der Saison 1992/93 begonnen hatte, in Flammen auf: die zumindest lose geknüpften freundschaftlichen Bande zwischen den beiden Fanlagern.

Angefangen hatte es mit dem 3:0-Sieg am 5. Juni 1993, Einweihung der neuen Haupttribüne. Der KSC erreichte erstmals die Europacup-Ränge, Dortmund wurde Vierter. Dabei war Karlsruhe nach der Roten Karte für Eberhard Carl in der 43. sogar nur noch zu zehnt, trotzdem reichten die Treffer von Kirjakow, Rolff und Reich für den ungefährdeten Heimsieg und erfolgreichen Saisonabschluss. Wohl in der Euphorie freundete man sich an, beim Rückspiel der darauffolgenden Saison wurde rund um das Match am 27. November 1993 (November – der mausert sich zum echten Running Gag) viel Tamtam und Programm geboten. Ein Vergleich zweier Fanteams auf einem der Nebenplätze endete 5:4 für die Blau-Weißen, und auch das Spiel der Profis bot den Zuschauern so einiges. Es war das Spiel, in dem der russische Rotschopf Kirjakow die 3:0-Führung der Dortmunder noch vor der Pause per Hattrick egalisierte, aber dazu an anderer Stelle mehr. 1994/95 dann also die Schutzschwalbe, dazu gab es für die Karlsruher sechs (in Worten: sechs) Gelbe Karten, wohingegen Dortmunds Trainer Ottmar

Hitzfeld keine einzige für seine Mannschaft verzeichnen musste. Und dann hämmerte vier Minuten vor Schluss Matthias Sammer aus 20 Metern auch noch die 2:1-Führung in die Maschen, gegen einen KSC, der seit der Jahrhundertschwalbe in der 76. den Faden verloren hatte. Ein Tor für den KSC, zwei für den BVB – davon eins der beschriebene »Foul«elfmeter plus ein weiterer Foulelfmeter in der 89., den Claus Reitmaier aber halten konnte. Machte in Summe nicht nur einen 2:1-Erfolg für den BVB, sondern später zudem dessen Meisterschaft – und kostete den KSC den erneuten UEFA-Cup-Platz.

Im Interview nach dem Schlusspfiff versuchte Möller seine Tat zu erklären: »Das war eine Schutzschwalbe. Ich dachte, dass Dirk Schuster mich voll umhauen würde.« Doch es kam anders, als er dachte, und so wurde Möller zum ersten und einzigen Spieler, der vom DFB für eine Schwalbe gesperrt wurde. Wegen unsportlichen Verhaltens musste er außerdem 10.000 Mark zahlen, noch dazu warf Berti Vogts ihn kurzzeitig aus der Nationalmannschaft. Seinen Ruf als unfairer Urheber der Schwalbe des Jahrhunderts, den hat er bis heute sicher.

84. GRUND

Weil viele Tore viel helfen. Meistens

In Grund 83 schon angesprochen, jetzt noch mal genauer beleuchtet: das skurrile 3:3, damals gegen Dortmund. Im Vorfeld also Fanfest, Fanspiel, Fanfreunde und Fanfreude. Dann der Anpfiff zur eigentlichen Begegnung des eiskalten Tages, Karlsruher SC gegen Borussia Dortmund. Samstagnachmittag 15.30 Uhr an jenem 27. November 1993. 3. Minute: Gerhard Poschner trifft per Kopf, auf feine Vorlage von Chapuisat. 16. Minute: Stéphane Chapuisat trifft nach fatalem Bock von Slaven Bilić. 19. Minute: Stéphane Chapuisat trifft schon wieder. 3:0 führen die Gäste, nach nicht einmal 20 Minuten. Den Fans schwant Böses, doch dann kommt der Russe in Reihen der Blau-Weißen: Sergej Kirjakow läuft heiß. In der 28. trifft er zum 1:3, übrigens per Kopf, trotz seiner gerade mal 1,75 Meter Körpergröße. In der 43. lässt er die schwarz-gelbe Abwehr alt aussehen und markiert den 2:3-Anschluss. In der 45. dann ein trockener Volleyschuss aus spitzem Winkel zum 3:3-Ausgleich. Der war so in Schwung, der Kiki, der konnte nicht mehr bremsen. Hatte Chancen zum 4:3, wie einige seiner Kollegen, und sah in der 85. auch noch Gelb-Rot. Ansonsten passierte in der zweiten Halbzeit übrigens, bis auf einen Wechsel von Dortmund gleich nach Wiederanpfiff und so einige Torchancen, nichts. Keine Tore, keine Hattricks, keine Aufholjagden, kein Sieger. Aber immerhin: sechs Tore in Halbzeit eins.

5:5 ging's auch mal aus, obwohl es 6:5 für den KSC hätte heißen können. Müssen. Im September 2010 war's, Stadion der Freundschaft zu Cottbus, dritter Spieltag der Saison. Nils Petersen hatte für Energie Cottbus bislang in jedem Spiel getroffen, brauchte in diesem Spiel wenige Sekunden (45, um genau zu sein) für die Führung und seinen dritten Saisontreffer. Marc-André Kruska erhöhte mit einem Traumtor in der 16. Minute auf 2:0, Macauley Chrisantus traf dann in der 26. nach kurzer Ecke per Kopf zum 1:2-Anschluss. Sein blau-weißer Kollege Michael Mutzel konnte in der 29. die feine Vorarbeit von Matthias Zimmermann und Anton »Tony« Fink zum Ausgleich verwerten, ehe ebenjener Fink das Spiel in der 34. komplett drehte – obwohl auch Alexander Iashvili völlig frei gewesen wäre. Der übernahm dafür den Treffer zum 4:2 auf Vorlage von Timo Staffeldt, gefolgt von, genau, Staffeldt selbst, der auf 5:2 erhöhte. Damit hatten alle fünf Offensiven getroffen, der KSC führte sicher, eine gute halbe Stunde vor Schluss. Sicher? Nun ja. Es gibt Freistoß für Cottbus – drin. Kristian Nicht fliegt vorbei, 3:5. Und, äh, wieder Freistoß für Cottbus – wieder drin. Der Abstauber diesmal, weil Nicht wieder nur schlecht abwehren kann. 4:5. Und immer noch 20 Minuten auf der Uhr. Schließlich setzt sich Jules Reimerink in der 73. durch und lupft über Abwehr und Torwart, Ausgleich. Unfassbar. Energie-Trainer Claus-Dieter »Pele« Wollitz an der Seitenlinie dreht komplett durch, die Karlsruher können es nicht fassen. Dass der eingewechselte Christopher Nguyen am Schluss 6:5 auf dem Fuß hat, was der Schiedsrichter aber abpfiff, und dass zwei Minuten später Christian Timm vergab, nun ... es hätte einem unglaublich emotionalen Spiel aus KSC-Sicht natürlich noch die Krone aufgesetzt. Aber auch so fotografierten so einige, die das Montagsspiel am Fernsehbildschirm verfolgten, den Spielstand. Mehrfach.

Mehr als einmal die Augen gerieben haben sich die Zuschauer auch am 20. November (!) 2006. Im Wildpark zu Gast: Die Hansa-Kogge. 27.000 waren in der Aufstiegssaison gekommen, um einen Sieg gegen Rostock zu bejubeln, und bis zur 87. Minute sah auch alles danach aus. Beziehungsweise, es sah vor allem nach einem torreichen Spiel aus. Nach dem frühen 1:0 durch Edmond Kapllani in der 6. Minute per Kopf und dem 2:0 zehn Minuten später durch Massimilian Porcellos Sensationsfreistoß aus 45 Metern (»... der gibt den Hafer, und wie, und wiiie!«) erhöhte Bradley Carnell schon in der 28. auf 3:0, komfortable Führung nach nicht einmal einer halben Stunde. Doch erstens kommt es anders, zweitens als man denkt und drittens nach der Pause. 54. Minute, Amir Shapourzadeh, Anschlusstreffer Rostock. Zehn Minuten später das 4:1 für die Karlsruher durch Sebastian Freis, jetzt aber. Das muss es doch gewesen sein? Denkste, siehe oben. Wieder Shapourzadeh, wieder Tor, 4:2, 78. Minute. Drei Minuten später das 4:3 durch Christian Rahn, und, Sie ahnen es, in der 87. dann eben auch noch der Ausgleich zum 4:4 durch Ćetković. Dazu: acht Gelbe Karten, vier auf jeder Seite, und viel Feuer in einer mehr als unterhaltsamen Partie. Übrigens ebenfalls an einem Montagabend.

Es gäbe noch so einige torreiche Partien, zum Beispiel das 7:0 gegen Valencia, aber das ist hier zur Genüge beschrieben. Direkt danach aber, durchaus auch bemerkenswert, schafften es die Karlsruher in der Bundesliga, den Schwung mitzunehmen: Der MSV Duisburg wurde mit einem fulminanten 5:0 aus dem Wildpark geschossen. Dreimal Manni Bender, einmal Ebse Carl und einmal Kiki hieß danach die Bilanz. In der gleichen Saison gab es ganz zum Schluss der Spielzeit auch noch eine torreiche Begegnung – die endete allerdings wenig erfreulich für den KSC. Eine 1:5-Schlappe holte sich das Team von Winnie Schäfer in Wattenscheid, stürzte vom dritten auf den sechsten Tabellenplatz und verspielte die erneute Teilnahme im europäischen Wettbewerb. In Reihen der SG Wattenscheid 09 damals: Thorsten Fink, der im Sommer nach Karlsruhe wechseln sollte.

Am 19. September 1964 dagegen konnte der KSC auswärts so richtig auftrumpfen und seinen höchsten Sieg erringen. Zu Gast bei Eintracht Frankfurt konnten die Badener im Waldstadion schon zur Pause auf ein beruhigendes 5:0 blicken, legten mit Gustav Witlatschil im zweiten Durchgang noch zwei verwandelte Elfmeter drauf und konnten feiern gehen. So, wie es mein Papa tat, jener, der mich 24 Jahre später zu diesem wunderbaren Verein mitnehmen sollte. Er nämlich war damals in Frankfurt vor Ort und trank danach einen bis viele Äppelwoi. »Nachm Sibbenull isch alles guud!«, verteidigt er sich heute.[63]

 85. GRUND

Weil Christian Eichner einen Würgeschmerz hatte

Am Hals und im Nacken hatte er ihn gehalten und ordentlich zugepackt, der Brasilianer. Diego, in Diensten des SV Werder Bremen, war mit seinen kampfkräftigen Kollegen am Nikolaustag 2008 zu Gast in Karlsruhe und spielte dort Knecht Ruprecht, besser gesagt: den unartigen Jungen. Ebenso übrigens wie sein Kompagnon Claudio Pizarro, der für seine Tat allerdings – anders als der Dribbelkünstler – die Rote Karte gezeigt bekommen hatte. In all dem Tumult und auch noch einige Zeit nach dem Abpfiff klagte Christian Eichner indes über einen ausgeprägten Würgeschmerz, und das war wahrscheinlich noch nicht mal übertrieben.

Werder im Wildpark, das war an diesem Samstag keine feierlich-vorweihnachtliche Sache. Der KSC als Tabellenschlusslicht brauchte unbedingt einen Befreiungsschlag, Grün-Weiß hatte vor dem Spieltag zum Jahresendspurt geblasen und machte sich schon in der 4. Minute auf, auch diese Bastion zu entern. In ihren Reihen: fast ausnahmslos Nationalspieler und Stars wie Tim Wiese, Per Mertesacker, Torsten Frings, Aaron Hunt, Mesut Özil und Naldo. Allein, den Qualitätskickern fehlte das Glück: Die mangelnde Chancenverwertung hielt die Badener im Spiel. Anfang der zweiten Hälfte hatten Kapllani in der 47., Stoll in der 49. und Freis in der 50. allesamt das 1:0 auf dem Fuß, ließen aber ihrerseits die Treffsicherheit ebenso vermissen. Mesut Özil drosch den Ball überhastet übers Tor, Claudio Pizarro verzog, köpfte vorbei … Schön anzusehen war das nicht, was die beiden Mannschaften da boten. Was zählte, waren die Punkte, und die wollte sich das Team von Ede Becker dann doch ein bisschen doller holen als die Schaaf-Elf. Was ihnen auch gelang. In der 83. Minute war es ausgerechnet Defensivkraft Stefan Buck, der den Ball nach einer Ecke aus sechs Metern über die Linie zwang. Das wollen sich die Grün-Weißen nicht gefallen lassen, sie warfen Mann und Maus nach vorne, unter anderem eben auch Pizarro. Der fällt, bekommt aber keinen Elfmeter. Martin Stoll schimpft, bekommt dafür aber Pizarros Hand zu spüren, der dem Verteidiger durchs Gesicht wischt. Vor 29.400 Zuschauern hat Schiedsrichter Guido Winkmann in dieser 90. Minute alle Hände voll zu tun, weswegen ihm entgeht, dass auch Diego alle Hände voll hat. Mit Christian Eichners Hals nämlich. Pizarro sieht Rot, Diego nicht. Eichner schimpft wie ein Rohrspatz, nun ja, wie ein heiserer Rohrspatz. Überhaupt schimpfen alle ziemlich viel und ziemlich laut, im allgemeinen Chaos und der vollendeten Rudelbildung sorgt die Hektik dafür, dass Diego ungestraft davonkommt. Wenn man von der Niederlage einmal absieht. Doch ein Hoch auf die Technik: Was Winkmann nicht sah, blieb den elektronischen Linsen nicht verborgen. Wie schon Möller anno 1995 und zwei Gründe zuvor beschrieben, wurde auch Diego von den Kameras überführt und im Nachgang gesperrt. Den Wiederholungstäter traf es hart: Vier Spiele setzte ihn das Sportgericht des DFB außer Gefecht, nachdem der DFB-Kontrollausschuss die TV-Bilder ausgewertet und das Verhalten des Brasilianers als krass sportwidrig gewertet hatte. Nach dem Spiel in Karlsruhe verschwand er wortlos im Mannschaftsbus – eine Schutzwürgeattacke hätte ihm wohl auch niemand abgenommen.

86. GRUND

Weil beim KSC Lebensretter arbeiten

Totenstill war es im Stadion. So still, wie man 29.300 Menschen so nah beieinander sonst nicht erlebt. Bedrückend war das, und die Gänsehaut keine schöne. Mehrere Zuschauer mussten aus ihren Blöcken geholt und von den Sanitätern medizinisch versorgt werden – sie hatten das Erlebte nicht gut verkraftet. Passiert war etwas, was den Fußball plötzlich sehr klein werden und in den Hintergrund rücken ließ.

Es war die 27. Minute an jenem Freitagabend Ende August 2008. Ümit Özat vom 1. FC Köln taumelt, sackt zusammen, fällt ohne Fremdeinwirkung in der eigenen Hälfte zu Boden. Hektik bricht aus, Kölner Spieler umringen ihren Kollegen, die Mannschaftsärzte beider Teams sind sofort zur Stelle. Dr. Marcus Schweizer bewahrt die nötige Ruhe, holt Özat mit seinem beherzten Eingreifen zurück ins Leben. Die Herzdruckmassage des KSC-Docs lässt den Spieler kurz zu sich kommen, ehe er erneut das Bewusstsein verliert. Erst im Kabinengang kommt er wieder zu sich, will direkt zurück aufs Spielfeld. Daran können ihn die Mediziner und Betreuer hindern, stattdessen geht's direkt ins Krankenhaus. Im März 2009 beendete der Türke in Diensten des Effzeh dann aus gesundheitlichen Gründen seine Karriere, nachdem eine sogenannte Myokarditis, also eine Herzmuskelentzündung, diagnostiziert worden war. Zwar galt er als geheilt, wollte und sollte aber das Risiko Leistungssport nicht mehr eingehen.

Was bei ihm gerade noch einmal gut gegangen war, gilt leider nicht für den Bruder des ehemaligen KSC-Kickers Matthias Zimmermann. Christian Zimmermann, gerade mal 23 Jahre alt, brach während eines Testspiels 2011 zusammen. Trotz Erstversorgung durch zwei Gästespieler und sofortiger medizinischer Betreuung starb er wenig später. Und es galt auch nicht für Marc-Vivien Foé im Halbfinale des Konföderationenpokals am 26. Juni 2003. Eine Stunde kämpften die Ärzte um sein Leben, nachdem er wegen Herzversagens kollabiert war, doch im medizinischen Zentrum in Lyon konnten sie nur noch den Tod des Spielers feststellen. Auf der Tribüne in Lyon damals als Beobachter zu Gast: Christoph Daum, 2008 Trainer des 1. FC Köln. Er musste mit ansehen, wie Foé den Kampf um sein Leben verlor, und als Özat unten auf dem Rasen zusammenbrach, da kamen all die Erinnerungen wieder hoch. Daum, weinend am Spielfeldrand, befürchtete das Schlimmste. Er hat ein fast väterliches Verhältnis zu Ümit, den er schon in Istanbul bei Fenerbahçe trainierte.

Beim KSC ist man auch aufgrund solcher Vorfälle schon lange aktiv in Sachen Vorbeugung. Dr. Marcus Schweizer initiierte zum Beispiel einen »Basic Life Anwenderkurs«, eine Schulung zum richtigen Reagieren in Notfallsituationen. Zum Umgang mit dem mobilen Not-Defibrillator, der zur Ausrüstung des Vereins gehört, bei Regen aber absolut tabu ist, und zum richtigen Takt der Herzdruckmassage auf *Yellow Submarine* oder *Stayin' Alive*. 100 Stöße pro Minute, im Rhythmus 30-mal drücken, zweimal beatmen, 30-mal drücken, den Brustkorb dabei etwa drei bis fünf Zentimeter eindrücken. Bewusstlosigkeit und der geringste Zweifel, ob man möglicherweise etwas tun sollte, sprechen für den sofortigen Beginn einer Reanimation, sagen die Mediziner. »Nichtstun ist schlimmer! Besser gleich loslegen, es kann nichts kaputtgehen«, sagt es Doc Schweizer noch deutlicher. Selbst eine gebrochene Rippe ist zu verschmerzen, wenn der Herztod verhindert werden kann.

Das Spiel am 29. August gewann der 1. FC Köln noch mit 2:0. Erst war über einen Abbruch diskutiert worden, doch die FC-Spieler wollten weitermachen, auch für ihren Kameraden in der Klinik. In der zerfahrenen Partie behielten sie die Oberhand, trafen in der 72. und 84., was im Endeffekt aber niemanden an diesem Abend wirklich interessierte. Das Wichtigste war die Durchsage von Stadionsprecher Martin Wacker, der nach den Minuten der Ungewissheit im Stadion, der Bewusstlosigkeit des Kölners und der Entwarnung von Doci schließlich verkünden durfte: »Ümit Özat lebt und ist ansprechbar.« Die Zuschauer standen auf, applaudierten erleichtert. Ja, Fußball ist Adrenalin pur, Fußball ist Herzklopfen, ist Herzschlagfinale, ist Herzrasen. Fußball ist eine Herzensangelegenheit. Aber er ist nicht alles im Leben. Manchmal bedeutet das Herzklopfen, das echte, physische, unendlich viel mehr.

10. KAPITEL

AM BODEN

ZUTIEFST BETRÜBT, GANZ UNTEN, DAS TIEFSTE TIEF UND DER ZUSAMMENHALT

87. GRUND

Weil das Tor zusammenbrach
und der Schiri das Spiel abbrach

Ein Kapitel »Am Boden« zu nennen und darin über die Tiefpunkte, die schwärzesten Tage, die schlimmsten Erinnerungen in Zusammenhang mit dem geliebten Verein zu sprechen – das macht den Bezug zu Gründen, den KSC zu lieben, nicht auf den ersten Blick ersichtlich. Aber alles, was hier thematisiert wird, jede Niederlage, jeder Abstieg: Das alles führt in Karlsruhe doch nur dazu, mit noch mehr Herzblut dabei zu sein. Ja, als KSC-Fan muss man leidensfähig sein. Das haben auch berühmte Menschen wie DFB-Präsident Wolfgang Niersbach schon festgestellt. Aber genau das macht es eben aus: Wer den KSC liebt, der liebt ihn kompromisslos. Wie in der Saison 1952/53, als die Karlsruher sich nicht weiter um einen Zusammenbruch kümmerten und am Schluss selbst die Niedergeschlagenen waren.

Corpus delicti: Ein morsches Stück Holz. Tatort: Karlsruhe Wildparkstadion, 4. Oktober 1953 (und dass es nicht November war, wundert mich dann doch). Die Beteiligten: der Karlsruher Sport-Club sowie der SSV Jahn Regensburg. Tathergang: 70. Minute, noch 20 Minuten also auf der Uhr, die Karlsruher liegen 1:3 hinten. Jahn-Stürmer Josef »Sepp« Hubeny rennt in den KSC-Strafraum – und kracht mit voller Wucht gegen den Torpfosten. Oder wie die Jahn-Chronik besagt: »... brachte der wuchtige Jahn-Stürmer Josef Hubeny per Kopf das morsche Gebälk des KSC zum Einbruch.«[64] Hubeny kam mit einem Brummschädel davon, das Opfer in Person des Tores kam weniger glimpflich davon: Sein Aufprall ließ den Pfosten einknicken, der wiederum das komplette Torgehäuse zum Einsturz brachte. Etwas, was selbst in der Zeit der Holztore eher selten der Fall war. Die Fans amüsieren sich, die Ordner bleiben unschlüssig und vor allem untätig stehen, die KSC-Spieler halten sich dezent im Hintergrund und beobachten die Gemengelage aus sicherer Entfernung. Einzig die Regensburger legen Hand an, Hubeny selbst und seine Kumpanen versuchen mit aller Kraft und allen Mitteln, das Tor wieder aufzurichten. Wenn Mühlburg 3:1 geführt hätte, so wird Hubeny zitiert, wäre das Tor unter Garantie schnell wieder aufgebaut worden.[65] Schließlich blieb dem Schiedsrichter nichts anderes als der Abbruch nach dem Zusammenbruch übrig. Die Karlsruher spekulierten aufgrund des deutlichen Rückstands wohl auf eine Spielwiederholung. Doch sie hatten die Rechnung ohne den Wirt und vor allem ohne den Verband gemacht. Der nämlich ließ die Partie keineswegs wiederholen, sondern wertete die beim Stand von 3:1 für die Gäste abgebrochene Begegnung mit ebendiesem Ergebnis für Regensburg. Ein zugegebenermaßen gerechtes Urteil. Den Streit zwischen Oberpfälzern und Badnern, in dem die eine Seite den Vorfall auf das morsche Gehäuse, die andere auf Kampfgewicht und -statur des Stürmers zurückführte, hatten in diesem Fall also die Regensburger gewonnen. Der KSC hat damit sein eigenes Madrid und den gehörig schiefgegangenen »Torbruch von Karlsruhe«.

Jahre später gewannen die Badener dann aber, und zwar die Verhandlungen um Gerhard Faltermeier. Der talentierte Regensburger Stürmer wechselte 1972 in den Wildpark, ursprünglich angedacht waren zwei Jahre im Badischen. Am Ende wurden 37 daraus. Nette Anekdote dazu: 1971 war genau jener Faltermeier, noch im SSV-Trikot, Schütze des ersten »Tor des Monats«. In Karlsruhe fühlte er sich aber am wohlsten, und blieb dort bis zu seinem Tod 2009.

88. GRUND

Weil die Favoritenrolle nichts taugt

Valencia, ja, das war ein feiner Auftritt, 7:0, wissen wir und wollten wir nicht mehr allzu oft bemühen. Zuvor war bereits PSV Eindhoven mit Hans van Breukelen erfolgreich aus dem Wettbewerb befördert worden, danach folgten ebenso glorreiche und vor allen Dingen erfolgreiche Auftritte gegen Bixente Lizarazu, Zinédine Zidane, Richard Witschge und Christophe Dugarry mit Girondins de Bordeaux (0:1/3:0), gegen den FC Porto, unter anderem mit Paulo Sousa (1:1/1:0). Dann stand die Schäfer-Elf tatsächlich und unbegreiflich sensationell im Halbfinale des UEFA-Cups. Der Gegner: Casino Salzburg. Zum allererstenmal im laufenden Wettbewerb galt der KSC als Favorit – und konnte mit dieser Rolle so gar nicht umgehen. Zuvor hatte Salzburg Eintracht Frankfurt aus dem Wettbewerb geworfen, denkbar knapp konnten die Hessen im Elfmeterschießen niedergerungen werden. Das Hinspiel in Wien war vom beschaulichen Salzburg ins Ernst-Happel-Stadion der österreichischen Hauptstadt verlegt worden. Der Andrang war riesig, angeblich hatte es bereits vor der Auslosung 30.000 Vorbestellungen für Karten gegeben. Ein Stadion mit entsprechendem Fassungsvermögen wurde gebraucht, und so reisten die Karlsruher in die Stadt der Fiaker und Kaffeehäuser. Zusammen mit Tausenden badischen Fans, die sich in zig Bussen gefühlt mitten in der Nacht auf den langen Weg machten. Dort angekommen, wurde schon vor Einlass ins Stadion (die Eintritts»karte« ist mir bis heute ein Graus, auf diesem dünnen Umweltpapier in Gelb-Violett, wie unästhetisch) ein besonderes Lied angestimmt: Angefeuert wurde aber nicht etwa die eigene Fußballmannschaft. Nein, die musste gefälligst noch warten. Stattdessen wurden die deutschen Tennisherren besungen, die just an jenem Tag in der ersten Davis-Cup-Runde antraten. Natürlich gegen Österreich, in Graz. Es half, in 5:24 Stunden konnte Thomas

Muster zwar noch gegen Michael Stich gewinnen, insgesamt entschied Deutschland die Runde aber mit 3:2 für sich.

Tja. Hätten wir damals am 29. März 1994 unsere Stimmen besser für die Fußballer unten auf dem Rasen geschont. Zu sehen gab es da nämlich mehr Schmäh als Hurra, das Faszinierendste dort auf Platz 40 in Reihe 17, Stiege 331, war noch das Praterstadion alias Ernst-Happel-Stadion an sich. Die Partie endete mit 0:0 zumindest halbwegs vielversprechend, aber ohne Auswärtstor und mit fünf Gelben Karten für Metz, Wittwer, Shmarov, Nowotny und Klinge. Zwei Wochen später dann das Rückspiel, 12. April. Jetzt galt es. Auf dem Spiel stand das Finale, es ging um alles oder nichts. 23.000 erlaubte Zuschauer, davon runde 3.000 aus dem circa 500 Kilometer entfernten Salzburg. Nach dem 0:0 im Hinspiel war noch alles drin. Allerdings auch für die Gäste, die in der 12. Minute tatsächlich durch Hermann Stadler in Führung gingen. Aus vollem Lauf heraus hatte er links vorbei an Olli Kahn ins Netz getroffen. Erst in der 54. Minute kam endlich Krieg, Krieg, Rainer Krieg, der in der Halbzeit für Burkhard Reich eingewechselt worden war. Frenetischer Jubel, und doch im Hinterkopf: Ein Unentschieden reicht nicht. Die vermaledeite Auswärtstorregel, sie bescherte den Casino-Kickern trotz des Remis einen Vorsprung … Und den konnten Bilic, Bonan, Schuster, Schmitt & Co. nicht mehr wettmachen. Es blieb beim 1:1, und damit zog nicht etwa der Karlsruher SC, sondern Casino (heute SV Austria) Salzburg ins Finale um den europäischen Titel ein. Auch die wiederum fünf Gelben Karten für die Auswärtsmannschaft halfen nichts mehr. Zeitgleich gelang Inter Mailand nach einem 3:2-Erfolg im Hinspiel ein klares 3:0. Das Finale, es hätte also wirklich und wahrhaftig KSC gegen Inter Mailand geheißen. Noch heute behaupten mein Vater und ich: Mein Cousin war schuld. Der hatte uns bereits Vignetten für die italienische Autobahn vermacht, die er selbst nicht mehr brauchte. Böses Omen!

Der Vollständigkeit halber sei erwähnt: Inter Mailand gewann das Final-Hinspiel (wieder in Wien) mit 1:0 und besiegte die Österreicher auch im Rückspiel mit ebendiesem Ergebnis. Ich bin mir sicher: Wir hätten es den Italienern nicht so einfach gemacht.

89. GRUND

Weil im undichten Berliner Olympiastadion der Titeltraum ersoffen ist

Regen. Das ist die vorherrschende Erinnerung an jenen Pokalfinalabend, es goss wie verrückt, es schüttete aus Eimern. Durch das undichte Dach des Berliner Olympiastadions, durch sämtliche Lagen an Klamotten, durch Trikot und Schal, in den Kragen, alles war pitschepatschenass. Die vom Pfälzer Trikotsponsor verteilten (gefühlt) Milliarden Chips-Promopackungen, sie lagen aufgeplatzt vor dem Stadion, auf den Stufen, überall klebten Chipsreste. Und genau da, auf dem Boden, klebten auch die Titelträume der KSC-Fans. Mit Füßen getreten, zermatscht wie Kartoffelchips im Berliner Wolkenbruch. Zunichte gemacht von Martin Wagner, der in der 42. Minute einen Freistoß aus runden 20 Metern durch die Füße von Claus Reitmaier ins Tor versenkte. Schiedsrichter Hellmut Krug hatte nach einem Foul von Thorsten Fink gepfiffen, und mit dem Ball im Tor fielen die Karlsruher Hoffnungen ins Bodenlose. Der Auftritt von Schäfers Team war wenig verheißungsvoll. Da hatten sie sich anderes erwartet, die mitgereisten Anhänger aus Baden. Kampf und ein Entgegenstemmen gegen die Niederlage, stattdessen mussten sie ein ums andere Mal mit ansehen, wie die Lauterer in Überzahl auf den Karlsruher Keeper zustürmten. Ein Wunder, dass es nicht schon längst zwei oder drei zu null hieß. In der 72. Minute flammte zwar noch einmal so etwas wie ein Hoffnungsschimmer auf, als Andreas Brehme nur zwei Minuten nach seiner Gelben Karte gegen Jens Nowotny erneut den Spielberger von den Beinen holte und dafür Gelb-Rot sah. Doch auch aus der zahlenmäßigen Überlegenheit konnten die Karlsruher kein Kapital schlagen. Es war furchtbar mit anzusehen, durch die grauen Bindfäden, die sich unbarmherzig immer weiter aus dem Berliner Himmel ergossen.

Dabei war die Stimmung in der Stadt zuvor prächtig gewesen. Feiernde Fans überall, Feste und Verbrüderungen blau-weißer Menschen, die sich nie zuvor im Leben gesehen hatten. Verabredungen an den »tanzenden Spaghetti«, Besichtigungen der schönsten Haupstadt-Bauwerke, beste Laune ... Selbst am Samstagnachmittag hielt die gute Stimmung, als im Frauenfinale der FSV Frankfurt gegen den SC Klinge Seckach antrat. Frankfurt gewann 2:1, aber die Anfeuerung der KSC-Anhänger, sie galt selbstverständlich den badischen Damen – auch nach deren Niederlage. In Minute 92:03 des Herrenfinales dann der Abpfiff. Jubelstürme bei den Roten Teufeln, Unglauben und Entsetzen bei den Mannen in Weiß mit den blauen und roten Rauten. Der Absteiger war Pokalsieger, der Pokalverlierer sollte in dem Jahr, in dem der FCK nach dem Wiederaufstieg sensationell Deutscher Meister wurde, absteigen. Einen geringen Trost hatten die KSC-Fans wenigstens: Im Europokal der Pokalsieger war für den FCK bereits in der ersten Runde gegen Jugoslawiens Roter Stern Belgrad Schluss.

Ins Finale eingezogen waren die KSCler ohne eine einzige Minute der Verlängerung oder gar Elfmeterschießen. Tennis Borussia Berlin (2:1), Sachsen Leipzig (2:0), die SpVgg Unterhaching (3:2) und Borussia Dortmund (3:1) wurden allesamt auswärts hinausgeworfen, erst im Halbfinale gab es ein Heimspiel. 2:0 hieß es am Ende gegen Fortuna Düsseldorf, und die »Berlin, Berlin, wir fahren nach Berlin«-Gesänge wechselten sich ab mit »So ein Tag, so wunderschön wie heute«. Das war Mittwochabend; bereits einen Tag vorher hatte der FCK seinen Finaleinzug gegen Bayer Leverkusen klargemacht. Delikates Detail: In der gerade abgelaufenen Saison 1995/96 war Kaiserslautern bereits abgestiegen, wir erinnern uns, die Begegnung Bayer Leverkusen vs. 1. FC Kaiserslautern, 18. Mai. Leverkusen gab nach einer Verletzungsunterbrechung und dem von den Pfälzern ins Aus gespielten Ball diesen nicht an die Roten zurück, wie es ungeschriebenes Fairness-Gesetz ist. Markus Münch erzielte den rettenden Ausgleich, Leverkusen blieb in der Liga, Kaiserslautern musste den bitteren Gang in die Zweitklassigkeit antreten. Zuvor aber stand eben noch das Pokalfinale in Berlin auf dem Programm. Das pfälzisch-badische Derby wollten 75.800 Zuschauer live miterleben, der blau-weiße badische Teil wollte anschließend nur noch nach Hause beziehungsweise ins warme, trockene, einsame Hotelzimmer, am liebsten ohne Fernsehgerät und Fußballberichterstattung. Den 19. Geburtstag zwei Tage nach dieser Schmach hatte es der Autorin zudem verhagelt. Wenigstens Berlin war, vom Fußballspiel einmal abgesehen, die Reise wirklich wert.

90. GRUND

Weil ein Schneetreiben im April erneute Titelträume platzen ließ

Schnee. Schnee im April, in Cottbus, im Pokalhalbfinale. Das wiederum ist die Erinnerung an das kuriose Ausscheiden ein Jahr später. Niederschläge, Niederlagen ... muss irgendwie zusammenhängen. Dabei hatte die Autorin diesmal an alles gedacht. Konnte, weil mitten in der Woche und im ostdeutschen Outback, nicht selbst vor Ort sein. Also wurden Bratwurst und Bier fürs Stadionfeeling eben nach Hause verfrachtet, mit den Eltern das heimische Wohnzimmer zur Arena umfunktioniert, das TV-Gerät startklar gemacht. Und dann war das kaputt, das olle Ding. Lauter weißes Gegriesel! Kann doch nicht wahr sein, dachten die Beteiligten, bis irgendwer irgendwann registrierte – das ist kein kaputter Fernseher, das ist Schneetreiben in Cottbus. Gezeigt wurde neben dem ungewöhnlichen Wetter hauptsächlich das Halbfinale des aktuellen DFB-Pokalwettbewerbs, die Begegnung des Abends lautete FC Energie gegen Karlsruher SC. Die Cottbuser galten damals als eher kleine Nummer, wurden kaum wahrgenommen im Konzert der Großen. Sehr viel deutlicher wahrgenommen wurde allerdings der Trainer der Heimmannschaft: der legendäre Eduard »Ede« Geyer, der Cottbus insgesamt zehn Jahre trainierte. Sein Ziel: den Ostfußball präsentieren. Zeigen, dass sein Team stärker war als geschrieben. Die *Super Illu* wurde für 150.000 Mark einen Tag lang Trikotsponsor, in Reihen der Energie-Kicker lief mit Kapitän Jens Melzig genau ein Spieler mit Bundesliga-Erfahrung aus Dresden und Leverkusen auf.

Interessant auch der Einzug des KSC in dieses Halbfinale. Nach dem bis auf das Finale so erfolgreichen Wettbewerb ein Jahr zuvor konnte diesmal zunächst der FC Bremerhaven zum Auftakt besiegt werden. Schmankerl am Rande: Die Autorin, sie wäre fast live dabei gewesen. Die Eintrittskarte liegt bis heute in der Kiste mit der umfangreichen Kartensammlung, jungfräulich unberührt ohne Abriss. Es gab da einen Disput, mitten in der Nacht, und ein Missverständnis, was den Treffpunkt anging. Dann hieß es, entweder sehr schnell zum eigentlichen Treffpunkt kommen, oder umdrehen und zu Hause weiterschlafen. Nun, sagen wir so: Das Bett war überaus gemütlich, ich bekenne mich schuldig. Die Karte habe ich trotzdem behalten. Was das Ergebnis von 2:3 außerdem schon vermuten lässt: Es ging heiß her, in dieser ersten Runde. Dirk Schuster begann in der 11. Minute mit einem Eigentor, Bremerhaven konnte in der 27. Minute sogar auf 2:0 erhöhen. Es roch schon ein wenig nach Pokalsensation, zumindest eine Weile – ausgerechnet im ersten Pokalauftritt der Vereinsgeschichte überhaupt. 2005, 2006 und 2007 gelang dem FC noch dreimal hintereinander die Teilnahme am DFB-Pokal, seither nicht mehr. In der 29. konnte Burkhard Reich zumindest den Anschluss erzielen, ehe Thomas Häßler – endlich – in der 57. für den Ausgleich sorgte. Erst drei Minuten vor Ende der regulären Spielzeit traf Markus Schroth zum 3:2-Sieg und brachte sein Team damit eine Runde weiter. Nicht weniger als acht Gelbe Karten gab es für den KSC, drei für die schwarz-weißen

Bremerhavener. In der zweiten Runde reiste Hansa Rostock in den Wildpark. Die Partie konnte zwar spät, aber zumindest klar mit 2:0 gewonnen werden. Dann ging's auswärts zu Greuther Fürth, 3:1, nächste Runde. Viertelfinale, Februar 1997. Das Los bescherte den Badenern: die Bayern. Immerhin zu Hause, und vor 33.000 Zuschauern. Es war der erste Auftritt von Thomas Häßler nach seiner monatelanger Verletzungspause, das gab der Mannschaft zusätzlichen Schwung. Thorsten Fink traf schon in der 21. zum goldenen Tor, dem der FCB nichts mehr entgegenzusetzen hatte. Also, doch, zumindest körperlich: Christian Nerlinger flog mit Gelb-Rot in der 78. vom Platz; aber ein Treffer war ihnen nicht mehr vergönnt. Das hieß für die Karlsruher: Halbfinale. Und der Traum vom Titel, schon wieder. Eine zweite Chance. Diesmal sollte es klappen!

Das Auswärtsspiel beim Regionalligisten im Osten der Republik, es wurde im Vorfeld eher als kurzer Stopp vor dem großen Auftritt angesehen. Vielleicht hätte die zu diesem Zeitpunkt bereits 52 Pflichtspiele andauernde Siegesserie des Gegners Sean Dundee & Co. doch mehr beeindrucken sollen. In der Regionalliga Nord/Ost standen sie 1996/97 vom ersten bis zum letzten Spieltag ununterbrochen auf Platz 1, hatten im Pokal die Stuttgarter Kickers, den VfL Wolfsburg, den MSV Duisburg und den FC St. Pauli hinausgeworfen. Doch statt Bundesliga-Übermacht gab es den Aufstand des Kleinen. 64. und 68. Doppelschlag, bäm, dazu nach dem 1:0 Willi Kronhardt als Pionier in Sachen Trikotbotschaft. »Jule« grüßte er nach seinem Treffer, und angeblich ist das Shirt erst in der Halbzeit entstanden.[66] In der 82. dann die endgültige Entscheidung. Da stand Dirk Schuster schon lange nicht mehr auf dem Platz, der bereits in der 33. die Rote Karte gesehen hatte. 3:0 hieß es am Schluss, mit hängenden Köpfen verließ der KSC das Stadion der Freundschaft. Torhüter Claus Reitmaier sprach aus, was seine Vorderleute wohl alle dachten: »Wir sind jetzt die Deppen von Deutschland. Wir lassen immer die größten Blamagen über uns ergehen. (…) Da wäre es besser gewesen, wir wären schon vorher ausgeschieden.«[67]

Im Finale wartete, und das macht es für die Karlsruher Anhänger bis heute so schmerzhaft, der VfB Stuttgart. Man stelle sich vor: Nach dem Derby gegen den FCK 1996 nun ein Finale gegen den Rivalen aus dem Ländle. Das wäre was gewesen, das hätte die Blau-Weißen in Ekstase verfrachtet ... Hätte, hätte, Fahrradkette, Eis- und Schneeglätte.

91. GRUND

Weil Icke den Abstieg nicht verhindern konnte, es aber versuchte

»Abgestiegen, alles scheiße, nur das Wetter war gut.« So steht es geschrieben, auf Papier, in einem Kalender von 1998. In meinem Kalender von 1998. Auf dem karierten Feld des 9. Mai, ein Samstag. Natürlich ein Samstag, und der letzte Bundesligaspieltag für den KSC im mehrfachen Sinn. Auswärts bei Hansa Rostock, die Karlsruher auf dem rettenden 15. Tabellenplatz mit einem Torverhältnis von -10 und mit 38 Punkten. Direkt darunter: Borussia Mönchengladbach, -7 Tore, 35 Punkte. Es waren drei Punkte. Ein einziger weiterer Punkt hätte gereicht. Unentschieden in Rostock, nur ein Punkt, ach, das wird ja wohl zu schaffen sein. Dachten alle. Dachten die Spieler wohl sogar noch nach dem Abpfiff. Aber Denken und Fußball, es verträgt sich eben nicht immer. Dabei gingen die Badener schwungvoll in die Partie, hatten in der Woche zuvor immerhin die Schwaben besiegt: 4:2 gegen den VfB Stuttgart. Fredi Bobic war abgemeldet, sogar Magic Metz steuerte nach dem 2:3-Anschluss in der 90. noch sein Tor zum 4:2-Endstand bei. Zuvor hatten Thomas Hengen in der 8., David Régis in der 48. und Thomas Häßler in der 75. getroffen. Thomas Häßler, der wackere Kämpfer, der sich mit unermüdlichem Einsatz (als einer der wenigen Motivierten) gegen den Abstieg zu stemmen versuchte. Zwischenzeitlich hatte der VfB zum 1:1 ausgeglichen, das war direkt nach Wiederanpfiff in der 46., doch der KSC konterte nur zwei Minuten später. Ein wunderbares Derby, zu Hause im Wildpark. Dazu war auch noch Krisztian Lisztes in der 68. Minute mit Gelb-Rot des Spielfelds verwiesen worden.

Eine Woche später gab es in der 68. Minute wieder einen Platzverweis. Für den KSC diesmal. Marc Keller sah Rot, die Kollegen spielten nur noch zu zehnt. Was sich anfühlte wie acht, und Rostock zu vierzehnt. Dabei hatte es doch so gut angefangen! Thomas »Icke« Häßler, natürlich Icke, wer sonst, hatte nach einer halben Stunde den zähneklappernden Anhang erlöst. 1:0, geht doch, na als ... oh. Denn im direkten Gegenzug, es ist immer noch die 30. Minute, gleicht Oliver Neuville aus. Na ja, 1:1 unentschieden, das reicht. Ein Punkt genügt. Nur wird nach der 30. Minute selten abgepfiffen, und so kam es, wie es gar nicht hätte kommen müssen, es dann aber doch tat. In der 45. Minute noch das 2:1, nach der Halbzeit das 3:1 in der 67. und das 4:1 in der 73. Minute. In der letzten Bundesligaminute, ganz kurz vor Schluss, traf Häßler noch einmal – zum 2:4. Ergebniskosmetik, Makulatur, ohne Bedeutung. Ohne Freude. Denn ob nun –11 oder –12, es war nicht mehr wichtig. Weil Mönchengladbach zeitgleich in Wolfsburg gewann, mit 2:0. Punktgleich, beide Teams mit je neun Siegen, elf Unentschieden und 14 Niederlagen. Am Ende war das Torverhältnis schuld, dass der KSC doch noch in die 2. Liga abstieg. Borussia Mönchengladbach profitierte von –5 gegenüber –12 auf Karlsruher Seite, 54:59 Toren für Schwarz-Weiß-Grün, 48:60 für Blau-Weiß. Stuttgart kam in jener Saison gar in den UEFA-Cup.

Aus. Vorbei. Abpfiff. Abstieg. Alles scheiße, nur das Wetter war gut.

Bitterlich weinende Menschen wurden später in Endlosschleife in den Fernseh- und Zeitungsbildern gezeigt, Menschen, die ich kannte. Die meine zweite Familie waren. Ein dumpfes, hohles, gelähmtes Nicht-Fühlen breitete sich aus und hielt auch nach der unsäglichen, unendlichen Heimfahrt mit dem Sonderzug und palettenweise Joghurt noch Tage an. Immer wieder lachte ich mich selbst höhnisch aus, dass mir beim Ausscheiden aus dem UEFA-Cup 1994 die Tränen in den Augen gestanden hatten. Wie viel hätte ich gegeben, wieder aus dem europäischen Wettbewerb auszuscheiden, hätte das doch einen einstelligen Tabellenplatz bedeutet – und nicht den undankbaren 16., den, der unter der Linie steht. Den, der rot gekennzeichnet ist. Zweitligist. Das klang so falsch, falscher ging's fast nimmer. 2. Liga. Die war so weit weg wie der SSV Ulm 1846, Rot-Weiß Oberhausen und Bayer, pardon, der KFC Uerdingen eben sein konnten. Universen entfernt, Lichtjahre, Galaxien. Eine andere Welt. 2. Liga, zweitklassig, nur noch zweite Garde. Abstieg in die Bedeutungslosigkeit, nach elf Jahren. Ich kannte es nicht anders, war 1988 in der 1. Bundesliga zum KSC gekommen. Für mich gab es nur die 1. Liga. Aus amüsierter Sympathie hatte ich mir mal einen Schal des SV Meppen schenken lassen … Es sympathisiert sich leichter, wenn man oben steht. Jetzt waren wir die da unten, jetzt wurden wir mitleidig belächelt. Aber hey: Wir kommen wieder. Nächste Saison. Ganz klar.

92. GRUND

Weil der Sport-Club Mut zur Lücke beweist, Teil II

Mut zur Lücke Teil I wird in Grund 14 beschrieben, Lücken in den Bäumen durch Orkantief Xynthia 2010, unter anderem. Mut zur Lücke bewies der KSC aber auch sprichwörtlich. Rafael Martín Vázquez spielte insgesamt zehn Jahre bei Real Madrid, schoss in 252 Erstligaspielen 42 Tore. Mit den Königlichen gewann er 1984/85 und 1985/86 den UEFA-Pokal, wurde mit Real 1986 bis 1990 fünf Mal in Folge spanischer Meister. Bei der WM 1990 in Italien schied er mit Spanien bereits im Achtelfinale gegen Jugoslawien aus und musste mit ansehen, wie Deutschland den Titel holte. Dieser erfolgreiche Spanier jedenfalls, er wurde nach Karlsruhe geholt. Für teuer Geld gekauft, sein Vertrag angeblich mit drei Millionen Mark Jahresgehalt dotiert – Großverdiener im Großherzogtum. 33 Jahre alt war er bei seinem Wechsel ins sonnige Baden, und auf dem absteigenden Ast. So kam er auch im Wildpark an: kein spanisch-temperamentvoller drahtiger Kämpfer, sondern ein alternder Ex-Star mit ein paar Kilos zu viel und einem Haufen Trainingsrückstand. Verpflichtet, um die Lücke zu schließen, die Thomas Häßler nach seinem Weggang gerissen hatte. Doch Vazquéz wurde ganze fünfmal im KSC-Trikot eingesetzt, konnte den Katastrophenstart der Karlsruher in die ungeliebte 2. Liga nicht verhindern. Erst später kam heraus, wie der Spanier überhaupt den Weg in den Wildpark gefunden hatte: Jörg Berger allein war dafür verantwortlich, und ein Video mit den besten Szenen des einst königlichen Kickers. Das hatte dem als Feuerwehrmann zum KSC beorderten Coach gereicht, Vazquéz wurde verpflichtet. Und wenige Wochen danach wieder vom Hof gejagt. Das »Missverständnis« war also geklärt und ausgeräumt, Vazquéz mit horrender Abfindung hinauskomplimentiert worden.

Doch danach wurde es nur wenig besser, und irgendwann sahen sich die Vereinsoberen gezwungen, erneut zu handeln. Jörg Berger wurde entlassen, es kam Rainer Ulrich. Ein alter Bekannter in Baden – Raubein, aber ein erfolgreiches. Er holte prompt zehn Siege, ein Unentschieden und drei Niederlagen bis zur Winterpause, Licht am Ende des Tunnels. Doch die erneute Formschwäche zu Beginn der Rückrunde rückte den ursprünglich als gesetzt hingenommenen Wiederaufstieg in weite Ferne. So ging es rauf und runter, bis gegen Arminia Bielefeld im heimischen Wildpark eines jener Sechs-Punkte-Spiele anstand. Zwei Spieltage vor Schluss, der KSC auf dem vierten Rang, zwei Punkte hinter den Aufstiegsplätzen. Die Arminia vor dem Spieltag Tabellenführer, Unterhaching Zweiter, Ulm Dritter. Ulrichs Elf musste früh einem Rückstand hinterherlaufen, konnte in der 30. Minute ausgleichen. Aber jetzt, jetzt geht's voran! Nein, ging es nicht. Stefan Meißner sah in der 62. Minute Rot, und Ulrich? Rührte Zement an. War der Auffassung, gegen den Tabellenersten reiche die Verteidigung des Remis. Das gelang zwar, aber so wurde der Aufstieg verspielt. Denn nach dem Sieg gegen Köln eine Woche später im erneuten Heimspiel stand die schwere Auswärtsaufgabe beim Zweitplatzierten Unterhaching an. Die war für keinen der Beteiligten angenehm. Rund 2.000 Fans waren aus der Fächerstadt mit nach Bayern gefahren, zu viele für das gerade einmal 8.000 Zuschauer fassende Stadion. Schon an den Eingängen kam es zu Tumulten und hässlichen Szenen, die Polizei setzte Tränengas ein, es wurde gerempelt und geprügelt, bis durch die engen Tore endlich alle ihren Platz im Block hatten. Dort konnten die Anhänger dann nach sage und schreibe 37 Sekunden jubeln, nachdem Rolf-Christel Guié-Mien getroffen hatte. Es würde am Ende nicht etwa doch noch klappen mit der Rückkehr ins Oberhaus?

Nein. In der 38. Minute sah Christian Kritzer Gelb-Rot, in der 78. schoss Altin Rraklli den Ausgleich. Ausgeträumt. Auf dem Platz ein aufgelöster Rainer Scharinger, in diesem Moment nicht ahnend, dass er später einmal das Traineramt bei ebenjenem Verein übernehmen sollte, den er nach dieser Saison in Richtung SSV Ulm verlassen sollte. Wer im August 1999 allerdings dachte, neue Runde, neues Glück, der wurde eines »Besseren« belehrt. Beste Platzierung jener Seuchensaison: Platz 8. Nie auch nur in der Nähe der Aufstiegsränge, im Gegenteil. Im Sturzflug abwärts ging es spätestens ab Spieltag acht, jede Woche einen Platz nach unten, bis man am 13. Spieltag Vorletzter und am 17. Spieltag endgültig im Tabellenkeller auf dem letzten Rang angekommen war. Das blau-weiße Licht war ausgegangen, die rote Laterne gab der KSC nicht mehr her. Am Ende hieß es: nur noch drittklassig.

11. KAPITEL

IM HIMMEL

**HIMMELHOCHJAUCHZEND,
GANZ OBEN, DAS HÖCHSTE HOCH
UND DAS WIR-GEFÜHL**

93. GRUND

Weil sie nach 3.277 Tagen wieder da waren

Die Saison 2006/07, sie war eine besondere. Ein einziger Freudentaumel, und deshalb als solcher festgehalten.

Spieltag 1. Burghausen. Auswärtssieg. Erstes Tor der Saison. Freis. 23. Minute. Drei Vorlagen. Klasse Konter. Franz und Porcello KSC-Debüt. 4:0. Spieltag 2. FCK. Montagsheimspiel. Südwestderby. Ausverkauft. Zweimal Federico. Zweimal Vorbereitung Freis. Killer Miller. Rot. Elfmeter. Zum zweiten Mal zu null. 2:0. Spieltag 3. In Offenbach. 18 Uhr. Gewitterregen. Anpfiff 13 Minuten später. Federico trifft und trifft. Zum dritten Mal zu null. 0:1. Tabellenführer. Pokalspiel. TeBe Berlin. Erster Pflichtspiel-Gegentreffer. 1:3. Nächste Runde. Spieltag 4. Duisburg. Erstes Liga-Gegentor. Ausgleich? Abpfiff. Freistoß Porcello. Kopfball Eggimann. Tor! Kapllani. Tor! Freis. Tor! Drei Tore in sieben Minuten. Vorsprung schmilzt. Nachspielzeit. Ausgleich. Erstes Unentschieden, zum ersten Mal kein Sieg. Noch ungeschlagen. Spieltag 5. Gastspiel Braunschweig. Kopfballtreffer Freis. Nicht gegeben. Fehlentscheidung?! Kapllani Gelb. Wieder Gelb. Ist gleich Gelb-Rot. Miller rettet. 2:2. Spieltag 6. Gegen Augsburg. Ungeschlagen. Franz in Torlaune. Notbremse Kies. Verletzt. Rot. Unterzahl. Freistoß Porcello. 3:2. Spitzenreiter. Spieltag 7. Montagabend in Köln. 77. Minute. Führung. Sechs Minuten später. Ausgleich. Reflex Miller. Glanzparade Miller. Ungeschlagen. 1:1. Spieltag 8. Eines von zwei noch ungeschlagenen Teams. Gegen Carl Zeiss Jena. Perfekter Freistoß. Carnell 4:0. Foul an Dick. Pfiff. Punkt? Elfmeter Jena. Kurios. 4:1. Pokalspiel. Bochum. 3:2. Nicht schlimm. Konzentration auf die Liga. Spieltag 9. Bei Rot-Weiss Essen. 90. Minute. 30 Meter. Porcello. Gewaltschuss. 2:1-Siegtreffer. Weiter ungeschlagen. Wieder Tabellenführer. Spieltag 10. SC Paderborn. Kornetzky im Tor. Jeff auf dem Plakat. Federico. Treffer sechs und sieben. Freistoßtrick. Weltklasse. Zu null.

3:0 Endstand. Spieltag 11. Nebel. Sichtweite unter drei Meter. Zweite Hälfte. KSC macht Dampf. Neun Minuten. Drei Treffer. Torauslinie? Trotzdem. 3:0. Und ungeschlagen. Spieltag 12. Rätselhafter Virus. Miller fehlt weiter. Nach vier Siegen in Folge Remis. Unglaublich, aber: ungeschlagen. Spieltag 13. Montag. Spitzenspiel. Rostock. Er wird doch nicht …? Er wird! Porcello. 35 Meter. Anlauf. Treffer. 3:0. 4:1. 4:4. Unglaublich. Unfassbar. Wahnsinn! Ungeschlagen. Spieltag 14. Bayernbesuch. Unterhaching. Federico. 50. Zweitligaspiel. 9. Saisontreffer. Erster in der Torschützenliste. Erster KSC-Sieg in Unterhaching. Erster in der Tabelle. 35 Tore in 14 Spielen. Spieltag 15. Aue. Autsch! Aduobe beim Aufwärmen verletzt. Nachspielzeit. Lattenknaller Kapllani. Erste Niederlage. Spieltag 16. Im Breisgau. Deutliche Antwort. Abgeklärt. Cool. Traumtor! Federico aus 16 Metern. Schlussphase. Fast Mitleid. Eigentor Freiburg. 4:0 Sieg. Spieltag 17. Letztes Vorrundenspiel. Sonnenschein. Warm im Wildpark. Blackout Fürth. Freistoß Carnell. Auf Federico. Auf Franz. Auf Freis. Ins Tor. Fuchs vergibt für Fürth. Franz stark. 2:0. Herbstmeister!

Spieltag 18. Auftakt Rückrunde. Fortsetzung. Federico. Kaufman nach langer Verletzung dabei. Und stark. Verteidigung mit Miller, Mann und Maus. 2:1. Spitzenreiter, Spitzenreiter, hey, hey! Spieltag 19. Montag. Betzenberg. Nichtaufstiegsplatz: Neun Punkte Vorsprung. Mutzel Gelb-Rot. Unnötig. 8:1 Eckenverhältnis. 1:1-Endstand. Spieltag 20. Offenbach im Wildpark. 93. Minute. Elfmeter Federico. Verwandelt! Sieg in letzter Sekunde. 2:1. Spieltag 21. Und wieder Montag. Wieder Spitzenspiel. MSV Duisburg. Zebras. Galopp. Führung Kapllani. Handspiel Kapllani. Elfmeter. Duisburg 2:1. Schlussphase. Orahovac. 90. Minute. Pfosten. Leere Hände. Erste Auswärtsniederlage. Spieltag 22. Die Antwort. Großchancen. Ungenutzt. 22. Minute. Porcello. Pfosten. Carnell. Freistoß. 20 Meter. Kunstschuss! Kollektives »Oh«. Überfällig. Führung. 2:0. Nach wie vor Tabellenführer. Spieltag 23. Fragezeichen. Erklärungen? Wermutstropfen. Dick. Diagnose. Kreuzbandriss. Dritte Niederlage.

Spieltag 24. Erneute Antwort. Noch nie zwei Spiele hintereinander verloren. Daum. Respekt. 2:1. Tabellenspitze. Keine Veränderung. Spieltag 25. Federico-Entscheidung am Spielfeldrand. Borussia Dortmund. Im Osten. Jena. Abgeklärt. Glück des Tüchtigen. Glück des Tabellenführers. Überragende Chancenauswertung. 3. Minute. 1:0 Federico. Vertrauensbeweis. Spieltag 26. An Essen verschluckt. Zu früh gefreut. Appetitlosigkeit? Leichtsinnig. Auswärtsschwächstes Team trifft heimstärkstes Team. Nicht zu sehen. Unkonzentriert. LGK zurück im Wildpark. Eggimann zurück an Miller. Unhaltbar. 1:3. Trotzdem Tabellenführer. Spieltag 27. Federico. Doppelt aufgelegt. 11. und 12. Assist. Miller Gelb. Elfmeter. Anschlusstreffer. Endstand 1:2. Karlsruhe Sieger. Spieltag 28. Oh weh! Nicht olé. München. 1860. 15.000 Fans. Rückweg. Hängende Köpfe. Leere Hände. 0:2-Niederlage. Aber weiter Spitzenreiter. Spieltag 29. Zuerst Schrecken. Dann schön. Nachspielzeit. Federico. 3:1-Sieg. Puh. Spieltag 30. Knackpunkt. Geniestreich. Vorentscheidung. Rostock. Der Kreis schließt sich. Erinnerungen. Ziellinie. Fast. Beinahe. So gut wie. 2:1-Auswärtssieg. Spieltag 31. Matchball. Noch ein Punkt. Ausverkauft. Hoffnung. Sehnsucht. Erwartung. Nervös? Ede. Gänsehaut. Federico. Mustergültig. Kapllani. 1:0. Kollektiver Aufschrei. Fahnenmeer. Freude pur. Nie mehr 2. Liga. Champagner. T-Shirts. Haarschneider. 3.277 Tage. Neun Jahre. Aufstieg. Meisterschaft. Spieltag 32. In Aue. Im Freudentaumel. Luft anhalten. Leicht verschluckt. 0:2. Zweimal Kaufman. Zweimal Kopf. 2:2-Endstand. Egal, aufgestiegen. Spieltag 33. Badisches Derby. Iashvili legt vor. Iashvili trifft. Gegen den neuen Verein. 0:3. Der Aufstieg zählt. Spieltag 34. Letztes Saisonspiel. Letztes Mal 2. Liga. Federico. Federico. Federicoooo. 1:3. 70 Punkte. Acht Punkte Vorsprung auf Platz 2. +28 Tore. Wieder da. Bundesliga.

94. GRUND

Weil Karlsruhe einen Fußballgodfried hatte

Im Januar 2005 kam er nach Karlsruhe. 2011 verließ er die Stadt als ehemaliger Profi nach seinem Karriereende. Dazwischen lagen sechseinhalb Jahre, in denen er 161-mal das KSC-Emblem auf der Brust trug und zwei Tore schoss. In denen er ungezählte Zweikämpfe bestritt und sich immer, immer, immer reinhängte. Sein Name: Godfried Aduobe.

Von Hansa Rostock war er in der Winterpause 2005/06 zum KSC gewechselt, sollte im Mittelfeld als »Staubsauger« vor der Abwehr fungieren, Impulse nach vorne gerne erwünscht. Ganz fremd war ihm der badische Verein nicht, kannte der damals 29-Jährige doch Ralf Becker, damals Spielerbeobachter für den KSC, der ihn für eine »besondere Bereicherung« hielt, und Thomas Kies, der ihn einen angenehmen Zeitgenossen nannte. 2001/02 hatten beide gemeinsam mit Aduobe im Schwäbischen beim SSV Reutlingen gegen das runde Leder getreten. Von Reutlingen wechselte der Ghanaer an die Ostsee, dort wurde er unter Ex-KSC-Coach Jörg Berger nicht mehr in die Stammelf berufen. Der Weg war frei zum Zweitligisten nach Karlsruhe, wo er als »Mittelfeldspieler mit kämpferischen, aber auch spielerischen Qualitäten« weiterhelfen sollte, wie Ede Becker sich erhoffte. Das tat er, zunächst mit der 20 auf dem Rücken, ehe er zu Beginn der Saison 2006/07 wechselte. In Herz und Hirn eingebrannt hat sich »Goddie« mit der 4. Und seinen unnachahmlichen Zweikämpfen. Und seiner unverwechselbaren Art.

Zwei Tore hat er für den KSC erzielt, beide in seiner ersten Halbsaison in Baden. Bereits im März 2005 fiel sein erster Treffer, in seinem sechsten KSC-Auftritt; beim 1. FC Saarbrücken markierte er den 2:2-Ausgleich in der (wie passend) 22. Minute. Das Spiel endete 4:3 für die Blau-Weißen in der Fremde. Am 31. Spieltag dann bei Eintracht Trier, wieder auswärts, wieder Goddie: in der 45. kurz vor der Halbzeit, das 1:0. Danny Schwarz sicherte mit seinem 2:0 in der 55. den erneuten Auswärtserfolg. Heißt: Wenn der Fußballgodfried ein Tor schoss, hat der KSC gewonnen. Schöne Statistik. In der Startelf stand er, wie so viele Male zuvor, beim Spiel gegen Union Berlin 2011. Es war sein letztes als Fußballprofi, sein letztes im KSC-Outfit. Der 3:2-Sieg sicherte Goddies Team den Klassenerhalt, und das ganze Stadion hätte ihm einen Treffer gegönnt – der ihm auch fast, aber eben leider nur fast geglückt wäre. Das war aber nicht der Höhepunkt des Tages. Den gab es bereits vor dem Spiel, als der Liebling aller mit einem gerahmten Abschiedsgeschenk, vielen Emotionen, stehenden Ovationen und ein paar Tränen verabschiedet wurde. Ein KSC ohne seinen Fußballgodfried, das war für alle nur schwer vorstellbar. Die KSC-Fans nannte er »meine Leute«, sonst sagte der Ghanaer eher wenig. Zumindest zu den Medien. Stattdessen zeigte er 100 Prozent Einsatz, und manchmal auch ein bisschen mehr. Als junger Kerl wollte er einst seine Fußballerkarriere zu Gunsten von Ausbildung und Beruf an den Nagel hängen, bevor sie richtig begonnen hatte. Doch er wurde zurückgeholt auf den grünen Rasen – trotzdem hat er die Straße nie vergessen, wo er barfuß das Kicken und das Überleben lernte. Vom Voodoo fand er den Weg zu Gott,[68] von der Ostsee fand er ihn in den sonnigen Südwesten. Nie ließ er locker, gab keinen Ball verloren, gab niemals auf. Der hartnäckige Defensivspezialist ließ sich nicht unterkriegen, doch 2010 wurden die Verletzungen häufiger, die Einsätze weniger. Dann die Entscheidung: 2010/11 ist die letzte Saison für ihn. Mit 35 Jahren beendete er seine Karriere, ging aus Karlsruhe mit seiner Familie zurück in die Heimat nach Accra, Ghana. Er ging als Freund, nicht nur als Fußballer. Und als Freund bleibt er. Am 29. Oktober 2015 wird er 40 – lieber Goddie: Wir winken alle und wünschen dir Glück, Gesundheit und das Allerbeste. Dass du den 94. Grund passend zu 1894 bekommen hast, ist Zufall. Oder Fügung. Denn du hast ihn verdient.

95. GRUND

Weil Gottes Segen auf dem Wildpark liegt

Denn dein ist die Kraft, und der Sieg, und der Charakter, in Ewigkeit Amen. Na gut, etwas abgewandelt ... Tut mir leid. Ich will weiß Gott niemandem auf die Füße treten mit meiner frei interpretierten Version des Vaterunser. Trotzdem: Hier soll es um segensreiche Worte und einen besonderen Menschen in den heiligen Hallen am Adenauerring gehen. Kapuzinerpater Burkhard Volkmann ist wahrhaftig das, was man einen KSC-Fan mit Leib und Seele nennen kann. Fast schon muss. Chronologisch vorgegangen heißt das für seinen Lebenslauf: 1945 in Mosbach geboren, in Karlsruhe-Rüppurr aufgewachsen, 1956 die Liebe zum blau-weißen Sport-Club entdeckt, am 23. April 1965 in den Orden der Kapuziner eingetreten, am 6. März 1971 in Karlsruhe-Dammerstock zum Priester geweiht und 1987 Mitglied beim Karlsruher SC geworden. Immer ist er im Wildpark mit Mönchskutte (ha! Kuttenträger!) und KSC-Käppi aufgetreten, immer hat er anwesende Fernsehteams und Kameras angezogen wie ein Magnet. Nicht selten baten ihn Fans darum, doch ein gutes Wort ganz oben für den KSC einzulegen – und sogar getraut hat er schon einen. Einen Anhänger des Vereins, der seiner Zukünftigen unbedingt das Jawort mit Pater Burkhards Segen geben wollte. Das tat er, mit wunderbaren Worten und fast ein wenig gerührt, dass sich da jemand so sehr seine Anwesenheit und sein Zeugnis wünschte. Die beiden damals Getrauten sind übrigens bis heute glücklich verheiratet und mittlerweile Eltern.

Glücklich vereint mit dem Fußball ist auch Pater Burkhard. Überall, wo er tätig war, hat er selbst gespielt; überall hat er KSCs für junge Spieler gegründet. Katholische Sport-Clubs, versteht sich. Sein Augenzwinkern dabei kann ich mir lebhaft vorstellen, und er war bzw. ist tatsächlich so etwas wie das berühmte gute Omen für den Verein aus der Fächerstadt. Wann immer ich ihn gesehen habe, es war ein guter (Fußball-)Tag. Fußball, das ist für ihn Ausgleich zum Alltag, aber auch die Verbindung von Sport und Jugendarbeit. Die Seelsorge im Sport, sie liegt ihm am Herzen. Immerhin 27 KSC-Kicker hat er im Laufe seiner aktiven Tätigkeit als Ordensmann zu Autogrammstunden und Freundschaftsspielen in die Region geholt, darunter unter anderem Florian Dick und Massimilian Porcello. 2013 hat er die eigene Karriere als Fußballer beendet – seine Kameraden seien älter geworden und hätten aus beruflichen Gründen keine Gelegenheit mehr, und allein, nun, da spielt es sich erstens schlecht und zweitens langweilig. Nur passiv, da ist er immer noch in Sachen Fußball unterwegs und gönnt sich seine Stadionbesuche. Dass Gaétan Krebs seinen Vertrag bis 2017 verlängert hat, dürfte ihn besonders freuen; Pater Burkhard ist Fan vom kleinen Franzosen, der bereits seit 2009 für die Blau-Weißen dribbelt und mit seinen 1,65 Meter immerhin schon zwei Kopfballtreffer markierte. In den weniger erfolgreichen KSC-Zeiten, wie unter anderem auch 2009 beim Abstieg, wurde der Pater oft bedauert – er hätte mehr beten müssen, hieß es dann. Sogar ein Bild der Mutter Gottes haben Geistliche nach einem Abstieg in sein Zimmer gehängt. Bildunterschrift: »Maria hat leider auch nicht geholfen.« Die nicht, aber der unbeirrbare Glaube an die Auferstehung seines Vereins, der schon.

Irgendwie ist er ein Mann von Welt, auch wenn das auf den ersten Blick nicht zu einem Pater passt. Aber wenn ein Ordensmann ins Stadion geht, auf dem Platz steht und sogar im Kapuziner.TV Podcast mitwirkt, dann trifft es die Beschreibung doch. Sogar zum »Groundhopper« ist er geworden. Seine Tätigkeit in Nordrhein-Westfalen machte es nötig. Gab es da Stadionpause? Eben nicht. Knappe 400 Kilometer ist er gefahren, um seinen Verein weiter treu zu begleiten. Die Roten Teufel aus Kaiserslautern, sie schrecken ihn nicht, und auch nicht unbequeme Reaktionen. Einst hat er in einer Mitgliederversammlung die Aufstellung kritisiert – prompt hat Winnie Schäfer ihn mit Missachtung gestraft. Nicht ganz leicht war auch das Gespräch mit Stefan Mees, der sich Anfang der 90er-Jahre zur festen Mittelfeldgröße entwickelt hatte und für viele eines der Toptalente überhaupt war. Doch Mees lehnte sogar ein Angebot des FC Bayern ab, ging stattdessen zu Pater Burkhard – und danach ins Kloster nach Selbitz. Davon konnte ihn auch der Ordensmann mit Blau-Weiß-Sympathie nicht abbringen, und in der Abgeschiedenheit suchte der Kicker das, was auf dem Platz und drumherum abhandengekommen war: die Menschlichkeit. Nach seinem dortigen Aufenthalt schnürte er die Kickschuhe dann wieder – aber nicht mehr als Profi. Landesliga, Zeiskam in der Pfalz, das war ihm genug.

Genug schöne Momente hatte der kickende Kapuziner auch, einen davon, als er den Nachwuchs von Ex-KSC-Torwart Claus Reitmaier taufen durfte. Und wie der gläubige Godfried Aduobe feiert auch Pater Burkhard 2015 einen Runden: den 70. nämlich, am 4. März. Dazu, lieber Pater Burkhard, alles Beste, Gesundheit und viele Punkte für den Herzensverein. Wenn ich mir etwas wünschen darf, dann würde ich Sie gerne einmal wiedersehen. In Kutte, mit Käppi.

96. GRUND

Weil der DFB-Präsident persönlich zum Geburtstag gratuliert

6. Juni 1894 bis 6. Juni 2014: 120 Jahre KSC standen auf dem Kalender, Grund genug, ganz groß zu feiern. Nicht nur mit einem gelungenen Jubiläumstrikot nebst Lorbeerkranzlogo für die komplette Saison 2014/15, sondern mit einem Ehrengast und einer ganzen Festwoche im Juli ebenjenes Jubiläumsjahres. Vom traditionellen Familientag über Blitzturniere und Freundschaftsspiele der Jugendmannschaften und der KSC-Damen bis hin zum offiziellen Festakt im Konzerthaus Karlsruhe sowie, einen Tag später, zum freundschaftlichen Kräftemessen mit Hertha BSC im Wildpark reichte das

Programm. Wer noch mit der Frage gehadert hatte, ob nicht viel eher die 125 Jahre das »wahre Jubiläum« seien, der wurde mit Trommelschlägen und guter Laune eines Besseren belehrt. »Kämpfen, leiden, siegen« lauteten die Schlagworte, unter denen 700 geladene Gäste gemeinsam mit KSC-Präsident Wellenreuther, Karlsruhes Oberbürgermeister Dr. Frank Mentrup und Wolfgang Niersbach zurück auf alte Zeiten blickten. Der DFB-Präsident hatte es sich nicht nehmen lassen, nach Karlsruhe zu kommen und persönlich zu gratulieren. Zu Herzen gehende Bilder, Gänsehautmomente, mitreißende Reden und Musik – es war für alles gesorgt bei dieser Feier. Bewegt und bewegend erinnerten Wellenreuther & Co. an die Gründungsjahre, an große Erfolge und glanzvolle Auftritte, aber auch an Niederlagen, schwarze Stunden und unsichere Zeiten.

Niersbach höchstselbst schnitt dann auch das Stadionthema an. Mit Blick auf die Vergabe der Europameisterschaft 2024 und voll inbrünstiger Überzeugung, diese nach Deutschland zu holen, äußerte er sich auch zum Spielort Karlsruhe. Und dass sich der Verein, »Stand heute«, gar nicht erst dafür bewerben bräuchte. Den Halbsatz danach ließ er offen und bedeutungsschwer im Raum stehen – verstanden hat ihn jeder Anwesende. Stadtoberhaupt Mentrup gönnte dem Verein vor allem Konstanz und bemühte eine feurige Metapher. Den Phönix nämlich, der die Asche braucht, um daraus wieder aufzusteigen. »Ich finde, diesem Bild sind Sie jetzt in Ihrer Geschichte wirklich lange genug treu geblieben«, sagte er mit hörbarem Seufzen, und wünschte sich und den Anwesenden, dass eben jener Phönix nicht jedes Mal wieder ganz unten anfangen muss, sich emporzukämpfen.

»KSC – mehr als ein Verein« stand als Fußzeile nicht groß, aber sehr wahr unter all dem, und sie passte hervorragend. Da in der Konzerthalle wurde allen eindrucksvoll bewusst, was hinter diesen drei Buchstaben alles steckt. Hohn und Helden, Glück und Leid, Lachen und Weinen, Ärgern und Aufrappeln ... Es liegt alles sehr nah beieinander beim KSC. Nachzulesen auch in der gold-schwarzen

Festschrift, mit alten Fotos und aktuellen Interviews, mit viel Chronik und noch mehr Charme. Apropos Charme. Charmant formulierte es auch der Wildpark-Präsident. Als Schicksalsgemeinschaft bezeichnete er die blau-weiße Familie, »Fan oder Mitglied des KSC zu sein, ist regelrecht eine Herausforderung und eine Lebensaufgabe«. Die leisen Lacher im Publikum, sie waren zustimmend gemeint. Dass der Verein für diese Feier wie auch für alle Festivitäten anlässlich des runden Geburtstags eimerweise Lob einsackte, es war ein deutlich sichtbares Zeichen dafür, dass der Club sich wieder Ansehen und Anerkennung erarbeitet hat. Herzlichen Glückwunsch nachträglich, KSC, bitte bleib so, wie du bist.

12. KAPITEL

IM HERZEN

**FANS, EMOTIONEN, ENGAGEMENT
UND ERHÖHTER PULS**

97. GRUND

Weil die Fans wissen, was echte Freundschaft ist

»Gute Freunde kann niemand tr …«, schon gut, lassen wir das. Aber ein Funken Wahrheit steckt eben doch drin, im alten Gassenhauer, besungen von Franz Beckenbauer 1966. Bis auf Platz 31 der Charts schaffte er es damit! Einen vorderen Platz in den Herzen der ganz treuen Fans des KSC haben dagegen die Freunde aus Berlin. Ein Freund, ein guter Freund, das ist eben wirklich das Beste, was es gibt auf der Welt. So erfuhren das auch die Hertha-Frösche, die am 14. August 1976 auf dem Weg in die Fächerstadt waren. Erster Spieltag der Saison, gegen halb zehn Uhr morgens rollen sie ein, Karlsruhe Hauptbahnhof. Etwa 400 Berliner, lauthals singend – und zehn Karlsruher, die sie freundlich begrüßten. Freundlich begrüßten? So was geht? So was gibt's? Erstaunlich. Und nicht nur das, auch noch eingeladen wurden sie! Mit in die Fankneipe zu kommen, was sie gerne annahmen. Schon auf der Fahrt dorthin gab es erste Verbrüderungsszenen, und auf dem Weg ins Stadion wuchs diese neue Gemeinschaft immer stärker an. Telefonnummern und Adressen wurden getauscht, dann die eigenen Teams angefeuert. Hertha siegte 3:0, Tabellenführer, ha ho he, aber oje, was blühte wohl nach Abpfiff? Vorbei mit aller Freundschaft? Die doch gerade erst aufgeblüht war? Mitnichten. Man geleitete die neuen Kumpane zurück zum Bahnhof, sang zum allerersten Mal *Hertha und der KSC*.

Wenn dieses Lied heute durch den Wildpark und das Olympiastadion hallt, singen es Tausende Kehlen. Einige Jahre hielt die Freundschaft damals, dann schlief sie ein. Bis zur Saison 1997/98. Die Hertha war aufgestiegen, endlich begegneten sich beide Vereine wieder. Im Berliner Fanprojekt wurde im Oktober 1997 gemeinsam gefeiert, die alte Verbindung reaktiviert. Von Jahr zu Jahr wurde es enger, aus der rein fußballerischen Fanfreundschaft entstand etwas Echtes. Etwas, was tiefer geht, länger hält und bei dem Ligazugehörigkeiten zweitrangig sind. Jede Menge Freundschaftsspiele, Besuche, Aktionen gab es seither, und wird es auch in Zukunft geben. Elf Freunde müsst ihr sein, oder eher elf mal elf mal elf mal ... Mal sehen. »Auf Freunde eilt zum grünen Plan, hinaus am Waldessaum. Dort bietet sich auf weiter Bahn für frische Tatkraft Raum. Nicht düstre Mauern hemmen dort der Freude Hochgefühl! Es ist fürwahr der rechte Ort fürs freie Fußballspiel.« Heißt es in einem Fußballlied von 1921. Hat bis heute Bestand, würde ich sagen, vielleicht in etwas weniger steifen Worten. »Düstre Mauern« wurden eingerissen, die in Berlin, und die in den Köpfen, wenn es darum geht, über die eigenen Vereinsgrenzen hinwegzugehen, über den Tellerrand hinauszusehen. Diese Freundschaft zwischen KSC und Hertha BSC, sie ist schon was Besonderes. Und sie ist nicht die einzige Freundschaft, die der Karlsruher Anhang pflegt. Hinüber ins Elsass und bis nach Italien reichen die Bande, eine blau-weiße Linie zieht sich von Pisa über Straßburg bis nach Berlin. Seit 2001 bestehen freundschaftliche Bande nach Italien; die Verbindung zum französischen Nachbarn gibt es schon sehr viel länger. Seit den 80er-Jahren, um das zu präzisieren. Das Elsass ist eben nicht weit, und was tun Fußballfans nicht alles, um noch mehr ihres geliebten Sports live sehen zu können. Kein Wunder also, dass der KSC freundschaftliche Gefühle in Richtung Stade de la Meinau hegt. Et la présence d'un sympathique Fan Club, ein netter Fanclub in Renchen, ganz in der Nähe von Straßburg, hat bei den Elsässern Eindruck hinterlassen. Positiven. Bier und Fußball, das gefiel beiden, und man war sich sympathisch. Dazu immer die Suche nach dem Abenteuer, und nach noch mehr Fußball. Besuche drüben, Besuche hüben, mal Wildpark, mal andere Rheinseite. Vor allem die Flutlichtspiele in den Abendstunden des nebligen Straßburg, sie sind faszinierend. Mit dem Auto ist man aus Baden ganz schnell drüben, einfach über die Rheinbrücke und noch ein Stück weiter, A 65, Frankreich, Straßburg, Parkplatz gar nicht weit weg. Matschig zwar, aber dafür nah, zumindest war das früher so. Der letzte Besuch ist eine Weile her. Viel kalter Beton erwartet einen da, aber auch viel warme Gastfreundschaft. Und Merguez! Ein Königreich für Merguez, diese scharf gewürzte Hackfleisch-Bratwurst mit Harissa, lange vor veggie und vegan. 1993 wurden die Blue Pirates gegründet – ein besonderer Fanclub mit Mitgliedern aus Frankreich und Deutschland, mit Fans von KSC und RCS. Bunt gemischt, oder besser: blau-weiß, und vereint in Freundschaft. Seit den frühen 2000er-Jahren wurde die Beziehung enger, Phönix Sons 99 und Ultra Boys 90 stehen zusammen und füreinander ein. Gemeinsame Transparente, Zaunfahnen und Doppelhalter, Grüße an die Nachbarn und gemeinsame Stadionbesuche – es funktioniert, und mehr als das.

»Und wenn entschieden ist der Sieg, dann wird das Spiel erneut. Es ist für uns ein lust'ger Krieg, der frischen Mut uns beut, der Herz und Mut gefangen hält und Geist und Körper stählt. Drum haben wir das Fußballfeld als Lieblingsplatz erwählt.« Lieblingsplatz, genau. Dem ist nichts mehr hinzuzufügen.

98. GRUND

Weil die Fans wissen, was echte Feindschaft ist

Klar könnte ich hier einen glühenden Artikel voller Hass auf diverse Vereine in der Pfalz und Württemberg schreiben. Aber erstens ist Hass für mich ein zu heftiges Wort, auch wenn das der ein oder andere Anhänger vielleicht anders sehen mag. Zweitens bin ich zu lange weg aus dem Fanblock und dem, was daraus geworden ist. Aber drittens ist es mir trotzdem ein Anliegen. Denn nein, auch ich mag den VfB nicht, und ich habe dabei immer meine Oma im Ohr, die das, wenn kein anderer zusah oder -hörte, »VfBäh« aussprach. Gut, sie war Schalke-Fan, sekundär, das macht's nicht wesentlich besser. Aber immerhin: Ihr Mann, mein Opa, gehörte einst zum

VfB Mühlburg, war damit für den KSC-Vorgängerverein aktiv, und das macht uns ein bisschen stolz. Und eine gepflegte Abneigung gegen diverse Rivalen, mal ehrlich: Die macht doch das Fanleben erst richtig interessant. Ein Derby gegen den Brustring-Verein, ein Match gegen die Lauterer, das ist das Salz in der Suppe und gibt dem Spieltag eine extra Portion Pfeffer. Da singen die Fans noch einen Ticken lauter, da gucken die Spieler noch ein bisschen entschlossener, da ist einfach Gift drin. Nennen wir das Kind ruhig beim Namen. »Feinde« klingt auf den ersten Blick martialisch. Aber hey, »Gegner«, »über den Kampf ins Spiel finden«, »Blutgrätsche«, Zweikämpfe, Duelle, Sturm und Abwehr – es lässt sich nicht leugnen, Fußball ist kein Hallenhalma, und dafür gehen freiwillig drei Euro ins Phrasenschwein.

Ja, mich hat einst ein Stuttgarter getreten, aber er hat nicht getroffen und ist danach umgefallen. Höhö. Wenn es friedlich bleibt, wenn die »Feindschaft« auf den Rängen ausgefochten wird, wenn über den Wettstreit, wer den besseren Support bietet, die Vorherrschaft im Ländle oder zwischen Baden und Pfalz ermittelt wird – dann ist das etwas, was man erlebt haben muss. Trotz und wegen aller Brisanz, wenn diese Spiele anstehen, dann prickelt die Luft, dann ist die Atmosphäre in und um das Stadion und sogar darüber elektrisch aufgeladen. Verbannte Schals, weggeworfene Relikte einstiger Freundschaften, hochgehaltene Botschaften der lodernden Antipathie: Das gehört dazu. Unmut kundtun, auch über die Kommerzialisierung, über zerstückelte Spieltage, es gehört dazu. Freunden den Rücken stärken, Verletzten gute Besserung wünschen, an Gegangene erinnern, verdammt, es gehört dazu.

Sie genießen es doch auch, am Montag im Büro zu sticheln, wenn die Kollegen Niederlagen ihrer Clubs hinnehmen mussten. Oder nicht? Fühlt es sich nicht großartig an, wenn die haushohen Favoriten im Pokal gegen den FC Hintertupfingen rausfliegen? Sich der 1. gegen den 17. blamiert? Denken Sie nur mal an diese Genugtuung, wenn nicht mehr der eigene Verein der ist, der für süffisante Schlagzeilen und Negativrekorde sorgt. Ausgeprägte Rivalität – wenn Sie mich fragen, ist die gut fürs Gemüt. Und manchmal schlecht für den Kreislauf. Aber sie belebt, das kann wohl keiner bestreiten. Vielleicht grinsen Sie auch bloß in sich hinein, wenn der Verein aus der Stadt ohne Namen auf Platz 18 der Tabelle steht. Da ist es dann auch schon egal, dass der eigene Club sogar eine Klasse tiefer kickt. Und kämpft. Und grätscht.

99. GRUND
Weil das Kunst ist und nicht weg kann

1986 gründeten engagierte KSC-Fans die IG, »Interessengemeinschaft Karlsruher Fußballfans e. V.«. Eine ihrer ersten Taten: die Forderung nach einem sozialpädagogischen Fanprojekt, das dann auch wirklich noch im selben Jahr gründet und 1989 in die Trägerschaft des Stadtjugendausschusses Karlsruhe überging. Bis Anfang der 90er hatte das Fanprojekt ordentlich zu tun: mit den Destroyers, der damals dominierenden Hooligangruppierung. Später konzentrierten sich die Fanprojektler immer stärker auf jugendliche und heranwachsende Fußballfans im Alter von 14 bis 27 Jahren, organisieren seit langer Zeit U-18-Auswärtsfahrten, begleiten Heim- und Auswärtsspiele und sind in den eigenen Räumen für die Fans da. Natürlich geht es da oft und viel um Krisen und Gewalt, um Unerlaubtes nach Meinung der Ordnungshüter, um Unerhörtes aus Sicht der Fans, um Intervention und Prävention. Aber es geht auch darum, die Fußballfans zu begleiten. In schwierigen Situationen, zum Anwalt, aber auch zum Vorstellungsgespräch, oder einfach ein offenes Ohr zu haben. Fußballfreizeiten werden organisiert, die Reisen nach Berlin zum Fanfinale auf die Beine gestellt ... und, nicht zuletzt: Es werden Freiräume geschaffen, damit Doppelhalter und Choreografien entstehen können. Für diese Choreos sind sie berühmt, die Karlsruher Anhänger, und für diese beeindruckenden Präsentationen steht der Wildpark respektvoll auf und applaudiert. Da geht es nicht um Fahnen oder Transparente, es geht um Kunstwerke. Riesige Darstellungen von Iron Maik Franz und der Kämpferfaust, von EDE statt KSC in weißen Buchstaben auf blauem Grund oder mit seinem Konterfei neben einer Bond-like gestalteten silbrig-blauen 2007, von einem Schiff, das sich durch die stürmische See kämpft, vom majestätischen Phönix, einem Ritter in voller Rüstung, vom Jubiläumslogo mit den Wappen der beiden Vorgängervereine. »Lebt unseren Traum« und »Unsere Liebe lässt uns siegen« steht da zu lesen, »Um jeden Preis für Blau und Weiß«, »Faszination seit Kindestagen«, »Manchmal besiegt, doch nie verloren – You'll never walk alone«, »Mit Wind in den Segeln und einer treuen Crew feiern wir gemeinsam Siege für Karlsruh'!« und noch vieles, vieles mehr. Gänsehautmomente, die sich zwar mit Kameras und Smartphones fotografisch festhalten lassen, die aber doch nie die Atmosphäre in diesem Augenblick wiedergeben können. wenn die Choreografie »passiert«. Wenn blaue und weiße Pappen oder Folien hochgehalten werden, Konfetti und Papierschnipsel durch die Luft regnen ... Sie haben Respekt und Anerkennung verdient, diese Werke. In stundenlanger Arbeit entsteht, was nur für einige wenige Momente Bestand hat.

Und das passiert eben im Fanprojekt. Früher, da war es in nächster Nachbarschaft des Engländerplatzes zu Hause. Jener Platz, an dem die Karlsruher das Kicken begannen. 2007 ist das Fanprojekt umgezogen, nicht ganz freiwillig – es musste der neuen Mensa der Uni weichen. Doch ob nun Engländerplatz (mit 80 Quadratmetern) oder Amisiedlung (in der Karlsruher Nordstadt mit immerhin 450 Quadratmetern), es ist zweites Zuhause für zahlreiche Fans, und war das einst auch für die Autorin. Dort wurde Weihnachten mit zwei Raclette-Grills die Sicherung ins Jenseits befördert, dort wurde gemeinsam gefeiert, gekickert, gelacht, gefiebert, getroffen. Das gilt auch heute noch, und das bringt das Konzept der drei Säulen, auf denen die Fanarbeit beim KSC basiert, perfekt auf den Punkt: Zusammen stehen Fanbetreuung, Fanprojekt und Supporters als Dachverband (die ehemalige IG) hinter dem Verein und den Fans. Gemeinsam stark, das ist keine Kunst. Sondern eine feine Sache.

100. GRUND
Weil der Hans vom Seppl gelernt hat

Und nun steigen wir hinab in den Untergrund. Wohin sich sonst kein Normalsterblicher verirrt, führt jetzt der Weg. Ein bisschen geheimnisvoll mutet es an, gerade hier im alten Wildpark. Der Mythos der Unbesiegbarkeit geistert durch die heiligen Hallen, wie er auch durch die Katakomben der Cosa Nostra weht. Fehlt nur noch, dass uns einer der »uomini d'onore«, einer der »Ehrenmänner«, mit Handschlag begrüßt und uns mit dem Boss zusammenbringt, um wertvolle Informationen über den KSC hinter vorgehaltener Hand zu überbringen. Mit Kriminalität oder Geheimorganisationen allerdings hat das Ganze hier unten nichts zu tun, aber es erinnert unweigerlich an die Unterwelt, wenn man die Stufen hinabsteigt in die Räume, die den Spielern und Betreuern vorbehalten sind. Der Begriff »Mafia« geht bis ins 19. Jahrhundert zurück und bedeutete ursprünglich Schönheit, Anmut, Vollkommenheit. Also doch! Es finden sich durchaus Parallelen. Denn, und das wird auch am Adenauerring sicher niemand abstreiten, nach Vollkommenheit streben wir alle. Sei es auf dem Fußballplatz oder anderswo. Brechen wir also die »omertà«, das Gebot der Verschwiegenheit. Wir kommen an und müssen uns entscheiden: Rechts Richtung Gäste-Kabinen, geradeaus hinaus ins Stadionrund oder links in die Räume der Heimmannschaft? Wärme empfängt uns – hier unten ist es immer angenehm, damit sich auch ja niemand eine Erkältung einfängt. Schlagen wir zunächst den linken Weg ein. Gleich wieder links die

Teeküche, in der stets frisches Obst, Energiegetränke und türkischer Tee von Hans bereitstehen. Aha, der erste Name taucht auf! Wir werden ihn uns merken und später versuchen, mit der genannten Person Kontakt aufzunehmen. Vielleicht weiß jener Hans mehr? Behandlungs- und Massageraum, Duschen, Entmüdungsbecken (ja, jenes, in dem Rolf Dohmen nach dem Aufstieg baden ging). Ein wertvolles Stück, um das so mancher Gast die Wildparkkicker schon beneidet hat. Angenehm temperiertes Wasser, das müde Fußballerwaden wieder locker machen soll. Dann die Kabinen, »Heimmannschaft 025–034« steht auf dem Schild. Lange Bankreihen, hinten eine kleine Bank quer. Maximal ein Spieler hat hier Platz. Wer darf wohl an den Kopf der Tafel? Irgendwann war das mal Bernhard Trares … An der Wand hoch über den Köpfen der Spieler hängt ein besonderes Stück Handwerkskunst. Ein Teppich mit der alten Fußballerweisheit »Elf Freunde müsst ihr sein, wollt Siege ihr erringen«. Gefertigt haben ihn Mütter von Jugendspielern, vor gefühlten Ewigkeiten.

Ewigkeiten, das ist die perfekte Überleitung zu … uh! Was war das? Auf dem Weg durch die Katakomben überrascht uns, während wir Richtung Rasen blicken, ein Schatten von hinten. Fragt, was wir hier suchen. Oh! Wir haben vorhin erwähnten Hans erwischt, oder eher er uns. Eigentlich heißt er Hüseyin Cayoglu und ist Zeugwart beim KSC. Der Türke mit deutschem Pass bezeichnet sich allerdings mehr als »Mädchen für alles«, kümmert sich seit Jahrzehnten um den Rasen, den Bus, die heiligen Hallen und alles, was dazugehört, ist Zeugwart, Techniker und Hausmeister in einem. Alle paar Minuten kommt ein Spieler, fragt nach einem der zahlreichen Schlüssel. Und sein Tee, der ist bei allen beliebt. Sie sind wie Söhne für ihn, das sagt er selbst über die Spieler. Hier im Verborgenen. Ihnen gegenüber lässt er Disziplin walten. Warum eigentlich »Hans«? Er sei es leid gewesen, für die Trainingslager im Ausland stets ein Visum zu organisieren. Ein deutscher Pass musste her, und als er über einen deutschen Namen nachdachte, kam ihm »Hans« als erstes in den Sinn. Das ist bis heute hängen geblieben, und wer »Hüseyin« ruft, darf nicht unbedingt mit einer Reaktion rechnen. Sein ganz persönliches blau-weißes Highlight? »Das war, als der KSC im UI-Cup bei Bursaspor in der Türkei gespielt hat. Unseren Fans dort in meiner Heimat über die sprachlichen Barrieren hinweghelfen zu können war schon toll.« Wie kam er überhaupt zum KSC? Auf der einen Seite als Aktiver für die Amateure, auf der anderen Seite über Josef »Seppl« Klimesch. Er war sein Vorgänger und Ausbilder in Personalunion, und ebenfalls das, was man getrost KSC-Urgestein und ein Stück Sport-Club nennen darf.

Bevor wir wieder nach oben steigen, betont der Fan von Beşiktaş Istanbul, wie gastfreundlich der KSC sei: »Das ist nicht selbstverständlich.« Sein größter Traum: den KSC wieder in der 1. Liga begleiten zu können. Den träumt er nicht allein ... Jetzt gehören wir also zu den Eingeweihten, und Sie wissen ja, was das bedeutet. »Omertà«, das Gesetz der Verschwiegenheit, gilt nun auch für Sie.

101. GRUND

Weil 40 Grad manchmal zu heiß sind

Waschen, trocknen, legen: Klingt wie ein Friseurbesuch, ist aber ein Abstecher in die Wildpark-Wäscherei. Ein Blick aufs Etikett im Trikot verrät: maschinenwaschbar bei 40 Grad, Bleichen nicht erlaubt, Trocknen im Trockner bei Schongang. Bügeln wenn überhaupt, dann auf unterster Temperaturstufe. Dazu der Hinweis: »mit ähnlichen Farben waschen«. Gut, dass weiße Trikots nicht unbedingt in eine Maschine mit blauen und schwarzen gehören, sagt einem der gesunde, wenn sonst vielleicht auch nicht ganz so wäschegeübte Menschenverstand. Klammern wir uns mal an einem solchen Trikot fest. Wen haben wir da erwischt? Schnell noch spick... zu spät. Wir landen in der 10-Kilo-Maschine, zusammen mit, hoppla, Achtung, einer Riesenladung weiterer Trikots. Das, äh, müffelt etwas. Und dann geht's los, im Kreis, in die andere Richtung, zack, zack, raus mit Grasflecken und Erdresten, mit Blut, Schweiß und Tränen. Dann geht's los wie die wilde Luzi, Schleudergang! 1.800 Umdrehungen pro Minute, gefühühühühühlt minininindestenenens fünününfmal so ofofoft. Dann geht's in den Trockner, danach zurück in die Kabine und ran an die Spieler. Okay, passiert so jeden Tag überall bei allen Bundesligavereinen, nicht ganz so spektakulär. Aber um Spektakel geht's hier auch grade mal überhaupt nicht, im Gegenteil. Es geht um dieses »hinter den Kulissen«, um die Menschen, die den Verein ausmachen, ihm seine Seele geben und gaben und den Spielern einen Ort, wo sie ein offenes Ohr und ein paar nette Worte bekommen. Diese Wäscherei im Wildpark, sie war nahezu 20 Jahre lang das Reich von Brigitte Bicking, und das ist noch gar nichts gegen die mittlerweile mehr als 50 Jahre, die sie Mitglied im Verein ist. Am 1. Juni 2011 jährte sich ihr erster Arbeitstag zum 20. Mal, am 15. Mai 2011 verabschiedete sie sich in den Ruhestand – inklusive gebührender Verabschiedung am letzten Spieltag der Saison 2010/11. Zum Abschied gab's einen 3:2-Sieg der Mannschaft gegen Union Berlin, ein KSC-Trikot mit der 20 und »Danke Brigitte«. Ihr kickender Sohn war es damals, der sie an den Adenauerring brachte: mit Kaffee und Brötchen für die Jugendabteilung. Der Jugendleiter sprach mit ihrem Mann, schon war das Ganze geritzt. »Werde ich denn nicht gefragt?«, hat sie sich noch gewehrt, zumindest ein wenig, der Form halber, stellte sich dann aber doch bei Zeugwart Seppl Klimesch vor.

Dieser Josef Klimesch, er verdient eigentlich einen eigenen Grund. Leider habe ich ihn nie persönlich kennenlernen dürfen, ich weiß nur: Respekt hatten sie vor ihm, Spieler, Trainer, alle. Und so, wie Hüseyin eben nur Hans heißt, wurde Josef immer nur Seppl gerufen. Seinen Namen kennt jeder, der auch nur ein Stückchen näher dran ist am KSC. Schon zu Schmiders Zeiten zählte er zum Inventar, und das war anerkennend gemeint. Der KSC war seine zweite Heimat, unzählige Fußballschuhe hat er geputzt, Bälle aufgepumpt, Berge von Trikots gewaschen. Er traf Sepp Herberger und Helmut Schön, er war KSC-Ehrenmitglied und Träger der Goldenen Ehrennadel. Er starb schon vor langer Zeit, aber in den blau-weißen Herzen wird er noch lange seinen festen Platz haben. Nicht nur bei Herrn Klimesch selbst, sondern auch bei dessen Frau stellte sich die angehende Wäscheherrin vor. Diese war Bickings Vorgängerin, und sie sagte: Ja, die will ich! Also stand Brigitte Bicking am 1. Juni 1991 zum ersten Mal an den Waschmaschinen. Damals noch im Rundbau, eine große Maschine, eine kleine, zwei Trockner. Heute sind es ein paar mehr Maschinen, die sich um all die Berge an Handtüchern, Trainingsshirts, Pullovern, Trainingsanzügen, Stutzen, Hosen, Trikots und was eben alles dazugehört zur modernen Fußballerausstattung kümmern. 20 Kilogramm Waschpulver, aufgebraucht in etwa eineinhalb Tagen.

Waschen, trocknen, legen: ein Fulltimejob. Und wie bei jeder guten Party, wo sich alle in der Küche treffen, war auch beim KSC die Waschküche mit Brigitte Bicking the place to be. An der Wand hingen unzählige Autogrammkarten von aktuellen und ehemaligen Spielern, Postkarten, gebastelte und geschriebene Grüße, Wimpel und jede Menge Erinnerungen aus 20 Jahren KSC. Wenn beim Gegner Ex-KSCler kickten, kamen sie und sagten Hallo. Wenn einstige Spieler plötzlich Trainer wurden oder andere Aufgaben innehatten, kamen sie und grüßten. Das ist, was ihr am besten gefallen hat. »Die Gemeinschaft, so wie damals, als Burkhard Reich noch in der Mannschaft war.« Als der KSC im UEFA-Cup spielte, als sie in Rom und auf Zypern auswärts mit dabei war. Das Zusammensein mit der blau-weißen Familie, das zählte. »Die Spieler sitzen oft hier, lesen Zeitung oder trinken einen Kaffee«, hat sie mir mal verraten. Und ich hoffe, sie hat ihre Wand noch fotografiert, bevor die wertvollen Reliquien abgehängt wurden. All die Thomas Häßlers, Florian Dicks, Christian Eichners, das Autogramm von Uli Hoeneß, Karten von Rainer Scharinger als Kicker im KSC-Dress. »Edgar Schmitt!«, kommt wie aus der Pistole geschossen, wenn sie nach einem Spieler mit besonderen Ansprüchen gefragt wird. Der hatte eine Allergie, bekam Trikots etc. extra gewaschen. Torhüter Markus Miller ließ seine Langarmshirts immer zu Kurzarmtrikots umnähen, Luis Robles tat's ihm gleich. Und na ja, dann ist da noch diese Sache mit den Trikots einer längst vergangenen Saison. Die wurden immer kleiner, obwohl nach Vorschrift gewaschen. Den Hersteller kontaktiert, »Sie waschen zu heiß!«, obwohl das nicht stimmte. Bis sich herausstellte: Die Hemden bestanden zu 100 Prozent aus Baumwolle, nicht wie angegeben aus Polyester. Baumwolle, wie man sie früher mal verwendete, und auch 2014 fürs Sonder-Retrotrikot wie anno 1909. Warum ehemalige Helden, die gar nicht mehr im Verein aktiv sind, hier stehen? Weil sie den KSC mitgeprägt haben. Ist doch logisch und gebietet der Respekt.

102. GRUND

Weil das Herz des Vereins nicht nur auf dem Rasen schlägt

Gewaschen hat Ursula Oetzel ganz am Anfang auch. Aber nicht lange, dann konzentrierte sie sich auf den Ticket-Service. Den leitet sie heute immer noch – angefangen hat sie am 1. Januar 1978, in Liga 2. Die ersten Jahre ehrenamtlich und unter anderem als »Spieltagstelefon« zum Durchgeben der Spielstände, dann wechselte sie irgendwann komplett zum KSC. Fulltime, Full Service. Am Anfang telefonischer Kartenverkauf, Schriftverkehr, Mitgliederwesen. Computer? Gab es erst zu UEFA-Cup-Zeiten ab 1993. Vorher tat die gute alte Schreibmaschine ihren Dienst im Wildpark. Als die Teilnahme am europäischen Zirkus feststand, da brachen auch auf der Geschäftsstelle bei Uschi Oetzel ungekannte Zustände aus. Säcke- und kistenweise trudelten Faxe und Bestellungen ein, nach dem 7:0 gegen Valencia kamen die Bestellungen sogar schon vor Auslosung der nächsten Runde. »Gegner egal, Hauptsache Tickets«. Noch bevor das Ausscheiden gegen Salzburg feststand, hatten ganz Eilige für die nächste Runde bestellt – verrückt. Ein bisschen verrückt ist Uschi Oetzel selbst auch: nach Fußball, schon immer. In Rom, Porto, Moskau war sie auswärts im UEFA-Cup mit dabei, und manche Momente in all den Jahren bleiben besonders gut im Gedächtnis. Günther Netzer, damals HSV, bat sie zum Diktat, die Mannschaftsaufstellung bitte. Franz Beckenbauer hat sie getroffen und sich mit Mehmet Scholl immer hervorragend verstanden. Früher war das Büro direkt neben den Kabinen, da haben die Jungs öfter den Kopf reingestreckt. Anfang der 80er hat sie zu Auswärtsspielen noch zwei, drei Kuchen gebacken, Wurst- und Käsebrötchen gerichtet, da musste man sich um die Verpflegung noch selbst kümmern. Das gehört heute nicht mehr zum Repertoire, aber sie selbst, sie gehört dazu. Zum Glück.

Merkt man, dass mir die Geschichten dieser Menschen hinter der Maschinerie am Herzen liegen? Gut so. Aber einer fehlt da noch, in der Liste. Also, natürlich fehlen noch ganz viele, aber dieser eine, der muss hier rein. Er hat mindestens ein Hundertelfzigstel verdient: Jörg Bock. Pressesprecher und Leiter Presse, PR und Neue Medien. Chefredakteur des *Stadionmagazins*, Schnittstelle zwischen Präsidium und Sportdirektor und Ticketing und Marketing und Spielern und Trainern und Sie sehen schon, Sack Flöhe. Er koordiniert Presseanfragen und Interviewtermine, jongliert mit Pressekonferenzterminen und Autogrammstunden, mit Vorworttexten und Titelstory, mit Fernsehteams, Radioreportern und Journalisten. Er ist – gefühlt – immer überall, weiß alles, sieht noch mehr und hört am allermeisten. Es sei denn, er telefoniert. Und das tut er häufig. Seit er im Sommer 2003 beim KSC angefangen hat, hat er so einige kommen und gehen sehen, und sein Büro zeugt von Freundschaften, nicht nur von Mitarbeitern und Kollegen. Trikots der Aufstiegsmannschaft, als die jeweiligen Spieler schon längst nicht mehr Blau-Weiß trugen, ein Schuh, Autogrammkarten und T-Shirts, was sich eben so ansammelt, wenn man sehr eng zusammenarbeitet. Geschenke, Grüße, gern Geschehenes. Er ist mittendrin, aber am liebsten am Rand. Hinten dran, da, wo es ein bisschen weniger turbulent zugeht und man die leisen Töne noch hört.

103. GRUND

Weil eine Spielerfrau unsere Hymne(n) singt

»Heute ist, ihr wisst es schon, ein Fußballfest im Stadion. Jung und Alt, Groß und Klein, alle wollen bei dir sein. Hoch die Fahnen, in den Wind! Die Stimmung: riesengroß. Wir geben alles, ganz bestimmt. Jetzt geht's lo-ho-ho-hos! KSC olé olé, Superteam aus Baden.« Irgendwie hat sie es geschafft, mit ihrem Lied *KSC olé olé* eine Hymne zum Leben zu erwecken. 1994 sang Sabine Wittwer, damals Frau des Spielers Michael, dieses Lied zusammen mit ihrer Band, den Condors. Und plötzlich sang sie es überall. Auch live im Stadion. Bis heute klingt es durch den Wildpark, es gehört einfach dazu. Dass Sabine zu ihrem Michael gehören wollte und sollte, hätte der KSC allerdings fast verhindert. Denn »Wittl«, wie er genannt wird, brennt für den Fußball. Spiel in Lüttich? Alles klar, Trainer, ich bin da! Immerhin wäre das sein Debüt im Profiteam gewesen. Da war nur dieses kleine Problem, eigentlich kein Problem, mehr ein Hindernis ... der Hochzeitstermin nämlich. Da war auch das Spiel. Um zwölf Uhr, genau zum Zeitpunkt der geplanten Abfahrt, hätten die beiden im Standesamt stehen sollen. Also wurde umgeplant, der Termin vorverlegt, Wittl konnte spielen. Und Sabine kann singen. Auch emotionalere Klänge, wie sie 1995 bewies. *Für immer KSC* hieß das neue Werk mit Wittwers Stimme, und es wird vornehmlich dann – und ja, ebenfalls noch heute – gespielt, wenn es eine Niederlage gab. »Solange die Sterne noch stehen, so lang wird ein Traum nicht vergehen. Solang das Feuer in uns brennt und Blau-Weiß jeder kennt, ja so lange, für immer KSC. ... Jeder für jeden, alle für dich, und am Ende strahlt dein blau-weißes Licht, dein Licht ...«

Im Dreivierteltakt, ein Walzer. Ein schneller zwar, aber doch. Ich fühle mich ein bisschen geschmeichelt.

104. GRUND

Weil zu kranken Kinder nicht der Weihnachtsmann, sondern der KSC kommt

Das K, an elfter Stelle im Alphabet, hat (nach kleinem Online-Suchmaschinentest) ungefähr 8.720.000.000 Bedeutungen, manche davon sicher doppelt. Für die fußballinteressierten Karlsruher reduziert sich diese Zahl wohl auf eine wesentliche: den KSC. Mit K beginnen aber auch Karlsruhe selbst, Kicker, Kader und Kabine. Es gab schon einige Spieler mit K (Kahn, Kapllani, Kies, Kaufmann, Kornetzky, Kennedy, Krebs, Kempe, Kritzer, Kessler, Kreuzer zum Beispiel), und es gibt die Krebsstation der Karlsruher Kinderklinik. Kurz vor der Winterpause der Aufstiegssaison 2006/07 war es, da steckten Maik Franz (das k am Ende zählt auch) und Mario Eggimann (ohne K, dafür mit Herz) die Köpfe zusammen. Etwas Gutes tun wollten sie, was auch tatsächlich Wirkung zeigt und sich nicht nur klasse anhört. Entstanden ist dabei die Idee, die das Klischee des abgehobenen Fußballers ad acta legt: die Versteigerung eines Komplettsatzes getragener KSC-Trikots, deren Erlös an die genannte Kinderkrebsstation gehen sollte bzw. an den Förderverein zur Unterstützung der onkologischen Abteilung der Kinderklinik Karlsruhe (FUoKK), der Spenden und Hilfe koordiniert. Die Stiftung setzt sich dafür ein, längere Projekte zu sichern und auf der

Station eine Atmosphäre zu schaffen, die die kleinen Patienten die allgegenwärtige Krankheit ein wenig vergessen oder besser ertragen lässt. Immer dann, wenn öffentliche Mittel fehlen oder gar nicht erst geplant sind, wird der FUoKK aktiv. Monitore zur Überwachung, Spezialmatratzen, Schlaf- bzw. Ruhesessel, Spielzeuge, Internet, Laptops für den Kontakt mit Familie und Freunden, nötige Ausrüstung für das Schulzimmer, der geliebte Billard-/Tipp-Kick-Tisch ... All diese Dinge hat der Verein schon realisiert. Auch mit Hilfe des KSC.

Ein K verbindet: Kicker und kranke Kinder, Klinik und KSC. Am 17. Dezember um 17 Uhr kamen also 17 original KSC-Trikots unter den Hammer im überfüllten Clubhaus. Als krönender Abschluss der Hinrunde 2006 versteigerten Eggimann, Franz und Massimilian Porcello mit Unterstützung von Stadionsprecher Martin Wacker in der Rolle des Auktionators den Trikotsatz, den das Team zuvor beim 2:0-Sieg gegen Greuther Fürth getragen hatte. 17 verschwitzte, verdreckte Hemden fanden reißenden Absatz und gingen binnen 40 Minuten über den Tisch, die Höchstgebote wurden noch einmal aufgestockt, und so kamen schließlich 10.000 Euro zusammen. Im Januar wurde der große Scheck dann von vier Spielern persönlich übergeben. Und nicht nur das. Robert, damals sieben Jahre, forderte Maik Franz zum Tischkicker-Duell, feierte den Sieg zwei Tage lang und war so fit wie lange nicht. Andere fachsimpelten eifrig um die Wette – ein gelungener Tag mit funkelnden Augen auf beiden Seiten. Mario Eggimann wurde an seinem 26. Geburtstag noch auf der Station Mitglied im Förderverein, die Spende aus der Trikotversteigerung half bei der Anschaffung eines kindgerechten Kernspintomografen.

Neben dem FUoKK engagiert sich der Sport-Club heute noch für viele weitere Projekte. Im Rahmen von »KSC macht Schule« trainieren KSC-Jugendspieler Kinder mit und ohne Handicap, über »Gemeinsam gewinnen« hat der Verein außerdem eine Kooperation mit Reha-Südwest. Ob nun KSC-Kicker Dominic Peitz mit seiner

Frau und Therapiehund Bootsmann mit behinderten und nicht behinderten Kindern in einer Kita arbeitet oder gemeinsam gekocht wird: Unterstützen, helfen, da sein wird beim KSC groß geschrieben. Live dabei sein ist auch das Größte für die kleinen Fußballfans der Kinderkrebsstation. Der Verein stellt Karten zur Verfügung, doch das lässt sich längst nicht immer realisieren. Deswegen lassen es sich die Spieler seit Ende 2006 nicht nehmen, immer wieder auf der Station vorbeizuschauen. Da gibt es zahllose Tischkicker- und Billardpartien, gemeinsames Singen und Autogrammstunden, Zusammensein und Unterhaltungen. Therapie ist das, für die Kleinen und die Großen. Die stationäre Behandlung kann vier oder auch 20 Monate dauern, danach finden oft noch einige Jahre Kontrolluntersuchungen statt. Neben den stationär behandelten kommen viele ambulant betreute Kinder, und alle freuen sie sich über die KSC-Besuche, die auch kurz vor Weihnachten auf dem Zettel stehen. Dann werden Weihnachtsgeschenke mitgebracht, es macht den Spielern Spaß, Wünsche erfüllen zu können. Wahrscheinlich kommt der Weihnachtsmann trotzdem, das lässt er sich bestimmt nicht nehmen. Unabhängig vom Mann im roten Mantel und mit Rauschebart ist dieser blau-weiße Ausflug im Advent gesetzt: Da besuchen Kicker Kinder. Es sei denn, es sind nur sehr wenige Kinder auf der Station – und das ist wahrlich der allerbeste Grund, um die lieb gewonnene Tradition abzusagen. Robert übrigens, der eifrige Tischkickerspieler, kam eines schönen Spieltages zu Maik Franz und Mario Eggimann. Persönlich. Hatte er ihnen versprochen: »Wenn du gesund bist, kommst du uns besuchen.« Gesagt, getan.

105. GRUND

Weil Kicker kochen können

Was haben die blau-weißen Kicker denn kulinarisch so drauf? Nicht, dass es wichtig wäre – auf dem Rasen zählen Tore, die Prämie gibt's für Punkte und nicht am Herd. Aber wir sind hier in Baden, und da gibt es nun mal diese besondere Lebensart und eine Sternerestaurant-Dichte wie nirgends sonst in Deutschland. Genießen können wir, und wenn es schon nicht bei jedem Spiel die feinen Kabinettstückchen im Wildpark sind, dann gern die Leckerbissen auf dem Teller. Also, KSC, sag: Kannst du kochen?

Er kann und hat das sogar schon mehrfach bewiesen. Zum Beispiel 2007. Da versammelten sich am Herd von »Meine Pestoria« in Karlsruhe-Durlach: die Fußballprofis des Karlsruher SC. In mehr oder weniger wechselnder Besetzung, aber immer mit viel Spaß und Engagement. Alle zwei Wochen haben sie dem Chef von Kochschule und Feinkostladen über die Schulter geschaut, haben gelernt, wie man Zwiebeln in schwindelerregender Geschwindigkeit würfelt oder Red Snapper mit dem Tapeziermesser entgrätet. Eingefädelt hat das Ganze damals Maik Franz. Der hatte den Mund ein bisschen zu voll genommen, als er behauptete, gut kochen zu können. Die Kickerkameraden gingen dem auf den Grund – und dann schnurstracks ohne Umwege in Richtung Kochschule. Denn die Franz'schen Kochkünste bestanden aus Aufwärmen, und Thomas Kies, einstiger KSC-Kicker und Ur-Durlacher, fackelte nicht lange. Gebucht wurde ein Kochkurs, an dem unter anderem auch Markus Miller und Michael Mutzel, Jan Männer und Sanibal Orahovac teilnahmen. Manchmal ein bisschen schwungvoll, dann war der Feldsalat hinüber, ziemlich oft ziemlich cool – zum Beispiel mit »Killer«, wie die Kollegen ihren Torwart tatsächlich nannten, der mit einer Hand in der Hosentasche höchst lässig die Crème brûlée zu ebendieser machte, indem er einhändig den Bunsenbrenner schwang.

»Kiesel« zeigte sich derweil als Multitasking-Talent mit dem Telefon am Ohr und den Brotwürfeln in der Pfanne. Während des Kochkurses jedenfalls zeigten sich zwei Dinge. Erstens: Wenn Bayern in der Champions League spielt, ist die Crème brûlée vom Tisch. Zweitens: Teamgeist bleibt Teamgeist. Das Aufstiegsteam machte auch am Herd einen eingespielten Eindruck. Und das nicht nur im Kochkurs, sondern auch bei der offerta. Die beliebte Publikumsmesse in Karlsruhe war 2007 Schauplatz eines kulinarischen Gipfeltreffens mit prominenter Unterstützung aus beiden Branchen. Johann Lafer vertrat die Riege der Köche, Michael Mutzel, Maik Franz und Mario Eggimann waren als Dreifach-M für den blau-weißen Sport-Club angetreten. Promikoch meets kochende Kicker, Ballkunst trifft Kochkunst, da lohnt sich der Blick aus zwei Perspektiven. Deshalb hier an dieser Stelle: ein Rückblick im Splitscreen.

Screen 1: Lafer meets KSC. Auch ein Spitzenkoch lernt noch dazu. 31. Oktober, Mittwochabend, Auswärtsspiel für den Profigastronomen. Anpfiff: kurz nach 20 Uhr vor ausverkauftem Haus im Foyer der Messe Karlsruhe. Die Begegnung: Johann gegen bzw. mit Michael, Maik und Mario. Von Beginn an spielte Lafer ohne Scheu mutig nach vorn und machte deutlich, wer der Herr am Herd ist. Im Stil eines brasilianischen Ballzauberers dribbelte der Kochlöffelschwinger aus der Steiermark nach Belieben zwischen Töpfen, Pfannen, Franz, Eggimann und Mutzel hin und her, jonglierte mit Garnelen und hieb den KSC-Profis so viele verbal-kulinarische Vollspannschüsse um die Ohren, dass dem Publikum kaum Zeit zum Luftholen und Maik Franz tatsächlich so einige schlagfertige Bemerkungen im Halse stecken blieben. Mit 1:0 in Führung ging der sympathische Österreicher mit »Mediterranem Gemüsesalat und gebratenen Riesengarnelen« – und zeigte Überraschungsgast Gunther Metz die Gelbe Karte. Der nämlich hatte als Hobbywinzer den Wein mitgebracht, angeblich Jahrgang 2007. »Den gibt's ja noch gar nicht!«, wetterte Lafer und traf dafür mit dem zweiten Gang ins Schwarze. »Ingwerkarotten auf Rinderfilet mit Walnuss-Polenta«. In der Halbzeitpause gab's filmische Eindrücke von Lafer, ehe die Spieler frisch aus der Kabine zurück ins Spiel kamen und nachlegten. 3:0 für Vanille-Zimt-Eis, Pflaumen und Portwein-Zabaione. So lautete denn auch das Endergebnis, und der schnauzbärtige Publikumsliebling attestierte seinen Helfern: »Die Jungs haben sich bestens verkauft. Man hat gesehen, dass es ihnen Spaß macht und sie sich für die Sache begeistern können.« Dafür gab es aus den Händen der Fußballer noch ein besonderes Geschenk: ein KSC-Trikot mit der 50 und »Lafer«, denn diesen Runden hatte der Koch vier Wochen zuvor gefeiert. »Ich habe ja schon wirklich viel gemacht in meinem Leben. Aber dass ich mit dem KSC kochen darf ... überhaupt mit einem Fußballclub, das ist das allererste Mal. Es hat mir riesigen Spaß gemacht und ich bedanke mich für das Trikot vom Karlsruher FC.« Autsch. Böser Fehler.

Screen 2: KSC meets Lafer. 31. Oktober, Mittwochabend, Startschuss in die Sterneküche für die Spitzenfußballer vom KSC. Die Bewährungsprobe für Franz & Co., nach dem erfolgreich absolvierten Kochkurs. In Kochschürzen gewandet (die später natürlich vom Chef persönlich signiert wurden) wurde aus KSC-Kapitän Eggimann ein echter »Captain Cook«, aus Mutzel und Franz wurden Chef und Commis de Cuisine. Schon beim ersten Gang musste der Maître de Cuisine eingreifen: Pfannenschwenken für Fortgeschrittene. Sie seien nicht im Zirkus und sollten das Ganzkörperkochen besser bleiben lassen, so die Anweisung. Dann wurde Blondschopf Franz der Unterschied von »längs« und »quer« am Beispiel der Zwiebel verdeutlicht, beim Rühren der Polenta wurde es nicht besser. Links rum? Rechts rum? Und wo ist überhaupt rechts? Noch während sich die Abwehrrecken mühten, kam der nächste gute Rat: »Das Fleisch nicht zu heiß braten – die Kuh ist schon tot.« Dafür servierte der Schweizer aus KSC-Reihen fachmännisch Appetithäppchen ans Publikum, und vom Zimt-Vanille-Eis mussten dann unbedingt ein, zwei, viele Löffel probiert werden. Das Fazit danach? Durchweg positiv. »Mit meiner Schalotte war er sehr zufrieden!«, brüstete sich Mario Eggimann, während Maik Franz lieber den Kollegen lobte: »Kompliment an Michael, der die niederen Arbeiten übernommen hat.« Der wiederum bleibt wohl bei Rühreiern: »Die gehen immer!«

106. GRUND

Weil mit 1,94 Meter Karottenschnippeln eine Herausforderung ist

Einkaufszettel schreiben, einkaufen gehen, Freunde einladen, zusammen kochen, gemeinsam essen. Klingt unspektakulär und völlig normal? Ist es auch. Im Normalfall. Aber »normal« ist ein sehr strapaziertes Wort – das lassen wir mal lieber weg. Weil das sowieso jeder anders definiert. Normal, nach Norm, das funktioniert vielleicht für Briefumschläge, aber nicht für Menschen. Und um Menschen geht es hier. Zunächst um vier KSC-Kicker aus der jüngeren Vergangenheit, für die Kochtöpfe, Kochlöffel und Kochschürzen eher nicht zu ihrer norm... Verzeihung, zu ihrer gewohnten Ausrüstung gehören. Und dann um vier WG-Bewohner, die noch nie Besuch von Fußballprofis hatten und bei denen alles so norm... so gewöhnlich abläuft, dass es schon wieder außergewöhnlich ist. Es war im April 2014, noch gar nicht so lange her, da betraten Dennis Mast, Daniel Gordon, Jan Mauersberger und Jungbin Park das barrierefreie Zuhause von zwei Frauen und zwei Männern, zu denen sie an jenem Abend eingeladen waren. Eingeladen deshalb, weil der KSC sich immer wieder gern und intensiv und auf besondere Weise sozial engagiert. Und weil die WG als Begleitetes Wohnprojekt zehntes Jubiläum feierte, da sollte es ein großes Essen geben. Gemeinsam mit dem KSC kochen und essen, das war der Wunsch der vier Bewohner – vor allem deshalb, weil zwei von ihnen völlig verrückte KSC-Fans sind. In der WG leben sie zu viert zusammen, zwei junge Männer und zwei Frauen mit Mehrfachbehinderung, nicht in einem stationären Wohnheim, sondern in einer norm... in einer Mietwohnung, wie man sie eben kennt. Jeder hat sein Zimmer, dazu Küche, Bad, Esszimmer, Terrasse, Garten. Das Spezielle: ein Aufzug, der bis in den Keller führt, elektrisch gesteuerte Rollläden, eine Türautomatik an der Eingangstür, eine befahrbare Dusche, ein höhenverstellbares Waschbecken, eine unterfahrbare Küchenzeile, eine teilweise niedrigere Arbeitsplatte. Und genau an dieser hatte Daniel Gordon mit seinen fast zwei Metern ziemlich zu kämpfen – mit den Karotten.

Geschnetzeltes mit Spätzle und Gemüse, zum Nachtisch Obstsalat: Das stand auf der Karte. Zu tun gab es für alle acht genug, und so übernahm Daniel Gordon dann auch Fleisch und Sauce, während Jungbin Park sich ein Messer, Brett und Zwiebeln schnappte. Immerhin hat er während seiner Zeit in Wolfsburg eine Ausbildung als Koch in der VW-Vorstandsküche absolviert und weiß, worauf es ankommt. Immer ran an die Zwiebel ... und immer ran an die Menschen. Berührungsängste? Fehlanzeige. Alle miteinander schnippelten und raspelten und fachsimpelten um die Wette, und Zeit für einen Rundgang gab es auch noch. So konnten die Spieler eine mehr als stattliche Autogrammkartenwand bewundern, auf denen Kicker im KSC-Dress abgebildet waren, die sie selbst nicht erkannten. Ah, doch, der ... ja, Häßler und Kahn waren klar. Aber ... »Ist das Burkhard?« Beim heutigen Teammanager und einstigen UEFA-Cup-Helden Burkhard Reich waren die jungen Fußballer schon nicht mehr so sicher und Spieler wie David Régis ernteten nur noch allgemeines Schulterzucken. Der Kartensammler dagegen kannte sie alle. Er ist es auch, der schon von Beginn an in der WG wohnt, hat sogar beim Bau mitgeholfen. KSC-Radkappen an den Rollstühlen, Trikots, Autogrammkarten und dann auch noch echte Spieler – ein Highlight, das nicht nur für die beiden Hardcore-Fans unvergesslich geworden ist. Per Sprachcomputer bemerkt einer der Mitbewohner selbst noch ungläubig: »Wenn ich das erzähle, dass ich mit KSC-Spielern aß ...«, und alle stimmen lachend zu. Der Weg in die Selbstständigkeit war und ist nicht ganz leicht, aber er ist wichtig für die vier. Die Besetzung wechselt hin und wieder, und wie in jeder WG muss man sich erst mal aneinander gewöhnen. Dafür lässt es sich gemeinsam gleich noch mal so gut genießen, das haben auch die Fußballer spüren dürfen. Wer weiß, vielleicht wird wieder einmal der KSC eingeladen – aber bitte auch dann ohne Sauerkraut. Das mag einer der Bewohner nämlich nicht, und das steht auch gut lesbar auf einer ausgehängten Liste. Feine Idee, das muss ich sagen. Man kann ziemlich viel lernen und mitnehmen aus dieser ganz norm... sympathischen Wohngemeinschaft.

107. GRUND

Weil's im Wildpark zieht wie Hechtsuppe

Nein, nicht schon wieder Kochen, keine Sorge. Und nein, eigentlich ist es auch wahrlich kein Grund, den KSC zu lieben. Aber dass es im Wildparkstadion Karlsruhe dermaßen zieht, das macht zumindest im badischen Sommer das Tragen von Fanschals durchaus erträglich. Und badische Sommer können heiß werden. Ergo: Eben doch ein Grund. Im Stadion weht einfach immer (immer!) ein Wind, manchmal nur eine leichte Brise, manchmal – siehe auch Grund 14 – ein ausgewachsener Orkan. Oma und Mama haben also recht, Kinder, zieht euch warm an. KSC-Schals gibt es auf jeden Fall genug und für jeden Geschmack. Sogar eine Variante in Rosa-Hellblau und mit Herz gab es einst, ehrlich! Kein Scherz. Für alle, die es etwas femininer mochten. Oder jemanden ärgern wollten. Außerdem gab es BVB-KSC-Freundschaftsschals, mit Betonung auf »gab«, siehe Möllers Schutzschwalbe. Es gibt Schals zu Ehren von Rainer Schütterle und Schals für Vati (»Danke Papa, dass du mich damals zum KSC mitgenommen hast«), Schals mit Lorbeerkranz (»Die

Legende ohne Ende«) und zur Huldigung des Traditionsvereins, einfache Blockstreifen-Schals und Schals, die aussehen, als hätte es eben noch geschneit, Schals, auf denen »Wildpark« steht und limitierte Hertha-KSC-Freundschaftsschals (»Wir sind Aufsteiger 12/13 – ein Bündnis für die Ewigkeit«), es gibt Baden-Schals (»Wir sind Badener«), Fanclub-Schals und dicke Wollschals in Schwarz-Grau, Schals mit »Das Traumteam aus Baden – Traditionsverein seit 1894«, »Die 3 geilsten Buchstaben im deutschen Fußball« erinnern auf einem Schal an Stadionsprecher Martin Wacker und seinen markanten Spruch, natürlich auch Schals mit »You'll never walk alone«, »Ich unterstütze 2 Vereine – Karlsruhe und die Mannschaft, die gegen Stuttgart spielt«. Ja, es gab auch Schals mit Pyramidenlogo, logo, aber die mag heute keiner mehr tragen oder sich auch nur erinnern. Es gibt Seidenschals und Wollschals und noch viele, viele Schals, die hier nicht explizit genannt werden. Und es gibt meinen Lieblingsschal.

Im November 2008 (November, hatten wir jetzt länger nicht mehr ...), da suchte ich ihn, und fand ihn nicht mehr. Was ich fand, war: einen »Aktion 33.000«-Schal, diverse Trikots, einen Samthut mit Logo, Unmengen an Eintrittskarten, eine alte Fahne, einen Aufnäher, zwei Fanclubschals ... aber nicht DIESEN SCHAL. Diesen einen. Der war weg, verschwunden, verschüttgegangen während zahlreicher Umzüge. Mein guter alter KSC-Schal, dunkelblau, mit Deutschlandfahne an beiden Enden, und es steht einfach nur »Karlsruher SC« drauf, in Weiß. Okay, nicht mehr ganz so weiß. Bier, Staub und Senf haben Ganzes geleistet, was keine Waschmaschine der Welt mehr schafft. Aber egal, es war mein liebster, und ich habe ihn vermisst. Mit ihm haben wir Valencia geschlagen und sind in Wehen aus der 3. Liga aufgestiegen, das erste Mal. Was soll ich sagen? Ich zitiere mal meine Oma: »'S Haus verliert nix.« Hat sie recht. Ich habe ihn wiedergefunden, tatsächlich. Jetzt weiß ich genau, wo er liegt, und kann ihn jederzeit um den Hals hängen, wenn mir nach »Heimkommen« ist.

108. GRUND

Weil es ein Leben nach dem Spiel gibt

Eigenartiges Gefühl. Da unten auf der Bühne verkörpern vier Schauspieler KSC-Vereinsmitglieder, und zwar viele davon. Ehemalige und aktuelle, Trainer und Spieler und Spielerfrauen. Aber nicht als Fußballer im aktiven Geschäft, sondern danach. Wenn es aus ist. So heißt es auch, das Theaterprojekt, das im Oktober 2013 Premiere feierte: »AUS – Das Leben nach dem Spiel«. Regisseur und Bühnenautor Tobias Rausch hat das Projekt realisiert, 57 Interviews mit ehemaligen Profis, Trainern und Fans des KSC wurden dafür geführt, 3.000 Seiten Interviewmaterial gesammelt und ausgewertet. Daraus schrieb Rausch ein Theaterstück. Eines, das für Gänsehaut sorgt und sehr nachdenklich stimmt. Denn schnell können eine Verletzung, ein gescheiterter Transfer oder fehlende Form dafür sorgen, dass die Karriere endet, und dann? Dann steht man vor dem AUS und fragt sich: Was jetzt? Manche können das für sich gut und schnell und erfolgreich beantworten, andere nicht. Die werden dann vielleicht spielsüchtig, oder sie können schlicht nicht damit umgehen, werden depressiv oder einfach schlecht gelaunt, stehen im Lottolädchen, auf der Straße oder unter Menschen, die den einst gefeierten Star plötzlich nicht mehr ernst nehmen. Der kann doch nix! Der hat doch nix gelernt außer Fußball! Der musste doch nie arbeiten für sein Geld! Ja, eben, und deshalb ist es so verdammt schwer, aus dieser schillernden Anderswelt in die Realität zu stolpern. Das weiß auch Edgar Schmitt, der den jungen Spielern deshalb ans Herz legt: »Macht was aus euch. Kümmert euch um die eigene Zukunft.« Am besten schon während der aktiven Profilaufbahn. Torhüter Dirk Orlishausen sieht es ähnlich: »Das Theaterstück hat gezeigt, dass man die Augen auch während der Karriere offen halten sollte. Dass man zum Schluss nicht sagt, oh, ich bin ja gar nicht vorbereitet.«

Ich selbst durfte die Produktion des Staatstheaters Karlsruhe zweimal sehen: Einmal mit der Mannschaft und den Verantwortlichen, einmal mit Mama und Papa. Der erste Besuch war spannend, weil es die zu beobachten galt, denen das Stück noch ein bisschen mehr zu sagen hat als anderen. Und weil umgekehrt die Schauspieler vor denen agierten, die sie darstellen wollten. »Für mich als großer Fußballfan war es unglaublich zu erleben, wie viele Gemeinsamkeiten Fußball und Theater haben. Der Moment des Jubels ist der Moment des Applauses«, zog Michel Brandt sein Fazit. Gemeinsam mit Klaus Cofalka-Adami, Florentine Krafft und Gunnar Schmidt hat er gespielt, und alle haben sie beeindruckend gespielt. Mit viel Gefühl brachten sie auf die Bühne, was die Interviewpartner aus ihrem Leben nach dem Spiel verraten hatten. Von denen, die ins Finanzgeschäft einsteigen, aber in der Welt der Wirtschaft so gar nicht zu Hause sind; von denen, die spielen – aber eben nicht mehr auf dem Rasen, sondern am Automaten. Da geht es um Frauen, die ihren Männern hinterherziehen, ohne wirkliches Zuhause, ohne Zusammenhalt. Und es geht auch um Fans, die alles für ihren Verein tun, und die dann zum Beispiel durch ein Stadionverbot aus der Gemeinschaft gerissen werden.

Ernst geworden waren die Besucher, die sonst das KSC-Logo auf der Brust tragen, und still geworden war es im Saal, ehe dann der Beifall aufbrandete. Manchmal sind die Bretter, die die Welt bedeuten, eben aus Gras. Und manchmal sind sie aus Glas, dünn und zerbrechlich. »Irgendwann wird der Weg von Eckfahne zu Eckfahne kilometerlang«, rezitiert Gunnar – die Schauspieler trugen zur Wahrung der Anonymität ihre eigenen Namen. Und noch eine andere Wirkung hatte das Stück. Auf »normale Leute«, die keine Profifußballer sind, so wie Mama und Papa. Die sagten danach, man schaue schon irgendwie anders auf Fußballer und Fans und den ganzen Zirkus. Regisseur Rausch war im Dezember 2013 mit den Schauspielern sogar im *Aktuellen Sportstudio* des ZDF zu Gast. Prima, das dürfen ruhig so viele Menschen wie möglich sehen.

Denn jeden von uns kann ein ganz eigenes Aus treffen, und dann sollten wir vorbereitet sein.

109. GRUND

Weil Exhelden zu Allstars werden

Eine sehr viel empfehlenswertere Laufbahn nach der aktiven Profikarriere ist die, »Allstar« zu werden. Klingt schließlich immer noch beeindruckend, und hilft. Nicht nur den Exspielern, sondern vor allem auch denen, die es bitter nötig haben. Mal kurz erklärt und beleuchtet: Wie viele oder wahrscheinlich alle größeren Vereine hatte und hat auch der KSC die »Alten Herren«, aber das ist eher keine Mannschaft, die bei großen Abschieds- und Freundschaftsspielen antritt. Auf eine Anfrage hin trommelte Burkhard Reich seine Exkollegen zusammen, und so trat 2001 zum ersten Mal eine KSC-Traditionsmannschaft an. Und plötzlich bekam das ein Eigenleben. Mehr Anfragen und noch mehr, und irgendwann war klar: Das muss professioneller aufgezogen werden. Am besten mit Mehrfachzweck. Spaß haben, Gutes tun und dabei auch noch den KSC unterstützen – so war's gedacht, und so wurde es gemacht. Die KSC-Allstars wurden aus der Taufe gehoben, April 2004, als eigener Verein unter dem Dach des KSC. Warum? Weil Sponsoren gewonnen werden sollten, weil man sich selbst finanzieren und nicht zur Last fallen wollte.

Das erste Spiel: gleich ein Knaller. 2003 hatte Sönke Wortmann *Das Wunder von Bern* ins Kino gebracht, und im Jahr drauf standen die KSC-Allstars in ihrer ersten großen Partie den Darstellern aus ebenjenem Fußballfilm gegenüber. Das Filmteam reiste im Juni 2004 ins beschauliche Weingarten und musste sich am Ende vor 2.500 Zuschauern den Allstars mit 3:4 geschlagen geben – Auftakt einer beispiellosen Erfolgsgeschichte. In über zehn Jahren KSC-Allstars gab es Spiele gegen andere Traditionsteams wie die vom SC Freiburg und Borussia Dortmund, Kaiserslautern, Köln und Eintracht Frankfurt, gegen den FC Thun und die Hans-Rosenthal-Mannschaft, in Spanien und Polen und Österreich, beim FC St. Pauli und natürlich auch gegen die Profis vom KSC. Zum Einsatz kamen 75 Spieler, darunter Rekord-Allstar und Kapitän Burkhard Reich, Michael Wittwer, Rainer Schütterle, Dirk Schuster, Michael Harforth, Edgar Schmitt, Markus Kauczinski, Oliver Kreuzer, Lars Schmidt und Arnold Trentl, Sergej Kirjakow, Rolf Dohmen, Joe Zinnbauer, Pressesprecher Jörg Bock, Exmannschaftsarzt Dr. Heinz Löhr und Claus Reitmaier; sogar Teamcoach Andy Carl bringt es auf einen Einsatz. Und immer ging und geht es um die gute Sache. In zehn Jahren kamen rund 200.000 Euro zusammen, für die KSC-Jugend und diverse Benefiz-Projekte, zum Beispiel auch im Rahmen des Abschiedsspiels für Alex Alves. Der Herthaner war früh verstorben, das Spiel sagte Adieu und war nicht nur für Mutter und Tochter Alves eine emotionale Sache. Überhaupt lohnt sich ein Allstars-Besuch immer. Es ist einfach schön, die alten (im Sinne von »früheren«, öhem) Recken immer mal wieder auf dem Platz zu sehen. Aber auch fürs eigene Vergnügen treten die KSC-Allstars an, und wer möge es ihnen verdenken. Für andere und für den Verein und für den Ernst des Lebens sind sie lange genug aufgelaufen.

110. GRUND

Weil es immer geradeaus geht

»Immer geradeaus.« Das ist eine Ansage, die sogar ich verstehe. Mit einem zuverlässigen Orientierungssinn bin ich nämlich nicht gerade gesegnet, eher im Gegenteil. Zu Zeiten, in denen Navigationsgeräte oder gar Smartphones mit integriertem Routenplaner noch nicht so verbreitet waren, habe ich meinen Führerschein zwar aufs erste Mal (jawohl, Theorie UND Praxis) geschafft, aber ans Ziel gefunden habe ich ziemlich oft nur über Umwege. Nun ja, Orientierung war ja nicht Prüfungsgegenstand. Jedenfalls, den rosa Lappen (für die Jüngeren: das Ding sah nicht immer so schick aus wie heute) hatte ich 1995 in der Tasche, da sollte es dann das allererste Mal mit dem Auto ins Stadion gehen. Also ich, und fahren. Höchstpersönlich. Wenn man wie ich allerdings so gut wie immer nur mit Straßenbahn und zu Fuß in den Wildpark gereist ist, dann ist das eine Herausforderung. Erst recht, wenn es an Orientierungssinn und innerem Kompass fehlt.

»Papa, du, sag mal: Wie komme ich mit dem Auto ins Stadion?«
»Ha, des isch ganz oifach. Immer graadaus.«[69]
»Ja, aber ...«
»Ha noi. Wirklich. Immer nur graadaus.«[70]

Nun, ich wollte mich nicht auf längere Diskussionen einlassen. Dachte, oh, schaffe ich schon, gibt ja schließlich Schilder, und fuhr los. Immer gradeaus. Mal abgesehen vom Start und aus der Straße, in der wir wohnten, hinaus – aber so viel habe sogar ich ohne Peilgerät und Ortung hinbekommen. Immer gradeaus. Bis ich am Stadion ankam. Tatsächlich! Papa hatte recht, und ich ein Erfolgserlebnis sondergleichen. Im Ernst: Aus Ettlingen kommend, also der schönsten Stadt der Welt, eben aus südlicher Richtung, da ist es ganz einfach, ins Wildparkstadion Karlsruhe zu fahren. Wenn nicht grade eine der Millionen Baustellen den Weg versperrt, dann rauf auf den Zubringer, also die L 605, und mitten rein in die Fächerstadt, bis der Zubringer erst zur Brauerstraße, dann zur Reinhold-Frank-Straße wird, und immer weiter geradeaus. Zweispurig, einspurig, Mühlburger Tor – von hier könnte man auch mit dem Bus fahren, aber der fährt ja bekanntlich nicht mehr zurück nach dem Spiel. Wenn die von rechts Grün hatten, langsam schon mal den Gang einlegen, dann die Schlafmützen rechts überholen, wieder einspurig, an der Hoff- und der Jahnstraße vorbei, durch die schöne Weststadt. Gleich sind wir auf dem Adenauerring, da ist

60, Achtung, wird gern geblitzt. Immer weiter, an der Hochschule/ Technik und Wirtschaft vorbei, Willy-Andreas-Allee kreuzen, da geht's links in die Ami-Siedlung, Richtung Fanprojekt. Am FSSV vorbei, auf den Plätzen habe ich früher selbst gespielt ... und weiter, immer weiter gradeaus, den Adenauerring entlang. Bis es aus dem Wald auftaucht, das wundervolle Wildparkstadion.

Parken? Eggensteiner Allee, oder Linkenheimer, oder Grabener, aber die sind an Spieltagen früh voll. Oder am Fasanengarten, heißt in echt Friedrichstaler Allee, gibt aber möglicherweise Strafzettel – zumindest habe ich mal einen bekommen, für wildes Parken in der Botanik. Vorne gibt's aber auch noch den Birkenparkplatz, falls nicht grade der Sturm irgendwelche Bäume umknickt. Und da liegt es dann also, das Stadion, mitten im Hardtwald. Hallo, Wildpark. (Schön am Neubau an alter Stelle ist ja, dass sich dann der Anfahrtsweg nicht ändert. Einfach immer gradeaus.)

111. GRUND

Weil Pantone 287 die schönste Farbe ist

Ich mag kein Blau. Habe mich mal dran satt gesehen, blaues Sofa, blaue Küche, blaue Kaffeemaschine. Bleibt mir weg mit Blau. Andererseits ... In der Satzung des Karlsruher Sport-Club Mühlburg-Phönix e. V. steht unter Artikel 1. Allgemeine Bestimmungen §1, Name, Sitz und Vereinsfarben: »Der Verein führt die Farben Blau-Weiß. Die Vereinsfahne zeigt die gleichen Farben und ist mit einer schwarz-gold-grünen Gösch in der inneren oberen Ecke und in der Mitte mit dem überlieferten Phönix-Wappen versehen.« Mal abgesehen davon, dass ich die Bedeutung der Gösch erst noch herausfinden musste (es ist die linke obere Ecke, die, in der bei den USA die weißen Sterne auf blauem Grund stehen) – Blau-Weiß. Das sind die Vereinsfarben, und es sind die Farben, die ich im Herzen trage. Die Sonderfarbe Pantone 287 ist Hausfarbe des KSC, ein bisschen dunkler als 286, was ich wohl noch am ehesten als Königsblau bezeichnen würde, aber noch strahlend genug, um nicht Dunkelblau zu heißen. Egal, Farbendefinition ist mit Worten gar nicht so einfach, das empfindet jeder ein bisschen anders. Aber 287 ist eindeutig. Eigentlich schade, ich habe mal geschaut, aber Pantone 1894 gibt es nicht. Und 1895 ist Schweinchenrosa. Vielleicht deshalb damals der rosa Schal? Man weiß es nicht. Was ich aber genau weiß: Egal, wie wenig ich Blau mag. Pantone 287 werde ich immer mögen. Und vor allem werde ich Blau-Weiß mögen. Lieben. Dafür gibt es 111 Gründe, mindestens.

WEIL ES NOCH ETWAS ZU SAGEN GIBT

Dongschee, gell

Danke, Papa (fürs Mitnehmen damals, fürs Mitkommen heute und für die Geschichten von früher).

Danke, Maik (dass du doch noch zum richtigen Verein gefunden hast, fürs Mitkommen und Warten, für Recherche und Korrekturlesen, für »passt« und überhaupt), danke, Jörg (für bisher 207 Hefte, für dein Vertrauen, für unzählige Mittagspausen und noch mehr Kaffee), danke, Stephi (fürs tiefe Graben), danke, Martin (für die Empfehlung und das Vorwort), danke, Verlag und alle Beteiligten (für die Chance und alle Freiheiten), danke, Twitter (für die Vorfreude und die Halbzeittreffen), danke, D-Block (für damals), danke, KSC (für 27 Jahre plus X Herzklopfen und Herzverein).

Quellenangaben, Anmerkungen, Literatur und Webseiten

1. Badische Neueste Nachrichten, 13.07.2013
2. »Es ist einfach immer noch so sehr schön.«
3. KSC-Vereinsnachrichten 1960/61, KSC-Archiv
4. KSC-Vereinsnachrichten 02.09.1960, KSC-Archiv
5. KSC-Vereinsnachrichten Juli/August 1961, KSC-Archiv
6. PETA.DE, »Unteres Mittelfeld für den Karlsruher SC«, www.peta.de/unteres-mittelfeld-fuer-den-karlsruher-sc-peta-veroeffentlicht-ranking-der#.VHRfAIuF_49 (23.05.2014)
7. PETA.DE, »PETA-Deutschland kürt vegetarierfreundlichste Stadien«, www.peta.de/peta-deutschland-ev-kuert-vegetarierfreundlichste-stadien#.VHRkzIuF_48 (Dezember 2012)
8. www.stadionwurst.net, http://stadionwurst.net/?p=549
9. 60 Jahre Karlsruher Sport-Club. Festschrift zum 60jährigen Jubiläum; Herausgeber: KSC, 1956
10. Badens Bester: Karlsruher Sport-Club, Herausgeber: Jürgen Autenrieth, Heinz Forler, Rainer Speck, Verlag Der Deutsche Fußballsport, 2001, S. 158, bzw. Festschrift zu 120 Jahre Karlsruher SC, Herausgeber: KSC, 2014
11. ARD-Videotext zum 25-jährigen Jubiläum des Mauerfalls, Einblendungen alter Agenturmeldungen auf die Minute 25 Jahre danach
12. www.youtube.com/watch?v=D_uPt4VSqv4
13. SUEDDEUTSCHE.DE, »Dummkopf und Gänsehautentzündung: WM der TV-Experten«, www.sueddeutsche.de/news/sport/fussball-dummkopf-und-gaensehautentzuendung-wm-der-tv-experten-dpa.urn-newsml-dpa-com-20090101-140703-99-04139 (03.07.2014)
14. WELT.DE, »Ballack für Amerika, Arne Friedrich für China«, www.welt.de/sport/fussball/wm-2014/article128697039/Ballack-fuer-Amerika-Arne-Friedrich-fuer-China.html (04.06.2014)
15. SUEDDEUTSCHE.DE, »Bundesliga-Rekorde aus 50 Jahren«, www.sueddeutsche.de/sport/bundesliga-rekorde-aus-jahren-ruepel-elfmeterhelden-und-millionen-maenner-1.1446113-10 (23.08.2012)
16. WIKIPEDIA.DE, http://de.wikipedia.org/wiki/Deutsche_Fußballnationalmannschaft/Statistik#Liste_der_Spieler_mit_den_meisten_Joker-Toren
17. Der internationale Klimaindex, www.eklima.de/?d=klimadaten&s=Karlsruhe&o=&i=1074&z=Deutschland#Deutschland
18. »Oh nein! Den hätte er machen müssen, was macht er denn da?«
19. »Weg mit dem!«
20. www.youtube.com/watch?v=IXUlOB_Gnow
21. www.youtube.com/watch?v=uMdeBk9Dx6I
22. SPORTSCHAU.DE, Archiv Tor des Jahres, www.sportschau.de/tdm/archiv/chronik90er/august1993tdm100.html
23. JOERGDAHLMANN.DE, www.joergdahlmann.de/joergdahlmann/videos/21_traumtor_okocha.htm
24. 11FREUNDE.DE, »Hoch, runter, wieder hoch, wieder runter!«, www.11freunde.de/interview/199394-oliver-kahn-ueber-das-schoenste-gegentor-seiner-karriere (08.05.2013, Felix Landwehr)
25. PROFI-REHA-OS.DE, »Ex-Armine Porcello beim KSC in guten Händen«, www.profireha-os.de/56-0-Ex-Armine-Porcello-beim-KSC-in-guten-Haenden.html (Dirk Schuster, Bielefeld, Westfalen-Blatt)

26 www.youtube.com/watch?v=veHB6vCEKGs&feature=youtu.be
27 TAGESSPIEGEL.DE, »Das Spiel meines Lebens: Massimilian Porcello«, www.tagesspiegel.de/sport/dasspiel-meineslebens-massimilian-porcello-20-11-2006-karlsruher-sc-hansa-rostock-4-4-massimilian-porcello-32-fussballer/7075788.html (31.08.2012, Dirk Gieselmann)
28 BERLINER-ZEITUNG.DE, »Die Suche nach Alternativen«, www.berliner-zeitung.de/archiv/karlsruhe-gewann-das-masters-und-kassierte-75-000-mark-siegpraemie-die-suche-nach-alternativen,10810590,8907514.html (30.01.1995, Jörg Kottmeier)
29 WIKIPEDIA.DE, http://de.wikipedia.org/wiki/Alfred_Preißler
30 SPIEGEL.DE, »Interview mit Aleksandar Ristic: ›Immer einige Bonbons in der Hosentasche‹«, www.spiegel.de/sport/fussball/interview-mit-aleksandar-ristic-immer-einige-bonbons-in-der-hosentasche-a-373435.html (08.09.2005, Pavo Prskalo)
31 www.youtube.com/watch?v=vgbipRiAO54
32 BILD.DE, »Warum trainierst du nicht die Bayern, Papa?«, www.bild.de/sport/fussball/winfried-schaefer/im-interview-mit-seiner-tochter-27900286.bild.html (29.12.2012, Aylissa Schäfer)
33 Der Spiegel 15/1994, »Brust raus, Kopf hoch«, www.spiegel.de/spiegel/print/d-13683393.html (11.04.1994)
34 BILD.DE, »Warum trainierst du nicht die Bayern, Papa?«, www.bild.de/sport/fussball/winfried-schaefer/im-interview-mit-seiner-tochter-27900286.bild.html (29.12.2012, Aylissa Schäfer)
35 11FREUNDE.DE, »Wir waren verrückt!«, www.11freunde.de/interview/rainer-schuetterle-ueber-karlsruhes-uefa-cup-wahnsinn-von-1993 (01.11.2013, Christoph Erbelding)
36 KSC.DE, Stellungnahme zu EnBW Pressemitteilungen, www.ksc.de/newsarchiv/show/article/ksc-stellungnahme-zu-enbw-pressemitteilungen/
37 TRAUERHILFE-STIER.DE, »Bestattungsunternehmen unterstützt als Sponsor den KSC«, www.trauerhilfe-stier.de/karlsruhe/aktuelles/ksc/
38 DE.WIKTIONARY.ORG, http://de.wiktionary.org/wiki/Nacht-und-Nebel-Aktion
39 FC45.DE, »Das Fächerquartett – Hipp Hipp Hurra, dem KSC«, www.fc45.de/Das-Faecherquartett/Hipp-Hipp-Hurra-dem-KSC.html
40 100 Jahre KSC Karlsruher Sport-Club Mühlburg-Phönix e. V. 1894–1994, Herausgeber: Karlsruher Sport-Club Mühlburg-Phönix e. V., S. 9
41 300JAHRE300KOEPFE.DE, 074 Roland Schmider, http://300jahre300koepfe.de/kategorie/person/074-roland-schmider/
42 Franz Beckenbauer nämlich
43 BILD.DE, »KSC will den heißen Dino«, www.bild.de/sport/fussball/ksc-will-dino-drpic-und-heisse-ehefrau-nives-celsius-7223726.bild.html (26.01.2009)
44 RP-ONLINE.DE, »DFL verbietet Karlsruhes Drpic die 69«, www.rp-online.de/sport/fussball/dritteliga/dfl-verbietet-karlsruhes-drpic-die-69-aid-1.1636949 (09.02.2009)
45 SQuadrat.BIZ, www.squadrat.biz/hauptmenue/sports/referenzen/karlsruher-wildpark-stadion.html
46 MEDIENTECHNIK-WALZBACHTAL.DE, http://medientechnik-walzbachtal.de/content/refkonf/pdf/KSC.pdf
47 nicht sehr helle Leuchte
48 Als Morlock noch den Mondschein traf. Die Geschichte der Oberliga Süd 1945–1963, Werner Skrentny, Klartext Verlag, 2001
49 WIKIPEDIA.DE, Walther Bensemann, http://de.wikipedia.org/wiki/Walther_Bensemann#mediaviewer/File:Der_Kicker_Erstausgabe.jpg

50 11FREUNDE.DE, »Von wegen Kick and Rush«, www.11freunde.de/interview/thomas-staisch-hat-den-aeltesten-deutschen-fussballfilm-entdeckt (09.10.2013, Ilja Behnisch)
51 RHEIN-ZEITUNG.DE, http://archiv.rhein-zeitung.de/on/98/04/09/sport/news/dundee.html (09.04.1998, Barbara Leicht)
52 SPIEGEL.DE, »Meistertrainer: Max Merkel ist tot«, www.spiegel.de/sport/fussball/meistertrainer-max-merkel-ist-tot-a-451321.html (29.11.2006)
53 KSC.DE, www.ksc.de/newsarchiv/show/article/der-ksc-trauert-um-max-merkel/
54 11FREUNDE.DE, »Wir waren verrückt!«, www.11freunde.de/interview/rainer-schuetterle-ueber-karlsruhes-uefa-cup-wahnsinn-von-1993 (01.11.2013, Christoph Erbelding)
55 100 Jahre KSC Karlsruher Sport-Club Mühlburg-Phönix e. V. 1894–1994, Herausgeber: Karlsruher Sport-Club Mühlburg-Phönix e. V., 1994, und Das große Buch der Fußball-Rekorde: Superlative, Kuriositäten, Sensationen, Herausgeber: Omar Giesler, Copress Verlag in der Stiebner Verlag GmbH, München, 2007
56 11FREUNDE.DE, »Eben noch im Publikum, jetzt auf unserer Showbühne!«, www.11freunde.de/artikel/wie-ein-zuschauer-zum-schiedsrichter-wurde (26.02.2014, Andreas Bock)
57 11FREUNDE.DE, »Wir waren verrückt!«, www.11freunde.de/interview/rainer-schuetterle-ueber-karlsruhes-uefa-cup-wahnsinn-von-1993 (01.11.2013, Christoph Erbelding)
58 www.youtube.com/watch?v=rACxbbUNtHo&feature=youtu.be
59 300JAHRE300KOEPFE.DE, http://300jahre300koepfe.de/2014-12-06/maik-franz-ehemaliger-fussballspieler-ksc-ganzes-interview/
60 Ebd.
61 Ebd.
62 www.youtube.com/watch?v=AvJ0PaxtUtE
63 »Nach einem 7:0 ist alles gut.«
64 MITTELBAYERISCHE.DE, »Als das Holz nachgab«, www.mittelbayerische.de/sport/ssv-jahn/ssv-jahn/artikel/als_das_holz_nachgab/785822/als_das_holz_nachgab.html (10.05.2012)
65 Ebd.
66 T-ONLINE.DE, »Sonst zieht sich der Nächste die Hose aus«, www.t-online.de/sport/fussball/dfb-pokal/id_44637500/willi-kronhardt-das-jule-shirt-habe-ich-in-der-halbzeit-angefertigt-.html (28.02.2011, Sebastian Schlichting)
67 BERLINER-ZEITUNG.DE, »Die Deppen von Deutschland«, www.berliner-zeitung.de/archiv/ksc-trainer-winfried-schaefer-schaut-deprimiert-in-die-nahe-zukunft--die-deppen-von-deutschland-,10810590,9264892.html (17.04.1997, Michael Jahn)
68 HELDENMAGAZIN.COM, »Godfried Aduobe: Ich habe die Straße überlebt«, www.heldenmagazin.com/2011/09/18/godfried-aduobe-ich-habe-die-strase-uberlebt/ (18.09.2011, Matthias Dreisigacker)
69 »Das ist ganz einfach. Immer geradeaus.«
70 »Nein, wirklich, immer nur geradeaus.«

Die Autorin

Sandra Walzer (Jahrgang 1977) lebt in Ettlingen, was kein Vorort von Karlsruhe ist, aber dennoch in der Nähe liegt. Schreibt als freie Texterin, Autorin und Konzeptionistin unter anderem seit nunmehr bald zwölf Jahren für das *Stadionmagazin* des Karlsruher SC, schrieb einst für ein Karlsruher Fanzine, textet in der Werbung und findet Ideen. Kennt vier Strophen des *Badnerlieds* auswendig, ist seit 26 Jahren KSC-Fan und war nicht nur beim 7:0 im Stadion. Trägt aus Liebe zum Fußball einen solchen auf den Arm tätowiert.

Als zwölfter Mann, oder na ja, zwölfte Frau, als Fan und Freundin und fanatische Verehrerin dieses Vereins seit 5. November 1988 im Wildpark zu Hause. Sie kennen das: Die Papa-Geschichte. Wohl in Ermangelung des Sohnes ließ sich Papa also damals breitschlagen. Antwortete auf Töchterchens Frage, wo er denn seine Samstagnachmittage verbringen würde, mit »uffm KSC« und nahm selbige elfjährig mit zum ersten Live-Stadionbesuch. Der Rest ist lange Geschichte von Winnie und Wahnsinn, von Wildpark und Wohlfühlen, von Haareraufen und Herzklopfen. Treppauf, treppab in den Fanblock, Liga rauf, Liga runter von 1 bis 3, Leibchen an, Leibchen aus als Ordner und Fan und Schreiberling. Mit Auswärts- und Groundhopping-Erlebnissen in Rostock und Kopenhagen und Wehen und Elversberg und München und Berlin und der »Stadt ohne Namen«, auf den Färöer Inseln, in Monaco, in der Schweiz, im Nebel in Italien und noch so einiges mehr.

SCHWARZKOPF & SCHWARZKOPF

Das neue Fußball-Programm

www.schwarzkopf-schwarzkopf.de

SCHWARZKOPF & SCHWARZKOPF

Das neue Fußball-Programm

www.zwoelftermann.de

Sandra Walzer
111 GRÜNDE, DEN KARLSRUHER SC ZU LIEBEN
Eine Liebeserklärung an den
großartigsten Fußballverein der Welt

ISBN 978-3-86265-414-7
ZWÖLFTER MANN – Das Programm für Fußballfans von Schwarzkopf & Schwarzkopf | © Schwarzkopf & Schwarzkopf Verlag GmbH, Berlin 2015 Alle Rechte vorbehalten. Dieses Werk ist urheberrechtlich geschützt. Jede Verwendung, die über den Rahmen des Zitatrechtes bei korrekter und vollständiger Quellenangabe hinausgeht, ist honorarpflichtig und bedarf der schriftlichen Genehmigung des Verlages. | Illustrationen im Innenteil: © Christos Georghiou/www.shutterstock.com

KATALOG
Wir senden Ihnen gern kostenlos unseren Katalog.
Schwarzkopf & Schwarzkopf Verlag GmbH
Kastanienallee 32, 10435 Berlin
Telefon: 030 – 44 33 63 00
Fax: 030 – 44 33 63 044

INTERNET | E-MAIL
www.schwarzkopf-verlag.de
info@schwarzkopf-schwarzkopf.de